# 数智驱动的高校外语
# 教学变革方法与实践

张文静 著

吉林出版集团股份有限公司
全国百佳图书出版单位

图书在版编目（CIP）数据

数智驱动的高校外语教学变革方法与实践 / 张文静著. -- 长春：吉林出版集团股份有限公司，2024.3
ISBN 978-7-5731-4751-6

Ⅰ.①数… Ⅱ.①张… Ⅲ.①外语教学－教学研究－高等学校 Ⅳ.① H09

中国国家版本馆 CIP 数据核字 (2024) 第 067148 号

SHU-ZHI QUDONG DE GAOXIAO WAIYU JIAOXUE BIANGE FANGFA YU SHIJIAN
## 数智驱动的高校外语教学变革方法与实践

| 著　　者 | 张文静 |
| --- | --- |
| 责任编辑 | 杨　爽 |
| 装帧设计 | 优盛文化 |

| 出　　版 | 吉林出版集团股份有限公司 |
| --- | --- |
| 发　　行 | 吉林出版集团社科图书有限公司 |
| 地　　址 | 吉林省长春市南关区福祉大路 5788 号　邮编：130118 |
| 印　　刷 | 河北万卷印刷有限公司 |
| 电　　话 | 0431-81629711（总编办） |
| 抖 音 号 | 吉林出版集团社科图书有限公司 37009026326 |

| 开　　本 | 710 mm×1000 mm　1 / 16 |
| --- | --- |
| 印　　张 | 16 |
| 字　　数 | 210 千 |
| 版　　次 | 2024 年 3 月第 1 版 |
| 印　　次 | 2024 年 3 月第 1 次印刷 |

| 书　　号 | ISBN 978-7-5731-4751-6 |
| --- | --- |
| 定　　价 | 87.00 元 |

如有印装质量问题，请与市场营销中心联系调换。0431-81629729

# FOREWORD 前言

随着大数据和人工智能技术的快速发展,世界已经迈入了数智化时代。数据成为继土地、人力、资本和技术之后的第五大生产要素,对社会生产活动产生了十分深远的影响。如果说信息化时代最鲜明的特点是"软件定义世界",那么数智化时代则可以用"算法定义世界"来概括。算法无处不在,渗透生产制造、流程优化、交通调度、生活出行、外卖点餐、电商购物等方方面面,有着日益显著的影响力。

随着教育改革的全面推进、持续深化,尤其是《国家中长期教育改革和发展规划纲要(2010—2020年)》《关于全面深化新时代教师队伍建设改革的意见》《教师教育振兴行动计划(2018—2022年)》等文件的相继颁布实施,我国教育体系正在经历前所未有的变革。在这一背景下,语言教学,特别是外语教学,正面临着重大的挑战和机遇。外语教学是一个复杂的过程,它不仅有其内在的学科规律,与母语学习和二语学习截然不同,还与其他学科的教学方法有所区别。外语教学也应顺应世界变革的大趋势和社会发展的需要,积极融入数智技术,重塑外语教学生态。基于此,笔者撰写了本书,具有一定的理论和实践意义。本书共包含七章,各章节主要内容如下:

第一章:全面且简要地叙述了数智化与高校外语教学相关概念与内容。先是介绍了数智化的概念及关键要素,接着简述了数智化时代的特征及其在未来的发展趋势,之后介绍了高校外语教学的内涵与目标,最后分析了高校外语教学的基本关系和原则,为本书的研究奠定了理论基础。

第二章:论述了数智驱动下高校外语教学变革的理论基础,包括数智化时代背景下高校外语教学变革的双重动因、重要机遇、必要性以及可行性，进一步为数智技术与高校外语教学的融合奠定基础。

第三章：主要围绕现代教育技术驱动下高校外语教学的模式进行了论述，包括微课教学模式、慕课教学模式、移动课堂教学模式、翻转课堂教学模式。

第四章：以大数据技术为切入点，论述高校外语教学的变革。先是分析了大数据技术与高校外语教学融合的时代价值，接着分析了大数据技术驱动下高校外语教学的发展转向，之后论述了大数据技术与高校外语教学结合的基本原则，最后提出了一系列大数据技术与高校外语教学融合的路径。

第五章：以人工智能技术为切入点，论述高校外语教学的变革。先对人工智能技术进行了整体分析，接着分析了人工智能技术应用于高校外语教学的重要性，之后论述了人工智能技术应用于高校外语教学的实践路径，最后对人工智能技术支持下大学生外语学习适应性的提升进行了分析。

第六章：以虚拟现实技术为切入点，论述高校外语教学的变革。先对虚拟现实技术进行了概述，接着分析了虚拟现实技术应用于高校外语教学的可行性、实践路径，以期充分发挥虚拟现实技术的优势，促进高校外语教学的改革发展。

第七章：主要论述数智化时代背景下高校外语教师信息素养的养成。首先，介绍了教师信息素养的内涵与框架，其次，分析了信息素养对教师成长的促进作用，再次，简析了数智化时代影响高校外语教师信息素养的因素，最后，提出了一些培养高校外语教师信息素养的路径。

本书在撰写过程中参考并借鉴了很多专家、学者的研究成果，在此表示诚挚的感谢。由于笔者知识和水平有限，书中难免存在不足之处，恳请各位领导、专家、教师同行及阅读本书的朋友们多提宝贵意见，以便不断改进与完善。

张文静<br>
2024 年 3 月

# CONTENTS 目录

**第一章　概述 / 001**

　　第一节　数智化概念及关键要素 / 001

　　第二节　数智化时代的特征与发展趋势 / 005

　　第三节　高校外语教学的内涵与目标 / 017

　　第四节　高校外语教学的基本关系与原则 / 024

**第二章　数智驱动下高校外语教学变革的理论基础 / 034**

　　第一节　数智化时代背景下高校外语教学变革的双重动因 / 034

　　第二节　数智化时代背景下高校外语教学变革的重要机遇 / 040

　　第三节　数智化时代背景下高校外语教学变革的必要性和可行性 / 046

**第三章　现代教育技术驱动下的高校外语教学模式 / 055**

　　第一节　高校外语微课教学模式 / 055

　　第二节　高校外语慕课教学模式 / 068

　　第三节　高校外语移动课堂教学模式 / 079

　　第四节　高校外语翻转课堂教学模式 / 093

**第四章　大数据技术驱动下的高校外语教学变革 / 105**

　　第一节　大数据技术驱动下的高校外语教学的价值意蕴 / 105

　　第二节　大数据技术驱动下高校外语教学的发展转向 / 117

第三节　大数据技术驱动下高校外语教学的基本原则 / 127

第四节　大数据技术驱动下的高校外语教学的实践路径 / 132

**第五章　人工智能技术驱动下的高校外语教学变革 / 140**

第一节　人工智能技术概述 / 140

第二节　人工智能技术应用于高校外语教学的重要性 / 151

第三节　人工智能技术应用于高校外语教学的实践路径 / 157

第四节　人工智能技术支持下大学生外语学习适应性提升 / 163

**第六章　虚拟现实技术驱动下的高校外语教学变革 / 172**

第一节　虚拟现实技术概述 / 172

第二节　虚拟现实技术应用于高校外语教学的可行性 / 182

第三节　虚拟现实技术应用于高校外语教学的实践路径 / 190

**第七章　数智化时代高校外语教师信息素养的养成 / 200**

第一节　教师信息素养的内涵与框架 / 200

第二节　高校外语教师信息素养对教师成长的促进 / 212

第三节　数智化时代高校外语教师信息素养的影响因素 / 218

第四节　数智化时代高校外语教师信息素养的养成路径 / 225

**参考文献 / 244**

# 第一章　概述

## 第一节　数智化概念及关键要素

### 一、数智化的概念

目前，数智化作为一个新兴概念，在学术界尚未形成统一的定义。在理解数字化和智能化定义的基础上，结合数智化发展实践，笔者认为，数智化是一种融合数字化的知识产品和信息技术服务的现代发展模式，这一过程以新型信息技术在产业中的应用为核心，旨在通过这些技术与实体经济的深度融合，激发创新活力，推动经济社会形态的升级。从过程上来看，数智化属于人工智能的高阶产物，不只是单纯的技术进步，而是对数字化和智能化特点和优势的有机结合。数字化的核心在于处理和分析大数据，为智能化的实施提供了数据基础。智能化则聚焦于机器的深度学习与自我进化，使得机器不仅能处理数据，还能从中学习和进化。数智化的实践意味着更高层次的经济社会形态的诞生。它不仅仅是技术的进步，更是社会经济结构和运作方式的根本变革。数智化的发展预示着一个更加智能、互联的未来，不仅改变了人们处理信息和知识的方式，也为经济社会的发展带来了新的动力和可能性。

数智化的内涵主要包括以下几点：

第一，数智化的核心要义在于数字技术在社会经济活动中的应用赋能。随着现代社会经济活动的复杂化和虚拟化，数字技术的重要性日益凸显，其不仅改变了经济活动的运作方式，还极大地提高了经济活动的质量与效率。数字经济在国民经济中所占比重的显著增长，正是数字技术应用和赋能效果的直接体现，这也推动了经济结构和增长模式的根本变革。

第二，数智化是一种以数字技术为主导的智慧经济范式。从本质上来看，数智化属于一种数字技术引领的经济转型。这种转型通过提升信息传播效率和全要素生产率，展现了对经济的正面外部性。数字技术不仅能提高效率，还能通过其外溢性质创造新的经济增长点。这不仅重塑了传统的经济活动模式，还深刻改变了人类的生产和生活方式，引领社会向更高效、智能化的未来迈进。

第三，数智化是一种经济社会形态。从人类社会演变规律来看，数智化是人类社会经济演变的一个新阶段，标志着从农业化、工业化向更高级的经济社会形态的转变。在这一演变过程中，数字技术的出现和应用成为推动新经济形态诞生的关键要素。现代社会经济活动中的资源配置问题，即局部低效与潜在整体高效的矛盾，正是数字技术需要解决的核心问题。通过优化资源配置，数字技术不仅提高了效率，还促进了新的经济增长点的形成。在数智化的经济社会形态中，数据成为核心的生产要素。生产率的高低和生产力的先进程度，越来越依赖于数据要素和数字技术的运用。数字技术的应用不仅提高了人类对信息的处理和分析能力，还促进了创新的发展，从而推动了经济和社会的整体进步。

## 二、数智化的关键要素

### （一）数据是数智化的基础，也是核心要素

数智化作为当代经济社会发展的一个重要趋势，其核心在于数字技

术的应用和推广。而在这个过程中，数据无疑是最关键的要素。数据在数智化中的重要性主要体现在以下几方面：

首先，数据作为数智化的基础，其意义在于为人类进行经济活动提供可靠的信息源。在传统的经济社会模式中，信息往往是不对称的，这导致了资源配置效率的低下。随着信息技术的发展，尤其是大数据技术的出现，使得收集、处理和分析大量数据成为可能。这些数据为企业和政府提供了更准确的决策依据，大大提高了资源配置的效率。其次，数据是数字化转型的关键。随着经济社会的发展，越来越多的行业和领域开始进行数字化转型。在这个过程中，数据的作用是无可替代的。通过对数据的分析，企业可以更好地了解消费者需求、市场趋势以及潜在的风险，从而使企业能够更加灵活地应对市场变化。再次，数据是人工智能发展的基石。人工智能技术的飞速发展，离不开大量高质量数据的支持。这些数据不仅提供了训练人工智能（AI）模型的素材，还能帮助 AI 更好地理解复杂的人类行为和社会现象。随着 AI 技术在各个领域的应用，数据的重要性也日益凸显。最后，数据是构建智能经济的基石。随着技术的发展，人类的经济活动正变得越来越智能化。在这一过程中，数据不仅帮助人们更好地理解经济运行的规律，还促进了新的商业模式和服务方式的出现。

## （二）算法作为数智化的要素之一，发挥着创新源泉的作用

算法作为数智化的要素之一，不仅是技术进步的体现，更是推动经济社会创新和发展的关键要素。随着技术的不断发展，算法的应用将更加广泛和深入，为经济社会的发展注入新的动力。算法在数智化中的作用主要体现在以下几方面：首先，算法是处理和分析大数据的关键工具。在数智化时代，数据的量级呈爆炸式增长，传统的数据处理方法已经无法满足现代社会的需求。机器学习和人工智能算法能够高效地处理和分析海量数据，从而提供更准确的洞察和决策支持。其次，算法是创新和优化的驱动力。在各个行业，算法不仅被用于改进现有的产品和服务，还被用于探索

新的商业模式和创新点。例如：在金融行业，算法被用于风险评估和信贷决策；在零售行业，算法则被用于个性化推荐和库存管理。再次，算法在提高生产效率和质量方面扮演着重要角色。在制造业等传统行业，算法通过优化生产流程和提高设备效率，显著提升了生产效率和产品质量。算法也被应用于预测维护，降低设备故障率和维护成本。最后，算法在促进社会治理和公共服务方面发挥着重要作用。政府和公共部门通过算法优化资源配置，提高公共服务的效率和质量。例如：算法被用于城市交通管理，以减少拥堵和事故发生率；在医疗领域，算法则被用于疾病诊断和治疗方案的制定。

### （三）场景是数智化应用的目标，数智化离不开场景的应用

场景不仅是数智化应用的目标，也是推动其发展的关键要素。通过对不同场景的深入理解和应用，数智化能够更好地服务于社会经济的发展，实现技术创新与社会需求的有效结合。随着技术的进步和应用场景的不断拓展，数智化将在更多领域发挥其重要作用，推动经济社会向更高层次发展。

首先，场景是数智化应用的基础和出发点。不同于传统的以技术为中心的发展模式，数智化强调的是技术服务于特定场景的需求。这种需求驱动的模式确保了技术应用的针对性和有效性。在实际应用中，无论是商业、政府还是公共服务领域，数智化的实施都是围绕特定场景展开的，以满足该场景下的特定需求。其次，场景决定了数智化应用的方向和效果。不同的应用场景有着不同的特点和需求，这要求数智化解决方案必须具有高度的定制性和适应性。例如：在智能制造领域，数智化应用需要重点关注生产效率和质量控制；而在智慧城市领域，数智化应用则更多关注城市管理和居民生活的便捷性。因此，场景的不同导致数智化应用的侧重点和实现方式存在显著差异。最后，场景是连接技术与用户的桥梁。数智化的目的不仅仅是技术的展示，更重要的是实现技术与用户需求的有效结合。

通过对特定场景的深入理解，可以更好地将技术融入用户的日常生活和工作中，从而提高技术的使用效率和用户体验。

# 第二节　数智化时代的特征与发展趋势

## 一、数智化时代的特征

第四次工业革命标志着"数智化时代"的到来，这是一场全面而深刻的系统性变革。第四次工业革命起源于2011年德国提出的"工业4.0"概念，预示着全球价值链将经历翻天覆地的变化。这一革命的核心在于发展"智能工厂"，通过实现虚拟和实体生产体系的灵活协作，推动定制化产品生产，催生新的运营模式。第四次工业革命远不止于机器和系统的智能互联，其广泛内涵包括基因测序、纳米技术、可再生能源、量子计算等前沿技术的融合，这些技术跨越了数学、物理、生物等多个领域，带来了前所未有的交叉互动。这种跨学科的融合使得第四次工业革命与之前的工业革命有着本质的区别。数智化时代主要具有以下几大鲜明特征，如图1-1所示。

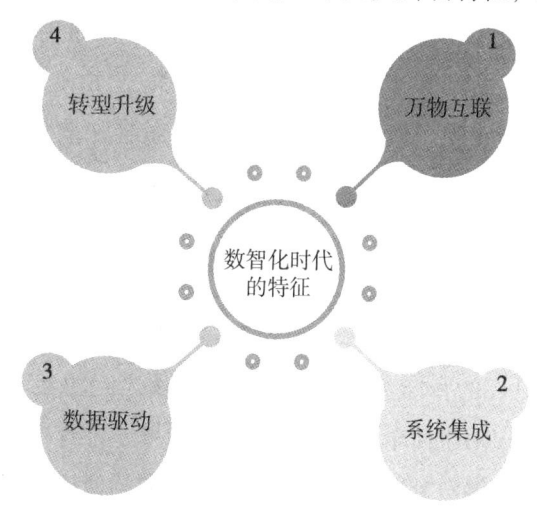

图1-1　数智化时代的特征

## （一）数据基础：万物互联

数智化的基础是连接，其目标在于将工厂、设备、生产线以及产品、供应商和客户紧密相连，创造一个高度互联的智能网络。智能网络的连接通过无处不在的传感器、嵌入式终端、智能控制系统和通信设施实现，共同作用于产品和设备之间、不同设备之间，进而将物理世界与数字世界有效连接。在这个智能网络中，机器、设备、部件和系统不仅相互联通，还能通过网络与人交换数字信息，实现更高效、更智能化的交流和协作，为现代生产和管理带来了前所未有的可能性。

### 1. 设备之间互联

在数智化的背景下，设备之间的互联成为构建智能化生产体系的关键。各式各样、功能不一的单机智能设备通过互联组成智能生产线。在此基础上，多个智能生产线的联结就可以形成智能车间，进而多个智能车间的集成构建出智能工厂。这种层层递进的连接不仅局限于单一工厂或地域，而是拓展至不同地域、行业和企业之间的智能工厂，共同构成一个功能全面、覆盖广泛的信息物理系统（CPS）。这个系统的核心优势在于其灵活性和动态性，即可以根据生产需求的变化，自由地对单机智能设备、智能生产线、智能车间乃至智能工厂进行动态组合和重组，从而高效地适应不断变化的制造需求，不仅提高了生产效率和灵活性，也为个性化和定制化生产提供了可能，是实现高效、智能化制造的关键。

### 2. 设备和产品互联

在数智化时代的智能工厂中，设备和产品之间的互联成为一种新常态。这种互联不仅限于简单的机械操作，更包括零件与机器之间的信息交流。产品能够"理解"其制造细节，并知晓未来的使用方式。同时，生产设备能够与产品交流，获取关于制造时间、处理参数、目的地等重要信息。这种双向通信极大地提高了生产效率,使得生产过程更加智能化和个性化。产品不再是被动的制造对象,而是成为生产过程的主动参与者,协助生产设备实现更精确和高效的制造流程。这种设备与产品间的深度互联,是数智化工厂高效运转的关键所在。

3. 虚拟和现实互联

在数智化时代,信息物理系统将物理设备连接至互联网,赋予其计算、通信、控制、远程协同和自治等功能,实现了虚拟与现实的无缝对接。信息物理系统将资源、信息、物体和人紧密联系在一起,创造了全新的服务和智能环境,将传统的生产工厂转变为智能工厂。数智化时代的智能制造的核心在于实现机器智能和人类智能的协同。实现生产过程的自感知、自适应、自诊断、自决策和自修复,提高制造效率和质量。在这个过程中,机器不仅是执行任务的工具,更成为能够自主做出决策和修复的智能实体。同时,互联企业代表了企业转型发展的高级形态。构建互联企业是对云计算、大数据、移动互联、人工智能等新一代信息通信技术应用的集中体现。通过这些技术,企业能够降低运营成本,提升各环节的协作效率,加强员工知识和技能的传承,有效应对安全风险。除此之外,互联企业还是实现资源共享、业务优化、智慧运营、服务增值的重要基础。

## (二)数智化系统:系统集成

数智化的过程是集成。数智化将传感器、嵌入式终端、智能控制系统、通信设施等元素紧密结合,构建起一个全面互联的智能网络。在这个网络中,不仅人与人、人与机器之间能够实现无缝连接,机器与机器、服务与服务之间的互动也得到了极大增强。数智化通过集成,实现了技术与日常生活的深度融合。

### 1. 企业内的集成

数智化的主要目标之一在于企业内部各环节信息的无缝连接与集成，这是智能化的根基。企业内的集成不仅局限于企业内部的单一环节，如研发设计的信息集成，而是跨越整个企业的多个环节，包括信息流、资金流、物流的综合整合，实现了从研发设计到制造环节的跨环节集成。企业内的集成涵盖了产品的全生命周期，包括研发、设计、计划、工艺、生产和服务等各个阶段。通过企业内的深度集成，企业能够在内部实现更高效的协作和管理，提升整体运作效率和市场响应速度，为企业的智能化转型打下坚实的基础。

### 2. 企业间的集成

在市场竞争和信息技术的双重推动下，企业不再仅仅关注内部的信息集成，而是拓展至整个产业链的集成。企业间的集成从企业内部的研发协同发展到企业间的网络协同，将供应链管理从企业内部扩展到企业间的协同管理，并进一步将价值链从企业内部重构扩展到企业之间的重构。通过价值链和信息网络，企业之间实现了资源的整合和无缝合作，能够为客户提供更加高效、实时的产品与服务。这种集成覆盖了从研发、生产、供应、销售到经营管理和生产控制，甚至业务与财务的每一个环节，实现了全流程的无缝衔接和综合集成。在这个过程中，信息共享和业务协同成为常态，极大地提升了整个产业链的效率和响应速度，增强了市场竞争力。

### 3. 端到端集成

端到端集成通过整合价值链上的企业资源，实现了从产品设计、生产制造到物流配送及使用维护的全过程管理和服务。端到端集成优化了供应商、制造商、分销商以及客户间的物流、信息流和资金流，为客户提供了更高价值的产品和服务。在这个过程中，不仅各个环节的操作更加高效精准，还重新定义了产业链中每个环节的价值体系，使整个产业链变得更加紧密且协同高效。端到端集成是企业数智化转型中不可或缺的一环，不仅优化了单个企业的运作，也重塑了整个行业的竞争格局。

### （三）价值中枢：数据驱动

数智化的核心是数据。企业的数据分析就像汽车的后视镜，为人们之前的操作提供了的反馈，保证了决策的安全性和可靠性。比后视镜更重要的是前风窗玻璃，即实时数据的精准分析，其指引着企业未来的发展方向。随着工业互联网、工业大数据、信息物理系统（CPS）的推广，生产装备、感知设备和联网终端，乃至生产者本身，都在不断产生大量数据。这些数据不仅贯穿企业的运营和价值链，还深入产品的整个生命周期。数据是数智化的基石，对于提高企业的运营效率、优化产品和服务、促进企业创新发展和提升企业竞争力至关重要。

1. 产品数据

从产品设计、建模、工艺到加工、测试、维护，再到产品结构、零部件配置、变更记录等，产品的每一个环节都会产生大量的数据。这些各式各样的产品数据被详细记录、传输、处理和加工，使得产品全生命周期管理成为现实，进而满足用户对个性化产品的需求，提升产品的市场竞争力。数智化时代下，产品数据的记录方式也发生了变化。传统的外部设备记录正在逐渐被内嵌在产品中的传感器记录所取代。这些传感器可以获取更多实时的、细致的产品数据，使得产品管理可以全方位、无间断地贯穿产品的全生命周期，从产品的需求分析、设计、生产、销售、售后服务到最终产品的淘汰或报废。智能互联的产品在使用过程中实时产生大量数据。通过对这些数据的深度挖掘和分析，企业能够动态地感知市场和消费者的需求，并及时做出响应。这种基于数据的产品管理和运营模式，不仅提高了企业对市场变化的敏感度和响应速度，也增强了产品的市场适应性和客户满意度。

2. 运营数据

企业运营的方方面面，包括生产设备、组织结构、业务管理、目标计划、市场营销、质量控制，以及生产、采购、库存、电子商务等，都在持续产生各种各样的数据。这些数据不仅是企业日常运营的记录，更是创新研发、生产、营销和管理方式的关键。在生产线和设备中产生的数据可以用于实时监控设备和生产线的状态，实现对生产过程的即时反馈和调整。通过采集和分析供应链环节，如采购、仓储、销售、配送等方面的数据，企业能够大幅提升供应链的效率，降低成本，减少库存。另外，销售数据和供应商数据的变化分析对于生产和库存的节奏、规模的动态调整至关重要。这类数据驱动的调整和优化不仅能应对市场需求的变化，还提高了资源利用的效率和精准度。具备实时感知能力的能源管理系统可以不断地优化生产过程中的能源利用，提升能源效率。

3. 价值链数据

价值链数据涵盖了客户、供应商、合作伙伴等所有相关方的信息，覆盖了从技术开发、生产作业、采购销售到售后服务等各个环节，是企业获取竞争优势的关键资源。运用大数据技术，企业可以从价值链上的各个环节提取有价值的信息，为管理者和参与者提供全新的视角。这不仅有助于更好地理解市场动态和消费者需求，还可以优化企业的决策过程，提高运营效率。例如：一家酒厂通过大数据平台构建的全营销系统，就能追踪一瓶酒从酒厂到消费者的整个流通过程。这种系统不仅能够提供关于销售链路的详尽信息，还能帮助企业优化营销策略，提升销售效率。通过有效管理和分析价值链数据，企业能够将价值链上的诸多环节转化为自身的战略优势，从而在激烈的市场竞争中占据有利地位。

4. 外部数据

外部数据包括经济运行、行业动态、市场趋势、竞争对手情况等方面的数据，对企业的策略制定至关重要。在数字经济时代，企业必须充分掌握并理解外部环境的发展现状，以应对快速变化的市场和潜在风险。为了提升管理决策的效率和市场应变能力，越来越多的企业开始运用大数据分析技术。这些技术使得企业能够进行深入的宏观经济分析和行业市场调研，帮助企业领导、营销人员、车间工人等更科学、及时地做出决策。通过及时获取和分析高频外部数据，企业能够实现对经济形势的实时在线分析和预测，从而在竞争中保持领先。外部数据不仅为企业提供了市场和竞争环境的全面视角，还增强了企业对趋势变化的敏感度和响应速度。这使得企业在制定策略和调整运营模式时，能够更加精准和高效，进而有效降低风险，把握市场机遇。

**（四）业务提升：转型升级**

在数智化时代，新一代信息技术的广泛应用使得产品生产和服务模式变得更加个性化、智能化和具有灵活性。企业的生产方式正在从大规模标准化生产转变为满足个性化需求的定制生产，制造业也在从传统的生产型制造转向服务型制造，同时，企业的驱动力由依赖基础要素转变为依靠创新。

1. 从大规模生产转向个性化定制

在数智化时代，用户的参与变得越来越重要，用户可以直接影响设计、制造、物流和服务等环节。这种新的生产体系增加了生产过程的灵活性和自由度，允许企业根据每个客户、每个产品的需求进行专门的设计和零部件采购。企业可以制订针对性的生产计划，进行定制化的制造加工和物流配送。在个性化定制的模式下，单件制造成为现实，满足了消费者对于个性化和专属产品的需求。消费者对于个性化产品的偏好也使得其愿意为此支付更高的价格，这也为企业带来了新的盈利模式。企业不仅能够满足多样化、个性化的消费者需求，还能通过这种方式提高产品的附加值，从而实现更高的盈利能力。数智化的进步不仅改变了生产方式，也重新定义了消费者与生产者之间的关系，为现代制造业带来了全新的生产和营销策略。

2. 从生产型制造转向服务型制造

在数智化时代，制造企业不再仅仅关注产品的生产，而是开始围绕产品的全生命周期提供增值服务，以提升产品和服务的市场价值，实现传统的生产型制造向服务型制造的转变。首先，企业通过提供在线维护、个性化设计等服务，增强产品的功能性和个性化体验。其次，通过拓展融资租赁、现代物流和电子商务等服务，提高产品交易的便捷性。再次，企业提供专业化的产品集成服务，以提升整体产品线的效能。最后，实现从基于产品的服务向基于客户需求的服务的转变，满足客户的全方位需求。这种服务型制造模式的转变，使得企业能够在激烈的市场竞争中占据优势，通过提供综合性的解决方案来吸引和保留客户。这不仅增加了企业产品的附加值，也为企业开辟了新的收入来源，助力企业实现可持续发展。

3. 从要素驱动转向创新驱动

数智化时代，传统的基于廉价劳动力和大规模资本投入的要素驱动模式正逐渐让位于创新驱动的发展方式。新一代信息技术在制造业中的广泛应用，促使了技术、产品、工艺、服务等多方面的创新。这些创新不仅局限于单一的企业内部，还包括产业链协同开放创新和用户参与式创新，从而形成了一个开放、动态的创新生态系统。新技术的应用、新业态的探索、新模式的创建，这些都在不断孕育和产生，为经济社会发展提供了强大的动力。企业在这样的环境中，被鼓励并被推动着从传统的要素驱动模式向创新驱动模式转型。这种转型不仅涉及技术和产品的创新，还包括商业模式、业态和组织结构的创新，为企业带来了更广阔的发展空间和竞争优势。

## 二、数智化时代的发展趋势

### （一）数据和智能进一步融合，构建数据闭环

在数智化时代，数据和智能的深度融合正成为发展的核心趋势。在这个过程中，构建一个有效的数据闭环显得尤为关键。数据闭环是一个系统性的概念，涉及数据采集、处理、应用和反馈的全过程。这种闭环结构不仅优化了数据的使用效率，还极大提升了人工智能系统的性能和适应性。

数据采集是数据闭环的起点。在实际应用中，数据的质量直接影响到人工智能系统的学习效果。例如：在开发牛脸智能识别系统时，研究者需要收集大量不同品种奶牛的脸部图像。这个过程中，众多因素如奶牛运动、光照条件、设备分辨率等都会影响数据的质量。因此，投入大量的人力资源以检查和提升数据质量变得至关重要。然而，数据的收集和处理仅仅是开始。对于人工智能应用而言，数据需求永远是一个挑战。虽然算法的进步，如半监督学习、迁移学习等，能在一定程度上降低对大量数据的依赖，但解决实际问题时，构建一个有效的数据闭环依然是关键。数据闭环的核心在于将算法执行的结果反馈给系统，生成新的数据。这种反馈不仅使得系统能够不断自我优化，还能通过交叉验证和相互标注的方式，提高数据的质量和可用性。这种自我迭代和优化的过程，是数智化时代的一个显著特点。不断的数据采集、算法训练、结果反馈，再到新的数据产生，形成了一个动态的、自我完善的系统。这样的系统不仅能够更准确地适应复杂多变的真实世界环境，也能在面对新的挑战和需求时，迅速适应和调整。

## （二）智能从感知到认知，可解释性是关键

近年来，感知智能技术，尤其是图像识别和语音识别等新技术，因算力的显著提升、数据类别的增多以及深度学习等算法的突破而取得了日新月异的进步，并在多个行业中得到了广泛应用，包括金融、零售、教育、安防等，展现出了巨大的潜力和价值。感知智能的快速发展依赖于海量数据及其数据驱动的训练模式，需要有大量的专业化的人工标注来支持，以确保数据的质量和准确性。然而，尽管在技术层面取得了显著成就，感知智能在数据利用的深度上仍然有限。目前，这些技术主要停留在符号层面的模式识别，但对于数据背后所蕴含的逻辑和意义的理解还相对较浅。简言之，感知智能虽然在处理和识别大量复杂数据方面取得了巨大进步，但要真正理解这些数据背后的深层含义，还有很长的路要走。其未来的发展将更多地侧重于提升感知智能的理解能力，以便更深入地利用数据，实现更加智能化的决策和应用。

认知智能技术指的是从海量数据中不断挖掘、提炼和汇聚知识，获取更深层次的认知，从而更好地了解客观世界。认知智能的核心不仅仅在于处理和分析数据，而是深入挖掘数据背后的含义，从而获得更深层次的理解和认识。在实际应用中，认知智能技术能够将人类专家在特定垂直行业中的知识、经验和理念整合到人工智能系统中，使其能够在这些行业中有效发挥作用。这意味着 AI 不再只是执行简单任务的工具，其能够在更复杂的场景中提供专业的见解和解决方案。通过认知智能，AI 可以更好地理解和解释数据，从而为决策提供更加准确和全面的支持。这种技术的发展不仅将加速 AI 在各个行业中的应用，而且还将推动这些行业向更高效、更智能的方向发展。

因此，从感知智能到认知智能的跨越，是破解数据数量种类不足、标注繁多、利用率低等难题的有效途径。需要注意的是，在从感知智能到认知智能的转变不是单向的，而是一个闭环的迭代过程，其中认知智能的

提升又能反过来增强感知智能的数据采集和分析处理能力。通过这种方式，感知和认知智能之间形成了相互促进的关系：感知智能提供了数据和初步的信息，而认知智能则对这些数据进行深入的解析和理解，从而提出更精准的模型和决策。随着认知智能的不断增强，它能更有效地指导感知智能收集更有价值的数据，从而不断优化整个系统。

AI 技术在感知智能方面取得了显著的进展，并正在向认知智能领域发展。然而，高性能的复杂算法、模型和系统常常缺乏决策逻辑的透明度和结果的可解释性。这一局限性使得 AI 在国防、金融、医疗、法律和网络安全等关键决策领域的应用受到限制。尤其在需要严格遵守法规和伦理标准的场合，这种缺乏可解释性的问题尤为突出。AI 的可解释性对其普及和应用至关重要。只有当人们能够理解和信任 AI 做出的决策时，它才能在更广泛的领域中发挥更大的作用。可解释性为 AI 技术提供了必要的信任基础，促使更多的人接受和使用这项技术。尽管如此，AI 的可解释性仍面临巨大挑战。深度学习作为 AI 的一个重要分支，其基础理论仍需进一步突破，而且随着算法复杂性的增加，AI 系统更难以解释其决策过程，并且当前的研究还处于初期阶段，远未形成被公众广泛接受的评判标准或方法。因此，尽管 AI 技术在许多方面显示出巨大的潜力，但要实现其在关键领域的广泛应用，解决可解释性问题仍然是一个迫切需要克服的难题。未来的研究需要在提升 AI 性能的同时，更加注重其决策过程的透明度和可解释性，以赢得公众的信任和支持。

（三）人机协同智能

人机协同智能的发展正在逐步改变人们与机器人共存的场景。在这一进程中，交互技术扮演着关键角色。自然交互能力，包括人机对话、多模态情感感知、理解人类意图和环境感知等，是实现高效人机协作的核心。2021 年 12 月，工业和信息化部及其他相关部门共同发布了《"十四五"机器人产业发展规划》，将"人机自然交互技术"和"情感识别技术"列为机器人核心技术的重点研发领域，突显了自然交互技术在未来机器人产业发展中的重要性。这不仅体现了中国在智能机器人领域的战略布局，也反映出全球机器人技术发展的趋势。随着这些技术的不断进步，未来的人机协同将更加智能、高效，更好地服务于人类生活和工作。

人类的"智能"是在适应和理解复杂多变的物理和社会环境的过程中进化而来的，并非只适用于解决具有明确规则的任务。为了使机器能够更接近人类的思维方式，实现机器智能与人类智能的深度融合，知识图谱的作用变得至关重要。知识图谱通过其向量表示，使得概念、类层次、实体和关系可以在向量空间中获得嵌入。这种方法不仅涉及单个实体或关系的嵌入，还包括更复杂的图结构、路径和子图的嵌入。这种方法的进步，为机器提供了更丰富和多维的信息理解方式，从而使机器能够更好地模拟人类的认知处理过程。此外，本体嵌入和规则学习的发展使得在向量空间中实现逻辑推理成为可能。这种推理不仅仅是简单的数据处理，而是涉及更高级别的抽象和泛化能力。知识泛化是知识图谱的另一个关键应用，它允许机器将特定实体的具体表达泛化为多样性表达，或将单一实体泛化为一类实体。这种泛化能力是机器学习中的"举一反三"能力，使机器能够在面对新的、未曾见过的情况时，运用已有的知识进行有效的推理和决策。

当机器具备一定的"知识"后，需要理解人的意图、将人的意图转化为机器人理解的触发条件才可以实现交互。在人机对话系统中，意图识别是一个极具挑战性的重要环节。这包括两个主要的过程：已知意图分类和未知意图检测。已知意图分类是指将用户的语言表达映射到预先定义好的用户意图类型，而未知意图检测则是发现并处理那些未被预定义的用户意图类型。良好的意图表示与意图分类是实现有效交互意图理解的不可或缺的一环，其不仅有助于提高对话系统的准确性和效率，还是实现人机协同共融的核心组成部分。

随着大数据技术和表征学习的不断融合，以及机器人制造业的发展，人机协同智能正面临着更大的机遇和挑战。

## 第三节 高校外语教学的内涵与目标

### 一、高校外语教学的概念

#### （一）狭义概念

外语教学在我国的历史悠久，是外语教育的一个重要组成部分。外语教学通常是在人们掌握母语之后，在课堂环境中进行的教学，旨在教授外国的语言。我国的外语教学主要侧重于现代语言的教学。其在语种的选择上，往往会受社会需求和教育制度模式的影响。清末时期，我国中学的课程设置开始借鉴德国和日本的教育模式，那时的外语科目主要以日语或英语为主。辛亥革命之后，我国的课程设置借鉴了英国和美国的教育模式，其中英语成为主要的外语教学内容。中华人民共和国成立后，外语教学的重点首先放在了俄语上，但后来又逐渐转向以英语为主。

#### （二）广义概念

从广义上来说，外语教学即外语教育，是教育领域的一门科学。

教育，从广义上来说，指的是一个人从出生到死亡所受到的全部影响的总和。特别是在学校教育的范畴内，教育被定义为一系列有计划的活动，旨在按照一定的目标要求，全面发展受教育者在德、智、体、美、劳等方面的能力。教育不仅是社会同化的一种表现，也是改造社会的强大工具。这意味着学校教育与社会活动之间存在着紧密的联系。通过教育，学生不仅能够吸收现有的社会知识和文化，还能够培养出改变和塑造未来社会的能力。因此，教育既反映了社会的现状，也预示着社会未来的发展方向。教育不仅局限于学校里的德育，而是包括了通过各种学科和活动对青少年进行的全面发展。随着对教育多元化需求的增长，普通教育学已不能完全满足各学科的特殊需求，因此，学科教育学在分科教学法的基础上应运而生。

从纵向和横向两个维度来看，外语教育是一个多层次、多维度的研究领域。纵向上，外语教育的研究内容包括外语教育史、政策、现行教育体制、教学大纲、教材设计，以及课外活动的安排。这些内容共同构成了外语教育的历史发展和现实框架。同时，研究还涉及新语言材料的引入，学生理解、记忆和使用新知识的过程。横向上，外语教育则聚焦教师与学生的角色变化，教学方法和手段的原理与应用技术，以及学校、家庭和社会三者之间的相互关系及其影响。因此，外语教学的范围远超传统的"课程、教材、教法、学法"，涵盖了教育学的多个方面。这一学科不仅适用于各种语言的教学，而且既是普通教育学的具体化表现，也是分语种开展教学的综合体现。外语教学不仅仅涉及理论研究，其还具有较强的应用性质。高校外语教学的内容包括以下四个相互交叉的层次：

1. 理论层次

理论层次的主轴是外语教学原理（观点），也可称作外语教育思想，即关于进行外语教学的哲学见解。外语教学的理论层次的内容包括根据教育哲学、语言哲学、心理学等相关理论而产生的外语教学理论，以及如何进行外语教育的战略。

2. 操作层次

操作层次的内容主要包括教学模式、教学方法等。在外语教学领域中，"教学方法"这一术语有着多重含义，可以指代一个独立的学科领域、高校外语系的一门学科，也可以指具体教学活动的操作模式和方法。由于不同的外语教学法学派的教学观点不同，因此会形成不同的教学模式。即使是基于同一教学观点，不同的实现途径也可能导致多种不同的教学模式的产生。教学模式的不同主要表现在三个方面：第一，提供和分配教材的顺序不同，这影响着学习内容的逻辑和结构。第二，教学活动的系列和阶段不同，这决定着教学过程的组织和进展方式。第三，运用具体方法的方式和形式不同，这涉及教学方法的具体实施和应用。教学模式更多地侧重于描述实际的教学实践问题。在解决特定的外语教育问题时，模式就像是教师和学生教学活动的"跑道"，为他们提供了一个指导方向和实践路径。虽然教学模式在规范教学活动方面发挥着重要作用，但并非一成不变，学校应当根据具体的教育环境、学生需求和教育目标的变化而适时调整，以确保教学活动的有效性。

一种具体的教学方法通常由多种教学方式组成，这些方式可以是固定的，也可以是非固定的。教学方式是教育活动中的基本单位，用于完成特定的教学任务。例如：在问答法中，就包含了提问和答问这两种方式。在实际的教学过程中，教师通常会结合这两种或更多种教学方式开展教学，以达到最佳的教学效果。当这些教学方式形成一种固定的搭配时，就构成了一种具体的教学方法。例如：在听说教学法中，认知方法就是通过听力理解和语义掌握这两种方式来实现的。

3. 组织层次

教育教学的组织层次是指教育活动形式，即教育活动的组织结构。在外语教学中，主要的教学形式包括课堂教学，这是常见和核心的教学方式。但是，课外活动也是不可忽视的重要组成部分，它为学生提供了额外的学习机会和实践场景。

4. 教学手段

教学手段指的是在教育过程中使用的各种工具和资源，目的是更有效地实现教育目标。教学手段包括教科书、辅助教材、电教设备、直观教具等，不仅为学生提供了必要的教学内容，还增强了教学的互动性和实用性。虽然教师本身是教学过程中不可或缺的一部分，但"教学手段"一般是指除教师以外的各种辅助工具和方法。特别是在学习外语的过程中，教学手段的主要作用在于创造一种错觉，让学生仿佛置身于一个"自然的语言环境"之中。这种模拟环境有助于消除学生的心理障碍，使学生更容易、更自然地进行学习和交流。

## 二、高校外语教学目标

从培养目标的角度讲，把学生培养成什么样的人最关键。高校外语教学的目标主要包括以下几点，如图 1-2 所示。

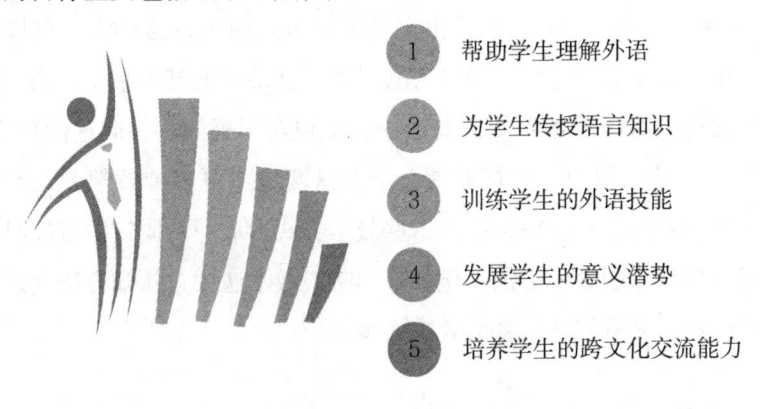

1. 帮助学生理解外语
2. 为学生传授语言知识
3. 训练学生的外语技能
4. 发展学生的意义潜势
5. 培养学生的跨文化交流能力

图 1-2　高校外语教学目标

### （一）帮助学生理解外语

高校外语教学的首要目标之一是帮助学生理解外语，这个目标可以从以下两个方面来实现：一是增强学生对文化的理解与认知。语言不仅是沟通的工具，也是文化的载体。因此，外语学习不仅仅是学习语言本身，更包括了解和理解相关文化背景。文化理解包括对目标语言国家的历史、传统、习俗、社会规范、价值观念等的学习。例如：通过学习西班牙语，学生应该了解西班牙的历史背景、文化特色和日常生活方式，这有助于他们更好地理解语言中的各种隐喻和表达方式。此外，文化认知还包括对语言使用场景的理解，如不同社交场合的语言风格和语言选择。这种理解能够帮助学生在实际交际中更得体、更有效地运用外语。二是提高学生语言感知能力。语言感知能力涉及对外语音素、语调、语速的理解和模仿能力，这对于提高学生的听力和口语技能尤为重要。例如：在英语学习中，不同的口音和语调对学生对语言内容的理解和与他人的沟通都有着重要的影响。有效的语言感知训练可以帮助学生更准确地捕捉和模仿目标语言的发音，从而提高他们的语言运用能力。此外，语言感知能力还包括对词汇和语法结构的敏感性，能够帮助学生更快地识别和理解外语中的新词汇和复杂句型。

## （二）为学生传授语言知识

在高校外语教学中，传授语言知识是基础目标，如对词汇与短语的学习以及语法结构与句型的分析等知识的传授。首先，词汇与短语学习对于学生的外语掌握至关重要。词汇是语言的基本要素，是交流和理解的基础。高校外语教学应重视词汇教学，帮助学生扩大词汇量，并理解词汇的各种用法。这不仅包括单词的意义和用法，还包括短语的构成和应用。词汇教学应注重实际应用，鼓励学生在真实或模拟的语境中使用新学的词汇和短语。此外，教师可以采用多种教学方法，如语境呈现、同义词和反义词对比、搭配练习等，帮助学生更好地记忆和理解新词汇。其次，语法结构与句型分析同样重要。语法是组织语言、表达思想的规则体系。良好的语法知识不仅有助于学生正确地构造句子，还能帮助他们更准确地理解他人的话语。教师应通过讲解和练习，使学生掌握各种语法规则和句型结构。这包括时态、语态、从句结构等。通过丰富的例句和练习，教师可以帮助学生理解和应用这些语法知识。此外，教师还应鼓励学生通过阅读、写作、听说等活动，将语法知识应用于实际语境中，从而提高其语言运用能力。

### (三)训练学生的外语技能

在高校外语教学中,训练学生的外语技能是一个重要目标,主要包括以下两方面:一是听力理解与口语表达的训练。听力理解能力是外语学习的基础,它不仅涉及学生对语音、语调的辨识,还包括学生对语境、语意的理解。高校外语教学可通过录音、广播、电影、讲座等方式,来提高学生的听力理解能力。这些活动应覆盖不同的话题和语境,以增强学生的适应性和理解力。同时,口语表达训练也同样重要。教师应鼓励学生积极参与课堂讨论、角色扮演、情景模拟等活动,以提高他们的口语流利度和表达能力。这些练习可以帮助学生克服口语交际中的障碍,提高自信心,并在实际交流中有效运用外语。二是阅读理解与写作技巧的训练。阅读理解能力的提升不仅有助于学生获取信息和知识,还能增强他们的批判性思维和综合分析能力。为此,教师应提供各种类型的阅读材料,如教科书、报刊、小说、学术文章等,并通过练习、讨论和分析,提升学生的阅读技巧和理解深度。写作技巧的培养对于学生表达自己的观点、进行学术交流和学生未来的职业发展至关重要。教师应通过各种写作练习,如日记、报告、论文、创意写作等,帮助学生提高其写作能力,特别是在组织结构、语法准确性、词汇运用等方面。

### (四)发展学生的意义潜势

高校外语教学的重要目标之一是发展学生的意义潜势,主要包括学生批判性思维与解析能力的培养以及语境应用与创造性表达能力的发展。首先,批判性思维与解析能力的培养在外语教学中至关重要。这不仅涉及学生对语言材料的字面理解,更重要的是理解材料背后的深层含义、文化背景和作者的意图。批判性思维能力使学生不仅仅能够接受信息,还能主动评估、质疑并分析这些信息。在外语教学中,学生可以通过讨论、辩论、文本分析等方式来培养这种能力。例如:教师可以引导学生分析新闻报道、文学作品或电影中的主题、角色和情节，从而培养他们的批判性思维和深入解析的能力。通过这样的练习，学生不仅能够提高自身的外语水平，还能够发展独立思考和批判性分析的能力。其次，语境应用与创造性表达能力的发展也是外语教学的关键目标之一。语境应用能力指的是学生能够根据不同的交际场合、听众和文化背景，恰当地使用外语。这种能力的培养需要学生不仅理解语言，而且理解语言的使用背景。创造性表达能力则是指学生能够使用外语进行创造性和个性化的表达。这可以通过写作、演讲、戏剧表演、创意写作等活动来实现。这样的活动不仅提高了学生的外语能力，还鼓励他们在语言使用中进行个性化表达。

### （五）培养学生的跨文化交流能力

随着外语教学改革的深入和新教学大纲的颁布，越来越多的关注点放在了培养学生的交际能力上。在现代外语教学中，仅仅注重语言技能的训练已经远远不够。交际能力的培养不仅要保证语言的正确性，更要确保语言的得体性，这意味着语言表达不仅要准确，还要符合特定文化和社会情境的规范。语言技能的训练虽然是基础，但并不能自动转化为交际能力。交际能力的形成不仅受语言因素的影响，还包括社会文化能力、语境能力、行为能力等多方面因素的影响。因此，外语教学需要超越传统的语言内容传授和语言技能训练，深入跨文化条件下的语言能力和语用能力的专门培养和训练中，致力于学生跨文化交际能力的培养。

外语教学是一种文化适应和交流能力培养的过程，要求学生在学习目标语言的同时，也要理解和适应该语言所代表的文化。在这个过程中，学生需要将外语文化与自身已有知识进行等值条件下的转换，同时积极地吸收与本国文化不同的信息。由于外语与汉语在文化背景和表达方式上存在显著差异，学习外语的过程往往伴随着对这些文化差异的理解和适应。这种文化差异造成的阻碍和困难是学习过程中不可避免的。为了克服这些障碍，外语教学必须强化文化教学，即在教授语言的同时，重视目标语言文化的传授和理解。在外语教学中，教授语言知识和培养语言技能是基础，是学习过程的起点。但是，仅仅停留在语言知识和技能的层面是不够的。跨文化交流能力的培养是外语教学的深化和提高，是将语言技能转化为实际应用的关键。这种能力使学生能够在不同文化背景下有效交流，理解和尊重不同文化背景下的人们的价值观和行为习惯。因此，外语教学的终极目标是培养学生的跨文化交流能力。

# 第四节　高校外语教学的基本关系与原则

## 一、高校外语教学的基本关系

### （一）外语与汉语之间的关系

对于以汉语为母语的学生而言，当其开始学习外语时，已经具备了一定量的汉语词汇和基本语法知识，以及使用汉语进行听说读写的能力，而外语则是作为一门外语来学习的目标语。在谈到母语和目标语之间的关系时，人们经常谈到的是"迁移"问题。迁移作为一个心理学术语，描述的是学习者已有的知识或技能对新知识或技能的获得产生影响的过程。20世纪50年代，语言教学领域吸收了迁移理论，强调母语对外语学习的影响。在外语学习过程中，迁移作为一种常见的学习策略，表现为学习者运用已知的母语知识来理解和学习新的语言。迁移策略在外语学习的初级阶段尤为明显，因为学习者对外语的语法规则和表达习惯还不够熟悉，学习者往往习惯将母语作为理解和学习外语的桥梁。迁移现象分为正迁移和负迁移两种。正迁移是指学习者的母语对其学习外语产生积极影响的情况，如母语和目标语在某些语法结构或词汇上的相似性可以帮助学习者更快掌握外语。相反，负迁移则是指学习者的母语对其学习外语产生消极影响的情况，其通常表现为两种语言在语法、发音或表达方式上存在显著差异时，学习者可能会错误地将母语的规则应用到外语中，从而导致理解或表达上的错误。

在迁移现象的研究中，有一种非常重要的理论，即对比分析假说理论。对比分析假说理论特别强调母语和目标语之间的差异对学习过程的影响。根据这一假说，当母语和目标语具有相似性时，这种相似性会导致正迁移，即学习者可以较容易地掌握目标语言的相应部分。相反，当两种语言存在显著差异时，这种差异往往会引起负迁移，即学习者在掌握目标语言的这些部分时会遇到困难。对比分析假说理论认为，学生在学习一门新语言时，会发现某些语言特征相对容易学习，而另一些特征学起来则较为困难。容易掌握的部分往往是与母语相似的成分，而难以掌握的部分则是与母语相异的成分。因此，在考察语言迁移问题时，不仅要关注母语和目标语的异同，还需要考虑母语在哪个阶段以及在何种条件下影响目标语的学习。

在处理汉语和外语的关系方面应该注意以下两个问题：

1. 在全社会重视外语教学的同时，不要忽视汉语的学习

在经济全球化背景下，外语学习的重要性日益凸显，成为国际交流和沟通的关键工具。这一现象在中国尤为明显，各年龄层的人们都积极投身外语学习的热潮中。外语教育已经成为中国教育体系中的重点领域之一。教育主管部门和学校领导对外语教育的高度重视也贯穿学生的整个学习生涯。这种重视不仅体现在日常教学中，也体现在各种外语考试的普及上。全国英语等级考试、全国四、六级考试等，都是检验和促进学习者外语学习的重要手段，不仅为学习者提供了学习动力，也为学习者提供了衡量自身语言水平的标准。

另外，为了满足人民日益增长的外语学习需求，市场上涌现了多样化的教学方法和丰富的学习资源，包括各种学习用书、音像制品和教学软件。这些资源的丰富性和多样性对于创造良好的外语学习环境、培养具有

国际竞争力的高素质人才以及提升国家的国际竞争力具有重要意义。然而，重视外语学习的同时，人们不应忽视对母语的学习和保护。在追求外语能力提升的过程中，平衡外语学习和母语保护是必要的。

2. 克服负向迁移，促进正向迁移

在对待汉语和外语之间的关系方面，存在两种极端且不可取的态度：一种是依靠汉语来教授外语，这显然是不可取的。外语教学的主要目标是培养学生使用外语进行有效交际的能力。这一能力的获得依赖于学生大量接触和实际使用外语。考虑到外语教学的课时有限，为了在有限的时间里最大化学生接触和使用外语的机会，课堂教学中尽可能多地使用外语显得尤为重要。对于以汉语为母语的中国学生而言，其学习外语时往往会不自觉地将其与汉语进行比较。如果教学过程中过度依赖汉语，学生可能会形成一种以汉语为"中介"的学习习惯。这种习惯会导致学生在听、说、读、写等语言活动中，不断地将外语内容转换成汉语，从而阻碍其对外语的流利使用和地道表达。因此，尽管课堂教学中使用汉语可以帮助学生理解难点，但过多地使用汉语则可能产生负面效果。合理的做法是在保证学生理解的基础上，最大限度地使用外语进行教学，让学生可以更快地适应用外语进行思考和交流的模式，有效提高学生的外语交际能力。

另一种是完全摒弃汉语，仅用外语进行教学，这在实践中难以实现，而且也是不可取的。外语课堂上使用汉语要注意以下几点：第一，汉语作为教学手段，使用方便，易于理解，但是汉语利用不能过分。在解释一些意义抽象的单词或复杂的句子时，特别是当缺乏相关外语词汇时，使用汉语进行解释是适当的。此外，对于一些难以用外语解释的发音技巧或语法规则，简短的汉语说明也是必要的。第二，利用外语和汉语之间的比较，可以提高教学的预见性和针对性。对于外语中的独特内容，教师应当将其作为教学重点，适当增加相关练习，以帮助学生克服学习难题。同时，对于汉语和外语中既相似又有所不同的内容，学生容易受母语的干扰，这时教师需要特别注意这些内容的教学，确保学生能够正确理解和区分。

### （二）语言知识与语言技能之间的关系

语言知识包括语音、词汇、语法等三个方面的内容。语言知识不仅是综合外语运用能力的重要组成部分，也是发展语言技能的基础。语音作为语言交际的首要元素，其重要性不言而喻。良好的语音能力不仅对学生听说技能的提升至关重要，还能有效促进学生对语法和词汇学习的深入。语音与语法、构词法、拼写等都紧密相关，因此，在外语学习中重视语音学习对于整体语言能力的提升是极为有益的。词汇作为语言学习的核心组成部分，包括单词和习惯用语等元素。词被视为语音、语义和语法特点的统一体，是构成语句的基本结构单位。词的每一个组成部分都具有其特性和功能。首先，每个词都有其特定的语音形式。在口语交流中，正是这种独特的语音形式使得一个词能够被区分开来。其次，词的意义是多层次的。它不仅包括字面意义，即词的"本义"，还包括隐含意义，即除本义以外的附加意义。例如：某个词在不同的文化、社会背景、性别或年龄的人群中可能会被赋予相同的含义，也可能因个人经历的不同而有所差异。每个词在语法上也有其特点和功能。它们在句子中扮演着特定的角色，如主语、宾语、定语等。值得注意的是，词的功能在句子中的变化可能会导致词义的变化。这种变化反映了语言的灵活性和复杂性。

在外语教学中，处理语言知识和语言技能这二者之间的关系时，应该注意以下几点。

1. 语言知识与语言技能同时兼顾，防止厚此薄彼

语言知识和语言技能是构成语言能力的重要部分，也是外语教学的基本目标之一。语言知识作为基础，对于发展语言能力至关重要，任何忽

视语言知识的看法都是错误的。语言的综合能力不仅包括语法知识，还涵盖了社会语言学能力、语篇能力和策略能力。社会语言学能力涉及在不同社交情境中使用语言的适宜性，如在进行特定言语行为时的得体性。语篇能力则关注语言在语境中的运用，如如何运用衔接手段和照应手段以增强语言的连贯性。策略能力则是指在交际过程中遇到困难时所采取的应对手段，如通过变换话题或使用非语言提示来回避障碍。

为了兼顾好语言知识与语言技能的学习，要明确以下几点内容：第一，在外语教学中，语法学习是不可或缺的一部分。不学语法，语言技能无从谈起。第二，掌握语法不仅是为了理解语言的理论体系，也是为了正确地使用语言。而且既要确保语言的语法规范，也要确保其遵循语言使用的社会习惯和表达规范。第三，语言能力的培养不仅限于单个句子的构造，也涵盖了对语篇的理解和运用。外语教学的核心在于将语言知识的学习与语言技能的培养有效结合。学习语言知识应该服务于提高语言技能的质量，确保学生能够在实际交际中正确、恰当地使用语言。同时，在发展语言技能的过程中，也不能忽视对语言知识的深入学习。

### 2. 语言知识的教学要立足语言实践活动

在外语教学中，语言知识的传授需要依靠一系列语言实践活动来实现。特别是在基础外语教学阶段，通过听、说、读、写等实践活动进行语言学习是关键。这类实践活动不仅帮助学生掌握语言知识，而且能促进学生语言技能的综合发展。语言知识的教学应采用多种方法，如提示、注意和观察、发现、分析、归纳、对比、总结等，使学生积极参与学习过程，培养学生的科学思维。

### 3. 听、说、读、写四项技能协调发展，不能割裂开来

对于外语初学者而言，虽然开始阶段以听说为主是合适的，但读写技能的培养也应迅速跟进。在处理听、说、读、写四项技能的关系时，需

要避免两种极端倾向。第一种是完全依赖"听说法",不让学生接触书面材料,这种做法是不可取的。这种方法不符合中国学习外语的国情,因为在中国,创建外语阅读环境通常是更易实现的。第二种是过分强调读写的重要性,忽视听说能力的培养,这种做法也会产生问题,可能导致学习者形成"哑巴外语"或"聋人外语"的现象。因此,外语教学应该注重平衡和协调这四项技能的发展。听说能力的培养能增强学生的交际能力和语言实用性,而读写技能的提升则有助于加深学生对外语语言结构和文化背景的理解。

## 二、高校外语教学的基本原则

### (一)交际性原则

语言作为交际的工具,其核心功能是在特定语境中促进思想和信息的交流。语言交际包括口语和书面语两种形式,并且总是发生在一定的语境之中,涉及两个及以上的人的互动。因此,学习外语的首要目的是使用外语进行交际,而外语教学的首要目标则是培养学生的交际能力。交际能力的核心在于能够运用所学的语言知识,在不同的场合与不同的对象进行有效且得体的交流。为了实现这一目标,在外语教学中应贯彻交际性原则,确保学生能够使用所学外语与人交流。这意味着教师在教学过程中不仅要注重语言知识的传授,更要强调学生实际交际技能的培养。在教学过程中,教师应该模拟真实的交际情境,让学生有机会在实际语境中练习和应用外语。同时,教师应鼓励学生在课堂上进行积极的口语交流和书面表达,增强学生的实际运用能力。此外,交际情境应涵盖不同的文化和社会背景,以便学生能够在多元文化的环境中有效交际。

### (二)兴趣性原则

我国古代教育家孔子把学习划分为三个不同的层次,即知学、好学和乐学,认为"知之者不如好之者,好知者不如乐知者"。[①] 学习兴趣是推动学生学习外语的强大动力。当学生对外语学习产生浓厚兴趣时,便会更加积极主动地参与学习活动,这不仅使学生的学习过程变得愉快,还能显著提高学生的学习效果。学习兴趣具有以下功能,如图1-3所示。

图1-3 学习兴趣的功能

1. 定向功能

学习兴趣作为一种非智力因素,对学习过程的影响既明显又持久。学习兴趣往往决定学生的学习方向和未来事业的选择,为他们的职业发展奠定基础。当学生对某一领域,如外语,产生浓厚的兴趣时,这种兴趣可以驱使学生深入学习,探索更多的知识和技能。

2. 动力功能

学习兴趣与个人的情感活动紧密相关,能够直接转化为学习的动力。当学生对外语学习有浓厚兴趣时,学习变成一种乐趣,而不再是负担。这种积极的态度有助于学生更好地投入学习过程,提高学习效率和质量。

3. 支持功能

外语学习通常是漫长且复杂的过程,经常伴随着挑战和困难。学生

---

[①] 孔丘:《论语》,天地出版社,2020,第153-154页。

的学习兴趣在其克服困难、战胜挫折中发挥着重要的作用。有了兴趣作为动力，学生更有可能保持旺盛的精力和持续的努力，即使遇到难题也不会轻易放弃。

4. 偏倾功能

学习兴趣通常是个性化的，因此学生的学习侧重点各不相同。在外语学习中，有的学生可能对词汇记忆感兴趣，有的学生热衷阅读，而另一些学生则喜欢写作。这些兴趣的差异需要教师及时认识并加以适当引导，使学生在保持个人兴趣的同时，也能全面地发展语言技能。

因此，高校外语教学的开展应遵循兴趣性原则，以当下学生的学习兴趣为导向，使学生对外语学习产生浓厚兴趣，充分调动学生学习外语的积极性。

（三）灵活性原则

灵活是兴趣之源，灵活性原则是兴趣性原则的有力保障。语言作为生活中不断变化和发展的一部分，其本质要求教学方法同样充满活力和开放性。遵循灵活性原则可以从以下三方面入手，如图1-4所示，以适应学生的个性化需求和不同的学习环境。

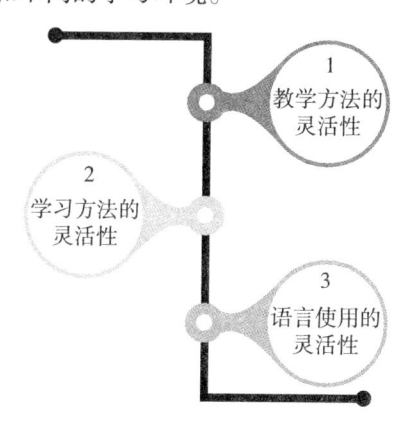

图1-4 高校外语教学中灵活性原则的切入点

### 1. 教学方法的灵活性

外语教学历史上涌现了众多教学方法和流派，如语法翻译法、视听说教学法、交际教学法等，这些方法各具特色，有其独特的优势和自身的局限性。在外语教学实践中，教师应当采取包容的态度，综合运用各种教学方法，而不是局限于某一种流行的教学模式。这种灵活多样的教学策略能够更好地适应不同学生的学习需求和个体差异，提高教学的有效性。外语教学涉及语言知识和语言技能两大方面，其中语言知识包括语音、词汇、语法等，而语言技能则包括听、说、读、写四项基本技能以及各种微技能。不同的语言元素和技能要求教师采用不同的教学方法和技巧。此外，考虑到学生的个体差异，教师在教学过程中需要不断调整教学策略，以适应不同学生的学习风格。在教学活动的设计上，教师应创造性地引入多样化的教学形式和内容，使外语课堂生动有趣，激发学生的学习兴趣。

### 2. 学习方法的灵活性

教学方法的灵活性可以有效地带动外语学习的灵活性。死记硬背这种机械式学习方法不仅效率低下，而且难以激发学生的学习兴趣和创造性。因此，教师要改变学生死记硬背的学习方法，引导学生探索适合自身特点的、更为自主和有效的学习方式。教师可以帮助学生建立自主性学习模式，鼓励学生自我完善、自我激励和自我提高。这包括将静态学习和动态实践相结合，例如：将基本功训练与自由练习相结合，以及单项技能练习和综合技能训练相结合。通过这样的方法，学生不仅能够在语音、语调、书写和拼读方面打下坚实的基础，还能够提高用外语进行表达和简单交流的能力。

### 3. 语言使用的灵活性

外语学习的关键在于使用。教师应通过自身外语的灵活运用激励学生同样灵活地使用外语，教师应在课堂上尽可能多地使用外语进行教学组织、讲解、提问和布置作业，从而让学生感受到他们所学的外语是一种"活"的语言，而不仅仅是书本上的知识。外语教学不应仅限于学生被动听讲和做笔记，而应是一个鼓励学生积极参与的过程。在这个过程中，学生应用外语来实现目标、达成愿望、体验成功和感受快乐。通过这种有意义的交际活动，学生的外语学习将变得更加生动和高效。此外，教师可以通过设计灵活多样的作业来促进学生的外语实践能力。例如：让学生轮流用外语进行值日报告、陈述和评议时事新闻等。这不仅能提高学生的语言实践能力，还能增强学生使用外语与他人进行交流的自信和能力。

# 第二章　数智驱动下高校外语教学变革的理论基础

## 第一节　数智化时代背景下高校外语教学变革的双重动因

### 一、内部动因

#### （一）"数智"技术在教育领域的应用

在人类教育发展的历史中，技术的革新一直是驱动教育变革的关键因素。从原始社会开始，文字的发明标志着人们的学习方法从口耳相传转变为文字记录和抄写训练，这是教育史上的一次重大飞跃。进入农业社会，造纸术和印刷术的发明极大地促进了知识和文化的传播与传承，使得知识的积累和普及成为可能，对教育产生了深远的影响。到了信息时代，声音、图像、视频等多媒体技术的广泛应用，为教育教学活动注入了新的活力。多媒体技术使教育内容更加丰富多彩，教学方式更加生动直观，极大地提高了教育的吸引力和有效性，其不仅改变了教育的表现形式，还扩展了教育的范围和深度，使得教育更加普及和高效。

随着第四次工业革命的到来，数智技术的迅猛发展正在推动社会各行各业，包括教育领域的深刻变革。数智技术浪潮不仅带来了社会数字化、智能化和智慧化的转型，也成为构建新的"数智"教育生态的重要驱动力量。在这个背景下，以数智技术重塑教育生态已成为教育现代化发展的必然趋势。这要求高校教育重视数智技术的深层次应用，从而加速推动教学模式、组织方式、学习方法和教育管理的全方位变革。高校外语教学作为高等教育的重要组成部分，也应该顺应时代发展的潮流，积极应用数智技术进行教学。具体而言，首先，开发和应用云端教育平台是一种重要的实践方式。这类平台能够加强教育资源的开放共享，实现个性化资源推送，大大提高师生搜集所需信息的效率。云端平台的应用在很大程度上解放了教学空间和学习时间，为教育带来了更加灵活和高效的新模式。其次，人机协同的"双师型"课堂也是数智技术在教育中应用的一个典型例子。在这种模式中，智能机器人可以分担高校教师的部分工作，如基础知识的讲解和习题的批改等重复性、机械性工作，从而使得教师能够从这些日常的、耗时的任务中解放出来。这为教师提供了更多的时间和精力去从事更有创造性的教学研究和个性化的教学设计。数智技术的应用正在成为推动教育现代化、满足新时代教育需求的关键因素，展现出广阔的发展前景和深远的影响力。

（二）多学科融合

多学科融合是教育变革的重要内部动因，可以更好地满足学生的学习需求，并且可以推动教育融入社会环境，推动教育变革。多学科融合指的是不同学科领域的知识和方法相互渗透和结合，形成新的教学模式。在高校外语教学中，这种融合尤为重要，因为语言学习不仅仅是学习语言本身，更是了解和探索与该语言相关的文化、历史、社会等多个领域的过程。随着经济全球化程度的加深，对于外语学习者来说，理解不同文化背景下的思维方式和交流习惯变得尤为重要。

首先，多学科融合可以丰富外语教学内容。传统的外语教学其重点往往放在语言技能的培养上，如语法、词汇、听说读写能力等。而通过与其他学科的融合，如历史、地理、政治、艺术等，外语教学可以更加全面地展现目标语言国家的文化背景和社会特点，帮助学生建立更为立体的语言学习框架。其次，多学科融合有助于提升学生的批判性思维和跨文化交际能力。通过将外语教学与其他学科相结合，学生不仅能学习语言，还能学习如何在不同文化背景下与他人进行有效沟通。例如：学习一门外语时，结合该语言国家的历史和文化背景，可以帮助学生更好地理解语言中的隐含意义和文化差异。最后，多学科融合促进了教学方法的创新。在数智化时代背景下，教师可以利用各种数字工具和平台，将不同学科的资源和方法融入外语教学中，如使用多媒体材料、开展在线交流项目等。这些方法不仅增加了教学的趣味性，还提高了学生的学习动力和参与度。

在数智化时代，多学科融合成为高校外语教学变革的重要动因，不仅丰富了教学内容，也提高了学生的综合素养，使高校外语教学更加贴近时代要求，更能培养学生的全球视野和跨文化交际能力。

## （三）学生需求多元化

在数智化时代，学生需求呈现多元化发展趋势。学生的多元化需求不仅体现在学习内容和方式上，还涉及学生对知识、技能和个人发展的全方位需求。首先，学生对知识内容的需求变得更加广泛和深入。随着经济全球化的加速和信息技术的飞速发展，学生不再满足于传统的课本知识，而是渴望了解更广泛的世界，包括不同国家的文化、历史、社会现象等。外语是一种重要的交流工具，学生希望通过学习外语理解和接触不同的文化和思维方式。其次，学生对学习方式的需求更加多样化。在数智化时代，传统的课堂教学方式已经不能完全满足学生的学习需求。学生期望有更多的互动性强、富有创造性和灵活性的学习方式，如项目式学习、小组合作、在线互动课程等。这些新型的学习方式能够激发学生的学习兴趣，促使其主动学习和深入思考。最后，学生对个人发展和职业规划的需求也日益突出。在竞争激烈的就业市场中，学生希望通过外语学习提升自己的综合竞争力。这不仅包括语言技能的提高，还包括跨文化交际能力、批判性思维能力和解决实际问题的能力。因此，高校外语教学需要关注学生的长远发展，帮助学生获得适应未来社会和职业发展的综合能力。

## 二、外部动因

### （一）国际教育理念的变化

在数智化时代背景下，国际教育理念的变化是推动高校外语教学变革的重要动因之一。随着经济全球化的深入发展和国际交流的日益频繁，教育理念正在全球范围内发生着深刻的变化，对高校外语教学产生了显著影响。具体变化主要体现在以下几方面：第一，对多元文化的重视上。在全球化背景下，不同国家和地区的文化交流日益频繁，对于理解和尊重不同文化的需求不断增强。这一变化促使高校外语教学不仅仅关注语言技能的培养，更重视通过语言学习来理解和欣赏不同的文化背景和价值观念。外语教学越来越多地融入跨文化交流和比较文化研究的内容，帮助学生建立全球视野，培养成为国际化人才的能力。第二，对创新和批判性思维的强调上。在当今快速变化的世界，创新能力和批判性思维能力越来越受到重视。这要求高校外语教学不仅要传授语言知识，还要培养学生的独立思考和创新解决问题的能力。因此，外语课堂越来越多地采用探究式学习、案例分析、项目式学习等方法，鼓励学生主动学习，培养他们的批判性思维和创新能力。第三，随着国际教育理念的变化，高校对语言教育的目标也发生了转变。过去，外语教学往往集中在语言技能的培养上，而现在外语教学越来越多地强调语言学习与专业知识和技能的结合。这意味着外语教学不仅要帮助学生掌握语言，还要使他们能够在专业领域中有效地使用这种语言。因此，外语教学内容越来越多地与学生的专业学习相结合，如通过专业领域的语言课程来提高学生的专业外语水平。

## （二）多元文化融合

随着经济全球化的加深，不同文化背景下的交流与合作日益频繁，高校外语教学不再局限于单一文化或语言的学习，而是向着多元文化的融合和交流方向发展。

首先，多元文化融合要求外语教学超越传统的语言教学模式，更多地关注文化背景、社会习俗和交际规则等方面的内容。在教学过程中，教师需要引导学生理解和欣赏不同文化背景下的思维模式和行为习惯。这种教学方式有助于学生建立全球视野，培养其在多元文化背景下有效交流和协作的能力。其次，多元文化融合带来了教学内容和方法的创新。为了适应多元文化的要求，外语教学需要引入更加丰富多样的教学资源，如使用不同文化背景的文学作品、影视材料、新闻报道等，让学生在实际语境中学习语言和文化。同时，教师在教学方法的选择上也应更加注重互动和参与，如小组讨论、角色扮演、情景模拟等，以增强学生的实际应用能力和跨文化交际技巧。最后，多元文化融合要求外语教学关注学生的个性化需求。在不同文化背景的学生群体中，每个学生的学习目标、兴趣点和背景知识都有所不同。因此，教师在教学过程中需要考虑这些差异，提供更加个性化的教学内容和方法，以满足不同学生的需求。

数智化技术，如在线学习平台、虚拟现实、人工智能等，为实现多元文化融合提供了强大的工具。这些技术可以帮助教师创造更加生动和真实的多元文化学习环境，提供更加灵活和多样的教学资源和方法，从而提高教学效果。

## （三）国家政策的引导

随着经济全球化的深入和信息技术的飞速发展，我国越来越意识到外语教育在培养国际化人才和促进国家竞争力方面的重要性。与此同时，我国还颁布了一系列政策法规文件，如《关于推进高等教育综合改革的意见》《国家职业教育改革实施方案》《关于推动现代职业教育高质量发展的意见》《关于深化现代职业教育体系建设改革的意见》《关于加强新时代高校教师队伍建设改革的指导意见》《深化新时代教育评价改革总体方案》，为高校外语教学的改革提供了方向性引导。此外，政府还鼓励高校和教育机构探索新的教学模式和方法，如利用在线教育平台、虚拟现实技术等新兴数智技术改善教学效果。

### （四）技术进步引发社会人才需求变革

技术革新和社会变革对教育领域产生了深远的影响，尤其是在人才培养方面。随着社会对人力资本需求的不断变化，教育系统面临着适应这些变化的压力。为了满足社会的需求，高等教育必须对人才培养的质量、规格和结构进行相应的调整。这种调整不仅关乎教学内容和方法的更新，还涉及教育理念和目标的重构。因此，教育领域需要持续关注社会人才需求的变化，以确保教育培养出来的人才能够适应社会发展的需要。而作为高等教育组成部分的高校外语教学，也应该紧跟高等教育变革的步伐，作出适当调整，以培养出适应社会需求的人才。

不同的社会发展阶段对人才培养的要求各有不同。在科技尚不发达的农业时期，社会生产以耕作为主，教育场所主要是私塾，教育资源集中在少数贵族和统治者手中。这一时期的教育目的主要是培养能够维持现有社会结构和管理国家的统治人才，而对于大多数普通百姓来说，教育并不是必需品。随着工业革命的到来，机器大生产成为社会的主要特征，人们对教育的需求和期望显著增强。为了适应工业社会对高素质工人的大量需求，出现了更为普及的学校教育，学校教育采用班级授课制度，使得教学规模不断扩大，教学效率显著提升。在这一阶段，教育已不再是少数人的特权，越来越多的普通人拥有了受教育的机会。进入信息化时代，随着计算机和互联网技术的迅猛发展，教育进一步现代化，规模化学校教育成为主流。同时，技术的进步也带来了新的教育模式，如远程教育、在线学习等，使得学生学习的方式更为灵活多样。在这个时期，教育的重点转向了培养具备丰富知识、创新能力和能快速适应社会变化的人才上，这种转变旨在满足日益复杂和多元化的社会需求。

随着第四次工业革命的到来，人类步入了一个以"数智"技术为核心的新时代，这一时代的教育与教学正在经历深刻的融合和变革。随着各类数智技术如人工智能、大数据、云计算等的快速发展，各行各业对劳动者的知识、能力和素养提出了新的、更高的要求。传统以知识为中心的人才培养模式已不再适应社会发展的新需求。教育的焦点已从单纯的规模扩张转变为以人为本的教育理念，强调培养学生的数智技能和数智素养。这种转变意味着教育内容和方法必须进行相应的调整，教师不仅要教授学生必要的知识，还要注重培养学生的创新思维、问题解决能力和对新技术的适应能力。在此背景下，培养具备数智技能和数智素养的创新型人才成为教育领域的重要任务。这不仅是对个人职业发展的重要支持，也是社会持续进步和创新发展的关键。因此，高校和外语教师必须认识到这一转变的重要性，采取有效措施，推动教育体系与时俱进，以满足新时代的教育需求。

## 第二节　数智化时代背景下高校外语教学变革的重要机遇

随着人工智能、大数据分析、云计算等技术的快速发展，外语教学变得更加个性化、互动化和高效。数智化时代为高校外语教学提供了丰富的资源和工具，开启了新的可能性，使教育更加符合时代发展的需求和学生的个性化需求。因此，探索并利用这些机遇，将对高校外语教学的未来发展产生重要且积极的影响。数智化时代背景下高校外语教学变革的重要机遇主要体现在以下几方面，如图2-1所示。

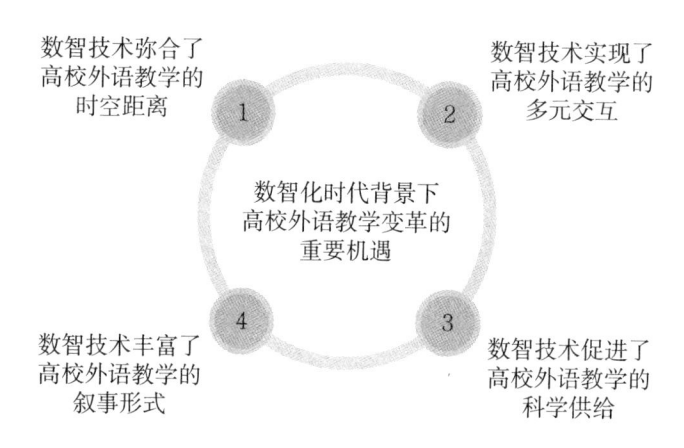

图 2-1　数智化时代背景下高校外语教学变革的重要机遇

（图中文字：
1. 数智技术弥合了高校外语教学的时空距离
2. 数智技术实现了高校外语教学的多元交互
3. 数智技术促进了高校外语教学的科学供给
4. 数智技术丰富了高校外语教学的叙事形式
中心：数智化时代背景下高校外语教学变革的重要机遇）

## 一、数智技术弥合了高校外语教学的时空距离

数智技术彻底改变了传统高校外语教学的时空格局，为其带来了革命性的变化。传统的教学模式已被一种跨时空的虚实同构的教育场域所取代。在数智技术的影响下，高校外语教学不再局限于特定的物理空间，学生和教师可以在任何地点进行互动学习。这种教学方式突破了地理位置的限制，极大地扩展了受众范围和教育资源的可及性。在数智时代，主体和客体，即教师和学生，通过高校外语教学 APP、小程序等数字工具，进行"机器上的学习"和"媒介上的学习"。这种方式不仅提升了学习的便捷性，还大大增强了教育内容的吸引力。利用传感器、感应器等智能设备，结合数字孪生技术、虚拟现实（VR）、增强现实（AR）和混合现实（MR）技术，高校外语教学创造了丰富多彩的拟态场景。这些高科技手段使得教学主客体可以深刻体验和感受外语教学资源的魅力。学生通过这些先进的技术，可以更加生动地感受到历史、时代和社会发展的动力。

借助数智技术，高校外语教学突破了时空限制，创造了一个虚实同构、双向交互的新型教育实践场域。这一变革不仅改变了教学的形式，还极大地提高了教育的灵活性和可达性。在传统的教育模式中，高校外语教学往往被固定在特定的时间和空间，具有即时性、独占性和不可复制性。而数智技术的引入彻底改变了这一局面。它使教育活动不再受时间限制，提供了一个全时段、可计算、可测量、可回溯、可切割的教育环境。

通过数智技术，教师和学生可以利用移动终端随时随地进入高校外语教学的"流动空间"，实现全时段在线教学与学习。这种方式极大地提升了教育活动的及时性和灵活性，使得高校外语教学不再受传统的教室空间和固定时间表的限制。数智技术还为高校外语教学引入了一种全新的时间管理方式。通过时间的分割、整合和序列化，数智技术能够精确地计算和测量时间，从而有效地分割和控制教学活动的进程。这不仅提高了教学效率，也使得教学活动可以更加有序和系统地进行。

## 二、数智技术实现了高校外语教学的多元交互

随着数智时代的到来，人类信息传播方式发生了结构性变化。数智技术不仅解构了传统的教学传播模式，也在重构高校外语教学的传播方式和生态。在新的传播生态中，低壁垒、开放式、互动式的虚拟空间模糊了传播者与接收者之间的界限，促进了更为自由和开放的交流。在传统的高校外语教学中，通常采用"中心边缘"式的线性传播结构，即教师是信息的中心源，学生处于被动接受的边缘地位。在数智技术的影响下，单向度的传播模式逐渐被瓦解。技术的介入弱化了"你说我听"的传统教学方式，促进了双向或多向的交互式学习。教学传播模式的变化使得高校的外语教学参与性更强，学生不再是被动的信息接收者，而是能够积极参与到教学过程中。数智技术的应用提升了学生学习的互动性和参与感，同时也促进了教学内容和方法的多样化和创新，为高校外语教学带来了前所未有的发展机遇。

数智技术的发展为高校外语教学带来了翻天覆地的变化，尤其是在信息传播的方式上。数智技术通过"去中心化"和"扁平化"的信息传播方式，有效打破了传统的阶层、身份和背景区隔，为教育主体与受教育者

之间建立了一种更加平等的交流基础。在以数字技术为支撑的新教学环境中，教育者和受教育者都有平等的机会发声和参与。在平行化的虚拟网络空间中，教育者和学生都可以自由地参与话题讨论、表达观点、分享创作。这种互动性强的网络平台允许每个人既是数字信息的生产者，也是数字信息的接收者和传播者，极大地丰富了教育内容和教学方法，激发了学生的学习兴趣和创造力。数智技术的这种"去中心化"的传播方式，突破了传统高校外语教学中自上而下的金字塔式传播层级，取代了过去单向度、被动接受式的教学传播方式，引入了更为动态和参与性强的双向交互式、"流量式"传播模式。这不仅提高了教学的效率和效果，还促进了教育的公平性。

## 三、数智技术促进了高校外语教学的科学供给

数智技术通过构建虚拟网络空间，不仅创造了全新的媒介场域，还为意识形态的传播提供了多样化和灵活化的载体。新的时代背景下，传统的大水漫灌式教育实践方式已不再适应时代的发展需求，其在满足个性化、精准化和科学化教学方面存在明显不足。数智技术的应用使高校外语教学能够更精准地针对学生的需求和兴趣进行调整，实现教学内容的个性化和定制化。数智化教学方法不仅能更好地吸引学生的兴趣，还能有效地提高教学效果，使教学内容更容易被学生理解和接受。由此一来，高校外语教学不再是简单的知识传授，而是变成了一种更具互动性和参与感的学习体验，真正实现了教学内容的入脑入心。

在数智时代，个体处于一个高度个性化和差异化的数字环境中，这对高校外语教学提出了新的挑战和要求。为了适应这一变化，高校外语教学需要在精准靶向的基础上实现精准供给和精准滴灌。数智技术在这一过程中扮演了关键角色，它通过全息记录、云计算、智能推送等先进技术，实现了对受教育者线上线下思想动态、立场观点、价值取向、行为习惯的全息动态实时捕捉。这些先进的技术通过数据库的提取、挖掘和洗涤，将

受教育者的思想倾向、行为偏好、话语偏好转化为可视化的数据形式。这种数据驱动方法使得教学内容和方式可以更加精准地对应每个学生的特定需求和兴趣，从而提高教学效果和学习效率。在此基础上，高校外语教学能够更加灵活和精确地适应每个学生的个性化学习路径，使教育更加人性化和高效。数智技术的应用不仅增强了教学的个性化和针对性，还为教育工作者提供了更多维度的学生行为洞察，从而促进了教学方法的不断创新和优化。

在数智时代，高校外语教学的进步体现在对受教育者"数字画像"的精准勾画上。通过大数据分析学生的数字化观测指标和具体参数，教育者能够准确划分不同的学习层级，为每位学生定制个性化的教学策略。云计算等数智技术的应用，使得教学内容的制定和推送更加符合各层级学生的实际需求。由此一来，教师不仅可以基于学生的学习能力，还可以根据其兴趣、行为偏好等多维度信息，制定个性化的教学内容。这种精准滴灌方式，不仅提高了教学效果，也增强了学生的学习动力和参与度。在数智技术的支撑下，高校外语教学变得更加科学、高效，同时也更加人性化和精细化。

## 四、数智技术丰富了高校外语教学的叙事形式

话语作为社会思想、立场、观点和价值取向的集中体现，是在一定的社会实践和文化背景下形成的，它既嵌入文本、言词当中，又体现在各种实践之中。在数智化的时代背景下，传统的"嵌入式"意识形态传播方式正面临挑战。多元化的虚拟交往方式使得信息传播变得更加广泛和多样，这导致传统的单一化的高校外语教学越来越难以达到预期效果。受教育者在数字空间中接触到的信息远比以往丰富，他们的信息获取途径也更加多样化。基于此背景，高校外语教学的话语方式也在发生变化，更倾向于采用宏大叙事策略、"脱域"话语状态以及精英话语风格来传播主流意识形态。

统摄式话语样态通常基于自上而下的传播方式，往往忽视了数字世界的建构和对个体日常生活的细腻观察，未能充分考虑个体世界的丰富性和特殊性。这容易导致高校外语教学话语多建立在普适性和普惠性的基础上，难以深入受教育者的内心，造成教学内容的悬浮、论证的乏力和意义的流失。而在技术赋能和行动赋能的背景下，高校外语教学话语正在从宏大的言说、抽象的思辨和晦涩的学理转向更为立体化、互动化和媒介化的叙事话语。数智技术的嵌入，尤其是在高校外语教学中，为主流意识形态的具体化、生动化、鲜活化和形象化转换提供了新的可能。这种转换使得教学内容更加贴近学生的实际生活和所感知的世界，增强了叙事的视觉化和空间化，从而有效提升了教学的吸引力和影响力。

在数智技术的帮助下，高校外语教学的话语风格正在经历一场深刻的转变。数智技术使得原本思辨性和抽象性的主流意识形态能够通过场景化、人物化和故事化的图文音视频形式呈现，从而更加生动和鲜活。通过鲜明的人物形象、逼真的模拟场景和引人入胜的故事情节，这些抽象的思想和理念变得更加具体和易于理解。生活化的话语风格、互动式的话语样态和叙事式的话语表达有效弥合了宏大叙事、抽象叙事与日常生活的世界之间的隔阂。数智技术克服了传统单向度话语样态的局限性，使高校外语教学话语变得更加现代化、生动化和多维化。这样的现代化话语建构不仅推动了教学内容的创新，还为高校外语教学创造了一个平等的话语传播场景。

# 第三节　数智化时代背景下高校外语教学变革的必要性和可行性

## 一、数智化时代背景下高校外语教学变革的必要性

### （一）教学模式单一，容易引发学生学习疲劳

在当前的教育环境中，高校外语教学的变革成为一个迫切的课题。特别是在数智技术日益成熟的今天，教学模式的创新和多样化显得尤为重要。单一的教学模式不仅降低了教师的教学效果，也容易导致学生的学习疲劳。

首先，学生的学习兴趣和动力在很大程度上取决于教学内容和方法的吸引力。当教学模式单一时，学生很难从中获得新鲜感和挑战感，这直接影响了他们的学习积极性。学习疲劳不仅仅包括学生身体或精神上的疲惫，更是一种由于缺乏内在激励而产生的学习倦怠感。这种倦怠感会导致学生对学习失去兴趣，甚至产生抵触情绪。其次，单一的教学模式往往忽略了学生个体差异的重要性。不同的学生有着不同的学习风格、兴趣点和能力水平。一个固定和单一化的教学模式很难满足所有学生的需求，导致部分学生无法在课堂上获得适合自己的学习体验。这种情况下，学生可能会感到被忽视或者无法跟上学习进度，进而产生挫败感。最后，单一的教学模式在知识传递和技能训练方面存在局限性。语言学习不仅仅是词汇和语法规则的学习，更是一种文化和思维方式的习得。如果教学模式单一，学生接触到的语言环境和文化背景就会受到限制，无法全面地掌握和应用外语。这种局限性会阻碍学生对外语的深入理解和应用，从而引起学习疲劳。随着信息时代的到来，学生的学习方式和学习习惯也在发生变化。如

果教学模式不能与时俱进，无法利用现代技术手段来辅助教学，就很难吸引数字化时代背景下的学生。学生可能会觉得课堂内容陈旧、无趣，无法激发自己利用现代技术进行自主学习的兴趣。因此，更新教学模式，融合数智技术，对于提高教学效果和减少学生学习疲劳来说，是非常必要的。

## （二）教学资源匮乏，难以满足学生个性化需求

教学资源的匮乏在高校外语教学中是一个不容忽视的问题，不仅限制了教学内容的丰富性和教学方法的多样性，也影响了学生个性化需求的满足和教师教学创新的空间。因此，在数智时代背景下，积极寻求和整合教学资源，对于提升高校外语教学质量和满足学生个性化学习需求至关重要。

一方面，外语学习不仅是一种知识传递的过程，更是一种培养学生文化素养的重要途径。因此，教学资源的多样性对于提高学生的语言实际应用能力尤为关键。当教学资源匮乏时，学生接触到的语言材料和文化背景就会受限，难以全面地理解和掌握目标语言。这种情况下，学生的语言应用能力和跨文化交际能力的提升会受到很大的限制。另一方面，学生的学习需求和兴趣点各不相同，这就要求教学资源能够覆盖更广泛的领域和主题。如果缺乏个性化的教学资源，则意味着其难以满足不同学生的学习兴趣和需求，导致他们在学习过程中可能感到枯燥无味，甚至产生挫败感。缺乏个性化教学资源还可能降低学生自主学习的可能性，影响学生发掘和利用个人潜能的能力。另外，教学资源的匮乏限制着教师的教学创新。教师在教学过程中需要丰富多样的材料来设计课程和活动，以提升教学的趣味性和有效性。当缺乏足够的教学资源时，教师的创新能力和教学自由度受限，难以开展多样化的教学活动，这不利于激发学生的学习兴趣和参与积极性。数智时代的到来为外语教学提供了丰富的技术资源和平台，外语教师可以充分利用数字化教学资源，提高教学的互动性和学生的参与度，加快高校外语教学变革的步伐。

### （三）课堂互动形式单一，难以保证教学效果

互动形式是影响教学效果的重要因素之一。单一化的互动形式，不仅降低了教学的吸引力和有效性，也限制了学生学习外语的全面性。单一的互动形式无法提供足够的实践机会，无法使学生在真实或仿真的语言使用场景中练习和应用所学知识。这种情况下，学生的实际交流能力的提升就会受到限制。外语学习不仅仅是知识的积累，更重要的是技能的培养，特别是听说读写能力的综合运用。随着数智化时代的来临，数智技术的发展为高校外语教师提供了多样化的互动形式，对于高校外语教学效率的强化具有积极影响。

课堂互动的多样性对于激发学生的学习兴趣和参与度至关重要。单一的互动方式可能使学生感到乏味和缺乏参与感，而多样化的互动形式则可以通过不同的活动和任务，如小组讨论、角色扮演、互动游戏等，使学习过程更加生动和有趣，从而提高学生的积极性和学习效果。而且，不同的学生具有不同的学习风格和偏好。单一的互动形式难以满足所有学生的需求。例如：一些学生可能更倾向于视觉学习，而另一些学生则可能更偏好听觉或动手操作。因此，多样化的互动形式可以更好地满足不同学生的学习需求，帮助他们更有效地吸收和理解新知识。数智技术的发展为课堂互动提供了新的可能性。通过使用现代技术，如在线协作工具、互动软件、虚拟现实等，教师可以创建更加丰富多样的互动形式。这些技术不仅可以打破课堂的空间和时间限制，还可以提供个性化和差异化的学习体验。例如：通过虚拟现实技术，学生可以在模拟的语言环境中进行沉浸式学习，这种体验对于提高学生的语言能力和文化理解尤为有效。

### （四）基础设施薄弱，难以激起学生学习兴趣

在高校外语教学中，基础设施的建设对于提升教学质量和学生学习

体验至关重要。基础设施不只是指物理空间和传统教学工具,也包括信息技术设施和数字化资源。当这些基础设施薄弱时,学生的学习兴趣很难被充分激发。首先,学习环境对于学生的学习体验有着显著影响。现代化、舒适且资源丰富的学习环境能够为学生提供更好的学习氛围,增强学生的学习动力。例如:设备齐全的语言实验室、富有创意的教室布局、舒适的学习空间等,都能够为学生创造一个更加积极和有效的学习环境。相反,如果基础设施陈旧或不足,学生可能会感到学习环境沉闷,难以保持持续的学习兴趣。其次,信息技术设施和数字化资源在当今的外语教学中扮演着重要的角色。这些技术资源包括但不限于智能教室、在线学习平台、多媒体教学工具等。这些工具可以大幅度增加教学互动性,为学生提供丰富的视觉和听觉学习材料,使学生的学习过程更加生动和有趣。如果缺乏这些现代化的教学工具和资源,教师的教学方法可能受限,学生的学习体验也会相应降低。最后,基础设施的薄弱会影响学生的自主学习能力。在数智时代,学生越来越依赖网络和技术资源进行自学和研究。如果学校无法提供稳定的网络连接、足够的计算机设备或访问丰富在线资源的渠道,学生在课外的学习和探索将受到限制。这不仅限制了他们获取信息和知识的途径,也影响了他们利用现代技术进行创新和协作的能力。

在数智时代,基础设施的强化不仅可以提升教学的有效性和趣味性,还能够满足学生在数字化时代的学习需求,促进学生的全面发展。因此,加强基础设施建设,特别是数字化资源和技术的整合应用,对于高校外语教学变革来说是不可或缺的。

## 二、数智化时代背景下高校外语教学变革的可行性

数智化时代背景下,高校外语教学变革的可行性主要体现在以下几方面,如图2-2所示。

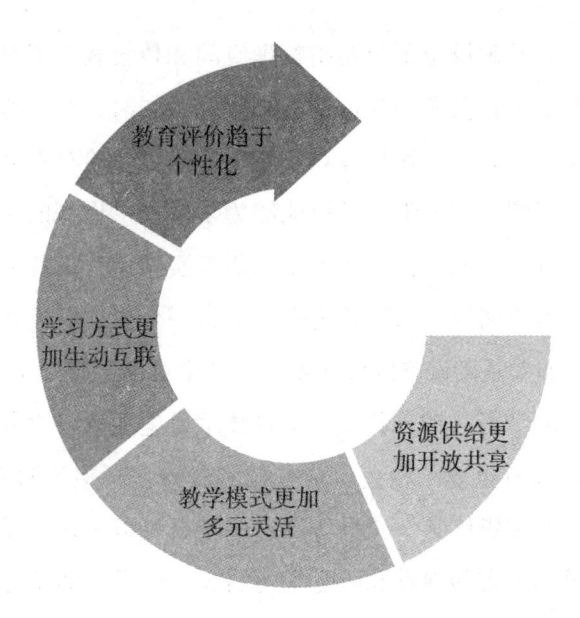

图 2-2 数智化时代背景下高校外语教学变革的可行性

## （一）资源供给更加开放共享

传统教育资源供给的内容、形式和手段常常不能满足学生日益增长的多样化和个性化需求。从内容上看，传统教育资源主要包括教科书、印刷媒介如照片、报刊、图表，以及实物媒介如标本、模型、积木等。这些资源在数量和多样性上有限，其主要功能是辅助课本教学，但在启发学生智慧和创造力方面作用有限。从形式上看，传统教学大多以教师的讲授为主，难以激发学生的课堂参与感和思维活跃度。从手段上看，传统教育资源的供给方式相对单一且封闭，难以形成有效的互动和反馈机制。

在数智化时代的背景下，随着数智技术与教育的深度融合，教育资源供给的方式正在发生深刻的变革，即从一个相对封闭的体系，向更为开放和共享的方向转变。这一转变不仅体现在教育资源的种类和质量的提升上，还体现在资源供给的方式和渠道的创新上。传统的教育资源，如教科书、实物媒介等，正在被互联网技术支持的线上课程和以云计算、大数据为基础的数字资源平台所补充和扩展。例如：慕课作为一个新兴的网络开放课程，聚集了全球范围内的优质教育资源，为师生提供了个性化、高效化的教育服务。这类开放式课程大大促进了高等教育课程资源的共享，打破了地域和机构的界限。而且，以数据为中心的"互联网+教育"大平台正打破传统专用教育资源开发的壁垒，使原有的教育平台体系更加完善，管理更加科学。这类平台的发展不仅提供了更多样化的学习资源，还促进了教育内容的个性化和教学方法的创新。另外，数智技术的应用还打破了以往相对封闭的资源供给体系，使得供给主体更加多元化。数智技术创建了跨地区、跨组织、跨层级的教育资源供给模式，加强了数字教育资源和教育数据的互联互通，不仅为学生提供了更广泛的学习机会，还为校际合作和区域协作创造了新的可能，从而促进了教育的整体进步和发展。

## （二）教学模式更加多元灵活

枯燥的学习内容与单一的讲授方式容易使学生产生学习倦怠，这种僵化静态的教学模式客观上阻碍了学生发散思维、创造能力的培养，不利于学生综合素质的提高。以"数智"技术重塑教学模式，能为师生的教学活动提供丰富多样的软硬件教学工具，增强教学模式的多元性和灵活性，更能够吸引学生的注意力，激发学生的学习兴趣和创造潜能，从而有效提高学生的学习效率和综合素质。

在数智化时代，首先，利用互联网平台，教师可以通过照片、视频、虚拟模型等多种形式呈现教学内容。多媒体和多维度的教学方式使得课堂内容更加生动和直观，能够将现实生活中难以接触到的场景以虚拟的方式展现，极大地吸引了学生的注意力，不仅有助于帮助学生更好地理解和消化知识，而且有效地改善了传统教学模式中学生可能出现的学习倦怠现象。其次，教学方式更为灵活。在数智化时代的背景下，学生通过云端教育平台，能够从传统的教室环境中解放出来，进入一个更加联动和融合的学习场景。例如："线上+线下"课堂、"现实+虚拟"的学习空间等。

### (三) 学习方式更加生动互联

数智技术在教育领域的融合正在重塑学生的学习模式，使其变得更加生动和互联。数智技术加快了学习内容的更新速度，丰富了学生的学习形式，并拓展了学习资源的获取渠道。利用先进的技术手段，如云计算、大数据、人工智能等，学生可以更快地接触到最新的外语知识和信息，体验多样化的学习方式。同时，这些新兴技术为智慧学习提供了坚实的技术支撑和物质保障，使得学习过程更加高效、个性化和互动化，极大地提高了教育的品质和学生的学习体验。

首先，学习内容持续更新。数智技术能够有效实现知识的传递与更新，使得学生能够接触到最新的学术成果和知识点。前后知识的有效衔接加强了学生对知识的系统性把握和整体性理解，有助于学生构建完整的知识体系。此外，数智技术促进了学科之间的交叉融合，不仅使学习内容更加丰富多样，还提高了学生的学习迁移能力，使学生能够在不同的领域中灵活运用知识。其次，学习形式创新。通过创新的技术手段，如 3D 投影技术、虚拟现实（VR）、增强现实（AR）等，教育者能够为学生打造沉浸式的学习体验。例如：利用 3D 技术将教师的身影投射到远程课堂中，不仅为学生带来了强烈的现场感和沉浸感，还增强了学习过程中的交互性和情境性。这种沉浸式学习体验有效缓解了传统线上课堂中师生沟通的难题，使学习形式更加生动、吸引人。最后，拓展学习资源获取渠道。随着数智技术的发展，数字化教育资源的覆盖范围得到显著扩大，学生可以通过云学习平台、智能学习助手、实名制虚拟学习社区等多种方式获取所需的学习资源。这种多渠道的学习资源获取方式不仅实现了物理空间与网络教育空间的无缝衔接，而且助力学生进行多方面的学习探讨。学生可以在这些平台上发表见解、交流想法，为其他学生提供学习参考，从而开阔视野，丰富知识。

## （四）教育评价趋于个性化

教育评价作为教育过程中不可或缺的一环，对教育发展的方向有着深远的影响。"唯分数、唯升学、唯论文"等不科学的评价导向，过分关注学生的学习成绩，忽视了对学生综合素质的培养。如果评价主体单一，以教师评价学生为主，缺乏社区、家长、学生等多元主体的共同参与，将无法保证评价结果的科学性；如果评价方式单一，多采用期末测试、书面笔试等结果导向的评价方法，将不利于促进学生全面发展；如果评价标准过于强调共性，将会忽视学生的个体差异性和个性化发展。因此，教学评价主体要多元化，评价方式要多样化，评价标准要关注学生个性，保证评价的科学性，促进学生全面发展。

在数智技术日益融入教育领域的背景下，教学评价模式正逐渐走向个性化。这一转变得益于大数据和人工智能等先进技术的应用，使得高校外语教学评价能够全面且详细地捕捉和分析学生的学习行为数据，为个性化评价提供强有力的技术支持。首先，大数据技术在高校外语教学评价中的应用使得教师能够全面收集学生的学习行为数据，如学习时间、频率、习题完成情况、在线互动记录等。这些数据反映了学生的学习习惯和能力水平，为教师进行个性化评价提供了丰富的原始材料。其次，教师利用人工智能对这些数据进行深度处理和分析，可以发现学生在学习过程中遇到的问题和挑战，如哪些知识点学生掌握不牢固、哪些内容学生学起来有难度等。再次，选取合适的学习者模型，基于分析结果对学生的学习成果进行精确评估。评估内容和结果不仅关注学生的学习成绩，还包括学习过程、思维方式、问题解决能力等多方面。根据学生的具体情况，教师能够有针对性地提供个性化的指导和建议，帮助学生在学习过程中不断进步和成长。最后，智慧评价系统的引入使得学生自己也能直观地了解自己的学习状态。智慧评价系统通过数据分析，为学生提供个人擅长的知识领域、兴趣爱好等信息，帮助他们认识自我，发现自己的优势和潜力。学生可以根据这些数据分析结果和预测趋势，更好地规划自己的学习路径，发掘和利用自身的优势进行自主学习。

# 第三章　现代教育技术驱动下的高校外语教学模式

## 第一节　高校外语微课教学模式

### 一、微课的相关定义

#### （一）微课的定义

微课作为一种基于信息化技术平台灵活呈现学科教学内容的数字化资源，已在教育领域中逐渐受到重视。微课主要以微型教学视频为核心载体，旨在针对特定学科知识点或教学环节进行深入讲解。随着微课实践的不断丰富和相关研究的逐步深化，人们对微课的认识也越来越深刻、全面，众多研究学者都对"微课"一词给出了定义。

胡铁生对微课的定义进行了完善，强调微课是一种新型在线网络视频课程，不仅仅局限于单一的教学方式，而是支持多种学习方法，使学生可以根据自身需求和学习习惯选择最适合的学习路径；灵活性是微课的一大优势,使得教育更加个性化,更能满足不同学习者的需求。①

焦建利认为,微课是一种在线教学视频,主要以简短而精炼的视频为表现形式,目的是阐述某个特定的知识点。②

黎加厚认为,微课是一种短小、集中的小课程,通常不超过十分钟,旨在说明一个明确的教学问题或知识点。③

张一春等人认为,微课是一种自主学习的形式,以达到最佳学习效果为目的,通过精心设计的信息化教学来呈现。④

郑小军注重微课在现代教育技术中的应用,他认为微课是支持翻转学习、混合学习、移动学习、碎片化学习等多种学习方式的重要工具。⑤

结合这些学者的观点,笔者认为,微课指的是运用信息技术,按照认知规律,呈现碎片化学习内容、过程及扩展素材的结构化数字资源,其不仅是一种高效、精简的教学工具,也是支持各种新型教学方式的重要资源。微课的设计和制作需要从学生的角度出发,注重促进学生的自主学习和学习效果的最大化。微课通过集中阐述特定知识点,为学生提供了便捷、有趣且富有挑战性的学习体验。微课的发展和普及,将会对现代教育产生深远的影响。

## (二)系列微课

系列微课是根据学生的学习规律将传统课程内容转化为一套有序、

---

① 胡铁生:《"微课":区域教育信息资源发展的新趋势》,《电化教育研究》2011年第10期。
② 焦建利:《课好,微课才可能好》,《中国信息技术教育》2015年第23期。
③ 黎加厚:《微课程教学法与翻转课堂的中国本土化行动》,《中国教育信息化》2014年第14期。
④ 张一春、邓敏杰、唐丽:《微课助力教学变革,比赛提升教师能力——江苏省高校微课教学比赛分析及启示》,《数字教育》2018年第5期。
⑤ 郑小军:《微课可持续发展研究基本框架:内涵、目标、问题、内容及方法论》,《广西职业技术学院学报》2019年第5期。

连贯的在线学习体系。系列微课教学模式不仅仅是将课程内容简化为微型学习单元，而是更深层次地利用建构主义教学方法，将教学内容和教学方式重新设计，以适应在线学习或移动学习的需求。在系列微课的设计中，课程被细分为目标、任务、方法、资源、作业、互动、反思等多个方面，每个方面都经过精心设计，以确保教学内容的连贯性和系统性。这种分解方式有助于学生更加清晰地理解课程目标，更有效地完成学习任务。在课程属性方面，系列微课从课程设计、开发、实施到评价，每一个环节都有明确的目标和方法。这种全面的设计过程不仅提高了教学内容的质量，还增强了课程的实用性和互动性。从课程资源的角度来看，系列微课是课程改革和信息化过程中的一种创新，不仅提供了丰富多样的学习资源，还整合了多种学习方法和技术，为学生提供了一种新的学习体验。系列微课通过引导和帮助学生学习，促进了学生的自主学习和自我发展。

## 二、微课的特点

微课作为一种创新的教学模式，近年来在教育领域获得了广泛的关注和应用。其核心特点在于，内容精炼，具有针对性、灵活性和易接触性。与传统教学相比，微课通过短小精悍的课程设计，将复杂的知识点浓缩为简短、易于理解和记忆的信息单位，极大地提高了学习的效率和趣味性。这种教学方式适应了快节奏和高效率的现代生活需求，同时也满足了不同学习者的个性化需求。概括来讲，微课主要包含以下六个特点，如图3-1所示。

微课的特点：
- 教学时间较短
- 教学内容较少
- 资源容量较小
- 主题突出、内容具体
- 草根研究、趣味创作
- 反馈及时

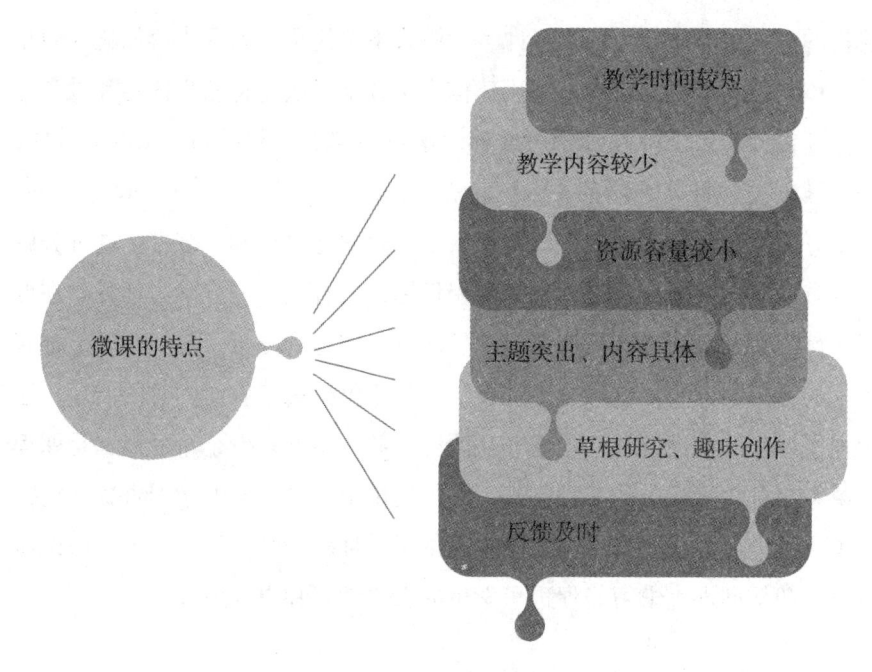

图 3-1  微课的特点

## （一）教学时间较短

微课程作为一种新兴的教育模式，其核心在于精练而高效的教学视频。微课视频通常以 5 至 10 分钟为宜，最长不超过 15 分钟，这是基于学生的认知特点和学习规律而精心设计的。相较于传统的 40 或 45 分钟的课堂教学，微课程更像是"课堂片段"或"微课范例"。

## （二）教学内容较少

微课作为一种现代化的教学工具，相较于传统课堂，具有显著的特点和优势。微课的知识点更加集中，主题更加突出，这使得微课特别适合教师在课堂教学中强调某些关键的学科知识点，如重点、难点、常见疑问或特定试题内容。微课还能有效地展现和强化课堂教学活动中的特定教学环节和主题。与传统的课堂相比，微课堂的内容更加突出和具体，避免了传统教学中常见的内容冗余等问题。因此，微课堂不仅提高了教学效率，也为学生提供了更清晰、更集中的学习焦点，有助于他们更好地理解和掌握关键概念。

### （三）资源容量较小

微课的视频及其支持资源在大小上通常保持在数十兆字节，这种精简的数据量使得这些资源易于在线播放和在移动设备上存储。微课视频一般采用流媒体格式，如 rm、wmv、flv 等，以确保教师和学生能够流畅地在线观看课堂实例。这种格式的选择不仅便于学生在线学习，还使得教学资源能够轻松地下载到各种终端设备，如笔记本电脑、智能手机等，从而支持移动学习和泛在学习。

### （四）主题突出、内容具体

每个微课聚焦于一个单一的主题或问题，这些主题或问题源自教育教学的实际应用场景。这种专注性使得微课能够深入探讨并解决具体的教育问题，无论是生活中的思考、课堂上的反思、难点的突破、重点的强调，还是学习策略、教学方法、教育观点等。微课的这种特点不仅使教师和学生能够更深入、有效地探讨特定的议题，还为其解决实际可操作的问题提供了平台。

### （五）草根研究、趣味创作

微课的核心优势在于其内容的简洁和专注，这使得几乎每个人都有潜力成为课程的研发者。由于微课主要面向教师和学生，其开发的核心目的是将教学内容、教学目标和教学手段紧密结合，专注于实际教学过程中的应用，而非纯理论的验证或推演。微课自下而上的课程开发方式使其更加贴近实际教学需求，同时也鼓励教师根据自己的专业知识和教学经验创造和分享有价值的教学资源，从而丰富和优化教育教学过程。

## （六）反馈及时

微课提供了一个集中且短暂的"无生上课"活动，允许参与者即时获得对教学行为的反馈。这种即时的反馈机制，与传统的听课和评课活动相比，具有显著的"现炒现卖"特性，增强了评价的及时性和有效性。

## 三、优化高校外语微课教学实践的对策

### （一）促进系统培训，提升微课制作水平

#### 1. 进行微课制作系统培训

首先，明确培训目标。高校外语微课教学的培训目标主要集中在改进高校外语微课教学的现有不足，充分发挥微课教学的优势，合理利用时间和空间资源，以及拓展学习成果以实现教学目的。其次，营造培训氛围。要想改变教师群体对微课的认识并提升他们制作微课的能力，需要先营造一个有效的培训氛围。这包括在教师群体中充分展现微课教学的优势和效果，提高教师群体对微课的认识，从而创造一个积极的、鼓励创新的培训环境。由此一来，教师能够更好地理解微课的价值，激发自身学习和制作微课的兴趣和动力，最终提高整个教师团队在微课领域的能力和效率。最后，实现分层次培训。第一，分层次的培训要基于教师使用信息化设备的能力，确保每个教师都能够有效地利用现代技术进行教学。第二，根据教师使用微课的经验进行分级，以确保培训内容和方法能够满足不同经验水平的教师的需求。第三，考虑到教师对微课认识的差异，培训同样需要在这一层面上进行差异化，确保每位教师都能够从培训中获得所需的知识和技能。分层次培训不仅符合教育改革的总体方向，还能够确保在不同层次的教师中都能取得预期的效果，促进教师个人的专业发展。

2. 配置完备的培训设施

微课教学培训活动的有效开展离不开完备的培训设施，包括幻灯片制作设备、屏幕录制软件、视频剪辑软件以及声卡、麦克风和耳机等录音设备；高质量的录制设备如数码摄像机和数码相机也是必不可少的；传统的教学器材和教学场所同样重要。这些软硬件的完备性是提高微课教学水平的前提。与此同时，教师制作的微课内容应当简短而精炼，聚焦关键点，同时具有吸引力，以吸引学生的兴趣和参与。

## （二）融合教学手段，提升微课教学质量

1. 融合多种教学手段

在高校外语课堂中，微课在教学中的应用需要巧妙地融合多种教学手段。第一，与传统外语课堂教学相衔接。微课提供了一个清晰的学习框架，使学生能够在其中自主地寻找和掌握所需的知识点，降低了学生在学习过程中对教师的依赖，增强了学生的自主学习能力。在外语教学中，微课与传统教学方法的融合可以更有效地突出语言学习中的重点和难点。微课的灵活性和针对性与传统教学的系统性和全面性相结合，能够为学生提供一个更加全面和深入的学习体验。两者融合不仅有助于提升学生的语言理解和阅读能力，也促进了学生的口语表达和实际应用技能的发展。

第二，与翻转课堂模式相结合。微课教学与翻转课堂模式的结合能够有效提高高校外语教学的效果，激发学生的学习兴趣，提升他们的外语实际应用能力。教师可以根据教学大纲和学生的学习需求，制作一系列精炼、针对性强的微课视频，聚焦于教学的关键点和难点，同时融入趣味性元素，以增强学生的学习兴趣。在学生观看微课视频进行自主预习前，教师需要明确指出预习的具体内容，如关注的重点、注意的问题等，帮助学生更有目的性地进行学习。

第三，与研究探索活动相结合。微课教学模式与研究探索活动的结合，开启了教学中一种新的互动模式和启发式的学习方式。尤其对于驱动性问题而言，微课不仅是知识传递的媒介，而且变成了激发学生主动思考和探索的工具。在驱动性问题的设计中，教师需要充分考虑学生的思维能力和知识背景，确保问题既具有挑战性，又能够激发学生的学习兴趣。这样的问题设置不仅可以引起学生的好奇心，还可以促进学生对知识的深入理解和掌握。之后，教师通过有效的引导，如运用联结法，帮助学生深入思考，进而引导学生进入学习状态，从而营造出一种积极的学习氛围。微课与研究探索活动的结合，能有效地解决传统教学中教与学的矛盾，实现认知与知识的有效互通。

第四，与合作教学模式相结合。微课教学本质上鼓励学生通过合作讨论来深化对学习内容的理解，这种互动式学习是巩固和深化学习成果的关键环节。例如：在教学过程中，教师可以通过组织学生进行小组讨论，引导学生共同探讨和回答一系列与课程内容相关的问题，增加学生对课程内容的参与度和兴趣。

## （三）按照教学类型设计微课内容

高校外语教学有不同的教学类型，如图3-2所示。外语教师应针对不同的教学类型设计微课内容。

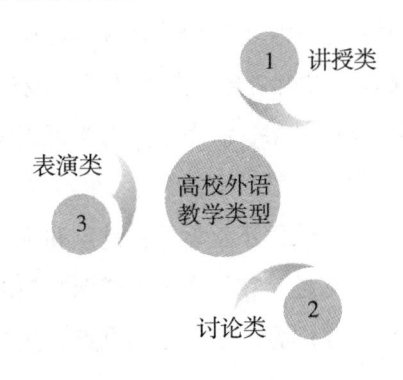

图3-2 高校外语教学类型

第一，讲授类。微课中的讲授类教学，虽然继承了传统教学中的讲授手段，但其实质和方法已有显著变化。微课讲授的核心在于摒弃单纯以成绩为唯一目标的教育方法，转而强调素质教育，旨在提高学生的综合素质和学习成绩。微课讲授采用分层次的教学策略，确保每个学生都能听懂并从中受益。这种方法强调个性化和差异化教学，注重激发学生的学习兴趣，提高他们的主动学习能力。

第二，讨论类。讨论类微课通过分析特定的话题或语言现象来激发学生思考，拓展学生思维。讨论类微课不仅仅是对知识的简单传递，而是旨在促进学生举一反三，深化学生对知识的理解和应用。为了实现这一目标，微课的录制需要创设真实的语言情境和环境，这样的设计有助于提高学生的参与度和互动性。在讨论类微课中，教师的角色转变为引导者和协调者，鼓励学生积极参与讨论和思考，让学生能够在更为活跃的学习环境中思考问题、交换意见，从而加深对语言和文化的认识。

第三，表演类。表演类微课主要通过让学生欣赏外语艺术作品，如歌剧、电影、话剧等，来提升学生的外语理解能力和文化感知力。这类微课因其时长短且知识点集中的特性，要求制作时必须依托精选的优质资源，以确保课程的高质量和教学的有效性。制作表演类微课时，教师需要对教学内容进行深入分析，旨在形成精品课程，以实现学习效率的最大化。这不仅包括对教育资源的精心挑选和整合，还包括如何将这些资源有效地融入微课教学中。在这个过程中，利用移动网络的搜索功能来获取教育资源是一种有效的方法。网络为教师提供了海量的教学资源，从而为微课带来了更多的可能性和创新。然而，网络资源的选择和使用也需要教师的严格甄别和筛选。网络中存在的知识资源质量参差不齐，包括一些不准确甚至错误的信息。因此，教师在利用这些资源时必须进行审慎的甄别，确保所选材料的准确性和适宜性。

## （四）完善评价体系，拓展微课教学空间

### 1. 选择微课评价方法

在高校外语微课教学中，采用多样化的评价方法是提高教学质量的关键。微课评价方法主要包括以下几种，如图 3-3 所示。

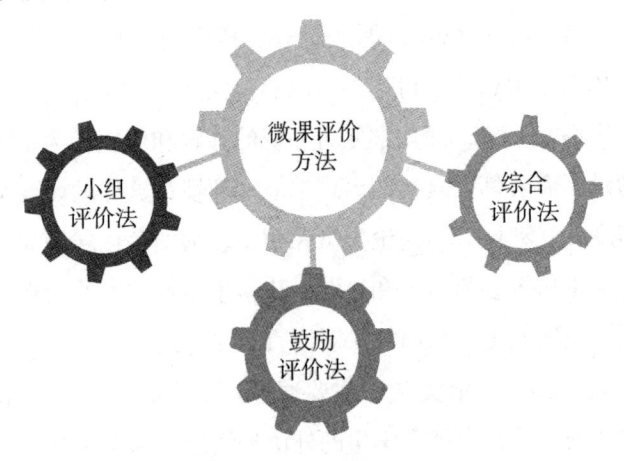

图 3-3　微课评价方法

首先，小组评价法。将学生划分为若干小组，在微课教学中鼓励小组成员进行定期的自评和互评，这种方法不仅能及时帮助学生巩固所学知识，还能激发他们的团队思维和合作精神。小组评价法的应用，促进了学生之间的紧密合作，有助于培养学生的团队意识和协作能力，这些能力在他们未来的职业生涯中尤为重要。此外，这种评价方式还能促使学生更加主动地参与学习过程，增强学习的互动性和实践性。因此，在高校外语微课教学中，小组评价法的引入对提高教师教学质量和学生学习效果具有重要意义。

其次，鼓励评价法。鼓励评价法通过对学生表现的积极反馈来激励学生，是一种正向的激励手段。鼓励评价和客观评价相结合，可以使评价体系更加全面和平衡，从而更容易被学生接受。鼓励评价可以通过多种形

式进行，如教师可以利用电子邮件、QQ等即时通信工具，及时对学生的学习进步给予肯定和鼓励，让学生感受到自己的努力被重视，从而增强学生的学习动力。同时，教师也可以在公共场合中对学生的成绩和进步进行表扬，帮助学生建立自信心，激发学生的学习热情。教师的鼓励评价必须是客观真实且适度的。过度或不真实的鼓励可能会失去其效果，甚至引起学生的反感。因此，鼓励评价应恰到好处，旨在真正帮助学生认识自己的进步和潜力，从而激发学生继续努力学习的动力。

最后，综合评价法。虽然小组评价法和鼓励评价法各自具有显著优势，但单一的评价方式往往无法全面反映学生的学习情况，也可能导致学生学习兴趣的减弱。因此，综合运用多种评价方法，形成全面的评价体系，对于激发学生的学习兴趣和提升教学效果至关重要。综合评价不仅涉及学生的学习成绩，还包括学生的参与度、合作能力、创新思维等多个方面。教师在进行评价时，应该全面考虑学生的不同实际情况，确保评价结果的客观性和真实性，使学生更加信服，从而促使学生更加积极主动地参与到学习当中。

2. 完善微课评价内容

高校外语是一门既要求基础素养又强调应用能力的学科，在当前的教育改革背景下，微课教学模式在高校外语教学中显示出其独特优势。微课的灵活性和以学生为中心的教学方法与现代教育改革的要求相契合，能够激发学生的自主学习热情，增强学生的求知欲，并明显提升学生的学习效果。微课的评价内容也需要与其教学特点相适应，不能仅仅作为简单衡量学生学习情况和教师教学效果的工具。微课评价内容需进一步完善，以反映学生在微课教学环境下的全面发展。在高校外语教学中，为了优化微课评价内容，可以从以下几方面入手：

首先，设立学习兴趣调查表。激发学生的学习兴趣是高校外语微课教学的首要任务。为了有效地实现这一目标，设立学习兴趣调查表是一种有效的方法。学习兴趣调查表可以帮助教师收集学生的反馈,从而更精准地调整教学内容和方法,以符合学生的兴趣和需求(见表3-1)。

表3-1 外语微课学习兴趣调查表

| 内容 | A(好) | B(较好) | C(一般) |
| --- | --- | --- | --- |
| 你对外语微课的学习感兴趣吗? | | | |
| 喜欢微课后老师布置的任务吗? | | | |
| 你是否希望微课中包含互动元素? | | | |
| 微课后的讨论能够积极举手发言吗? | | | |
| 喜欢微课播放的知识吗? | | | |
| 喜欢微课播放的电影等吗? | | | |
| 喜欢课后独立播放微课进行学习吗? | | | |
| 喜欢与朋友一起看微课吗? | | | |
| 喜欢自己录制微课吗? | | | |

其次,微课学习能力调查表。在微课学习环境中,衡量学生的学习能力是一项复杂但至关重要的任务。为了客观分析学生的学习能力,可以设立微课学习能力调查表以评估学生的独立学习能力、理解能力和交流能力(见表3-2)。

表3-2 微课学习能力调查

| 内容 | A(好) | B(较好) | C(一般) |
| --- | --- | --- | --- |
| 你能否在没有教师指导的情况下独立完成微课的预习工作? | | | |
| 你在观看外语电影或听英文演讲时能否理解主要内容? | | | |

续表

| 内容 | A（好） | B（较好） | C（一般） |
|---|---|---|---|
| 你是否愿意主动与其他同学交流学习心得和经验？ | | | |
| 你是否能有效利用网络和其他资源自主学习？ | | | |
| 你能否有效地管理学习时间和安排学习任务？ | | | |
| 你能否有效应对学习中的困难和挑战 | | | |
| 你是否能够综合不同来源的信息并对其进行深入理解？ | | | |
| 你能否正确看待并利用教师或同学的反馈来改善学习？ | | | |

最后，设立学生档案袋。在高校外语微课教学中，建立学生档案袋是一种有效的方法，其可以用于记录和分析学生的学习情况，为教师提供改进教学的重要参考。这些档案不仅详细记录了学生的学习过程，还记录了他们在微课中的互动和反应情况，使教师能够更好地理解学生的学习需求和偏好，并评估自己设计的微课是否适合学生。学生的档案袋中通常包括以下内容：第一，学生满意的课程记录。第二，教师的实时评语。第三，学生获得的奖励。第四，个人收集的外语材料。第五，学生的自我反思与评价。

## （五）激发学生学习兴趣，保障微课教学效果

首先，微课语言要幽默。将幽默元素融入微课的语言表达当中，对于提升教学效果和增强学生的学习兴趣具有重要作用。幽默的语言在微课中的运用可以通过各种方式实现，如使用风趣的例子、轻松的语调和亲切的话语等，这不仅能够使微课内容更生动有趣，还能帮助学生在轻松的氛

围中更好地吸收和理解外语知识。此外，幽默的语言还能够激发学生的思考，鼓励学生以更加积极的态度参与到学习中来。

其次，采用动画微课模式。动画作为一种视听结合的媒介形式，其能够以生动有趣的方式展现语言学习内容，使抽象的语法规则或词汇变得形象易懂。通过有趣的动画故事情节和角色，学生不仅能够在轻松愉快的氛围中学习外语，而且更容易记住复杂的知识点。此外，动画微课模式还可以与互动式学习相结合。例如：教师可以在动画中穿插问题，激励学生思考并参与到课堂讨论中。动画微课模式不仅能促进学生的主动学习，还能提高学生的批判性思维和创造性思维能力。动画中的场景、人物和情节可以成为教学讨论的切入点，帮助学生更深入地理解和运用所学语言。

最后，采用改良型微课。为了持续提升微课的教学效果，单一的教学方式或者有限的教学材料已不足以满足学生日益增长的学习需求。微课的内容和形式需要不断地进行改良和创新。例如：结合最新的教育理念和技术，如虚拟现实、增强现实等，可以让微课的内容更加生动有趣，更能吸引学生的注意力。同时，教师也应考虑引入更多形式的互动元素，如线上讨论、实时问答等，以提高学生的参与度。

## 第二节　高校外语慕课教学模式

### 一、慕课教学的概念

自2008年慕课概念提出以来，越来越多的人开始关注和了解慕课这一新生事物，很多学者从不同的角度对慕课的概念进行了定义和阐述。

我国学者樊文强教授对慕课做出如下定义：慕课（MOOC）的第一个字母"M"代表大规模（Massive），指的是慕课能够容纳的学习人数众多，每门课程没有人数上限；第二个字母"O"代表开放（Open），强调慕课的自由和开放性；第三个字母"O"代表在线（Online），突出了慕课的网络在线学习特点;最后一个字母"C"代表课程(Course),强调慕课的本质仍然是教学课程。[1]

慕课作为一种在线教育形式,根据不同的支持理论,可大致分为两类:延伸性慕课(xMOOC)和关联主义开放性课程(cMOOC)。延伸性慕课基于行为主义学习理论,其核心是线下传统教学的在线版本,着重于知识的传播和复制,通常采用公司化运营模式,并需要外部资金的投入,具有商业化潜力。关联主义开放性课程,基于关联主义学习理论,不仅是对传统教学方式的延伸,而且课程内容更注重与学习者的互动和共同讨论。关联主义开放性课程强调知识的共创,更侧重参与和协作。在当前的教育市场中,无论是国内还是国外,延伸性慕课因其商业化潜力而更受企业平台的青睐。这两种慕课形式各有特点,共同推动了在线教育的多样化发展。

基于前人的研究成果,笔者认为,慕课是一种大规模的开放在线课程,向全球用户提供免费或低成本的教育资源,它通过互联网平台为学生提供学习资源,使得学生的远程学习变得灵活且易于接触。

## 二、慕课教学的主要组成部分

慕课是一种基于互联网的开放式在线教育模式,核心是网络平台。教师和专家学者以慕课平台为载体,通过在线视频课程的形式来传授知识。学习者作为学员,可以在慕课平台上接受教育。因此,在线网络平台、课程、教师和学员都是慕课的主要组成部分。同时,国家政策的支持、高校和教育机构的参与以及互联网企业的推动也是慕课成功的关键因素。慕课教学的主要组成部分如图3-4所示。

---

[1] 樊文强:《基于关联主义的大规模网络开放课程(MOOC)及其学习支持》,《远程教育杂志》2012年第30期。

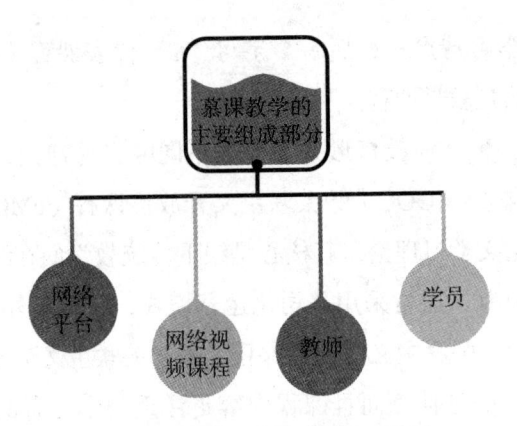

图 3-4　慕课教学的主要组成部分

## （一）网络平台

慕课的发展离不开网络平台这一基础的支撑。网络平台不仅展示慕课的课程资源，还为参与者之间的交流和沟通提供了便捷的通道。基于互联网技术搭建的慕课网络在线教育平台，向公众免费开放，为教师提供了虚拟的授课环境，同时为学员提供了丰富多样的学习资源。在这一平台上，教师与学生、学生之间能够自由交流，共享学习资源，实现了学习过程的动态互动和共享。慕课平台的功能不仅限于提供学习材料和交流空间，还包括教学管理和学员学习考核等多种功能，这使得整个学习过程更为系统化和规范化。慕课在线网络平台因此成为一个重要的根据地，承载着教育改革的使命，推动着教育的普及和创新。此外，慕课在线网络平台根据服务的教育属性的不同，可分为服务高等教育的慕课平台、服务基础教育的慕课平台以及服务职业教育的慕课平台。每种类型的平台都针对其特定的受众群体设计课程和功能，以满足不同层次和类型的教育需求。

## （二）网络视频课程

网络视频课程是慕课在线网络平台的核心组成部分。网络视频课程通常由授课教师提前录制，并上传至在线平台，便于学生随时随地进行学习。在慕课的设计中，课程的时长通常设置为 4 至 16 周，具体根据不同课程的内容和教学目标来定。与传统的 1 至 2 小时的课程不同，慕课的视频内容被切分成一系列 8 至 15 分钟的微视频，使得课程内容更加精炼和集中，方便学生在有限的时间内吸收和理解重要知识点。

慕课微课堂的设计旨在提高学生的学习自主性，使学生能自由掌控自己的学习进度。在这种模式下，学生必须完成一个模块的学习才能进入下一个模块，这种步骤性的学习路径有助于确保学生系统地掌握知识。慕课的教学结构通常包括短视频、嵌入式小测验、课后测验、结业考试以及课程讨论区等。短视频为学生提供了灵活的学习方式，小测验和课后测验则有助于学生及时巩固和检验所学知识。结业考试是对整个课程学习成果的终极评估，而课程讨论区则提供了一个交流和互动的平台，增进了学生的学习体验。慕课平台中嵌入式的课程测试与评估不仅提高了学生的参与度，还激发了他们的学习热情，从而提高了教学质量。值得一提的是，学生可以下载课程视频进行重复观看，这一点大大增加了学习的灵活性和便利性。

慕课网络课堂以其显著的互动性而闻名，为学习者提供了一个充满活力的交流平台。在慕课平台上，选择同一门课程的学员可以在讨论区内互相交流心得，共同探讨问题。这种线上社群的形成不仅增强了学生之间的联系，还促进了学生对知识的深入理解。许多授课教师和教学助理也会积极参与这些讨论，回应学生的疑问。教学助理在讨论区中发现的热点问题会反馈给教师，教师随后可以针对这些问题进行集中解答。这种双向的互动不仅增加了课程的吸引力，还提高了教学的效果。部分慕课学员不满足于仅在线上讨论，甚至会安排线下见面，以便更深入地讨论学习内容。这种线上到线下的交流方式展示了慕课在现代教育中的独特价值，即超越传统教学模式的界限，促进学习者之间的实际互动。

（三）教师

在慕课网络平台中，教师扮演着不可替代的重要角色。不同于传统教育模式中的教师，慕课教师的职责更加多样且复杂，其不仅要录制讲课视频，还要设计微课堂的课堂小测，并在课后登录平台回答学员的疑问。这就要求教师不仅要有扎实的专业知识，还需要掌握多样的授课技巧。慕课平台的全球性特点要求教师需要面对来自世界各地、不同文化背景和教育水平的学员。因此，教师需要具备跨文化交流的能力，以便更好地传递知识，满足不同学员的学习需求。多元化的教学环境也对教师提出了更高的要求，其不仅要在专业知识上有深厚的积累，还要在讲授内容和方法上不断创新，以吸引更多学员的关注。在慕课的环境中，教师的成功不仅体现在知识的传授上，更体现在其能否吸引大量学员观看和参与课程上。因此，教师必须不断提高自己的讲授技巧，确保内容既深入浅出又具有吸引力。

### （四）学员

在慕课在线网络平台中，学员是主体。学员来自世界各地，拥有不同的种族、语言和文化背景，这极大地丰富了慕课的学习资源和交流环境。学员不仅参与课程的讲授环节，还积极参与课程的学习交流、测试及考核等各个交互环节，使得学员的慕课学习体验更为丰富和全面。学员加入慕课的动机和需求各不相同。一些学员可能希望在知名教师的指导下填补知识空白或完善知识结构；一些学员则可能出于兴趣或爱好选择学习；还有些学员可能是为了工作，或者是出于对新知识的渴望，希望不断学习，掌握社会的潮流趋势。差异化的学习动机和需求使得慕课平台聚集了各类人群，无论是业余爱好者还是专业人士，都能在这里找到适合自己的课程。

除了基于网络平台、课程、教师和学员这一基本构架，互联网技术、资金投入、国家政策支持以及教育机构和互联网企业的参与和推动，也是慕课发展过程中不可或缺的重要因素。在技术方面，大数据、人工智能、云计算等先进技术的应用极大地提高了慕课的教学效率和资源共享能力，使得教学内容更加个性化和灵活，同时也提高了教育资源的可访问性。随着网络的普及，电脑和移动设备成为人们获取信息的主要途径，这也为慕课的普及提供了良好的社会基础。随着慕课运营模式的商业化，大量的资金投入使得慕课平台能够吸引更多的优质教育资源，提升管理水平和运营效率。国家政策的支持与引导也是慕课成功的关键。政府的政策倾向和资金扶持为慕课提供了一个有利的发展环境。高校、互联网企业和教育培训机构作为慕课的重要推动者，在其发展过程中发挥了巨大作用，不仅提供了教育资源，还在推广和应用方面起到了积极的作用。

### 三、慕课的主要特征

慕课打破了传统教育在时间和空间上的限制，向全球各个国家、各个阶层的社会公众开放，使得任何人都可以免费参与学习，不受时空的约束。与以往的网络公开课或远程教育相比，慕课具有显著的优势，不仅支持大规模的参与，还强调开放性、自主学习和互动交流。慕课的特征主要体现为以下几点，如图 3-5 所示。

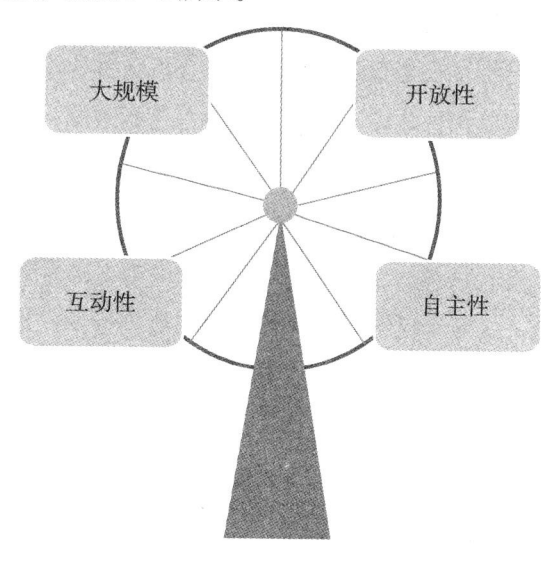

图 3-5　慕课的主要特征

## （一）大规模

慕课大规模的特点体现在多个方面。第一，参与慕课学习的学生数量庞大，全球范围内的学习者都可以注册并选择课程，这与传统课堂教学中由于物理空间限制而对学生人数有所限制的情况截然不同。任何人，无论国籍、社会阶层，都可以自由参与学习。第二，慕课平台汇聚了众多高等院校，参与教学的教师团队规模庞大，涵盖各个学科领域的专家和学者，这为学习者提供了丰富多样的学习资源和多元化的教学视角。第三，慕课平台提供的网络课程范围广泛，覆盖了人文、法律、历史、商业管理、工程、社会科学、计算机科学、公共卫生、人工智能、经济与金融、自然科学等众多领域，学习者可以根据自己的兴趣和需要，从海量的课程中进行选择，这种选择的广泛性是传统教育方式难以比拟的。

## （二）开放性

慕课平台面向所有人开放，不设用户限制，只要注册，就能获取丰富的学习资源，并自主选择学习内容。这种开放性极大地拓展了教育的覆盖范围和深度。慕课的门槛极低，只需具备上网条件，学习者即可实现免费、高质量的在线学习。它不对学习者的身份进行限制，也不像传统高等教育那样有入学考试的筛选机制。学习者可以在任何地点，根据自己的时间安排自由学习，这种灵活性和便捷性使得终身学习成为可能。慕课平台上的优质教学资源向所有有学习需求的人免费开放，有效地打破了大学教育资源的"围墙"。这不仅使得高等教育资源更加普及，也促进了知识的民主化。在慕课开放的学习环境中，学习者不仅是知识的消费者，还可以成为知识的生产者，在消化和吸收知识的基础上，可以整理、创新并分享知识，从而促进开放学习资源的动态发展。

### (三)自主性

慕课网络课程的全流程完全在线上完成。课程的运作模式是教师提前录制讲课视频,上传至网络平台,学员通过网络平台进行在线学习,这极大地提升了学习的自主性:学习的时间和地点不受限制,只需一台电脑和稳定的网络连接,学员便可以在任何地方、任何时间学习。慕课灵活的学习方式突破了传统课程教学在时间和空间上的限制,让学习变得更加个性化和自主。学员可以根据自己的日程安排和学习习惯自由选择学习时间和地点,这不仅方便了学习者,也更好地适应了不同背景和需求的学习者。慕课平台的这种学习方式有利于激发学员的学习主动性和自主性,提高学习效率,更好地满足了现代社会对教育的多样化和个性化需求。

### (四)互动性

慕课的独特之处在于其强大的在线互动功能,这一特点使其显著区别于传统课堂和传统网络教学。慕课通过开辟各种线上交互工具,如网络问答社区、留言板以及各类社交媒体平台(如微信、微博等),为学员提供了丰富的互动渠道。依托线上交互工具不仅方便学员解决学习中的疑问,还能鼓励学员表达观点、交流思想。在慕课平台上,学员可以直接与教师交流课程相关问题,共享观点,参与论坛讨论,从而形成一个活跃、多元的学习社群。这种互动不仅增强了学习的深度,也增加了学习的乐趣。

## 四、高校外语慕课教学模式实践的价值

高校外语慕课教学模式实践的价值主要体现在以下几方面,如图3-6所示。

```
        高校外语慕课
     教学模式实践的价值    ①  优化外语教学模式

                        ②  实施移动学习

              ③  促进学生对知识难点的掌握
```

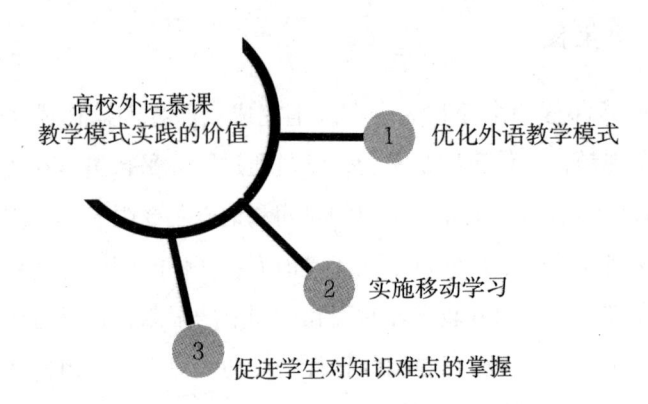

图 3-6　高校外语慕课教学模式实践的价值

## （一）优化外语教学模式

当前高校外语教学引入慕课教学模式，能显著优化外语教学体系。慕课的融入不仅为高校外语教学注入了新鲜血液，还打破了传统外语教学内容的局限性，提供了更丰富、多元的学习资源。首先，慕课平台提供了广泛的外语学习资源，使得大学生能接触到不同文化背景下的语言材料，从而获取多元化的学习内容。多样性的学习内容不仅拓宽了学生的视野，还提高了学习语言的兴趣和效率。其次，慕课教学在高校外语教学的实践中，实现了人机交互的教学模式。慕课教学模式不仅可以融入传统的课堂教学中，还可以延伸至课前和课后的学习，为学生提供了全方位、系统性的语言学习活动。学生可以通过慕课平台进行听力、口语、阅读和写作等综合语言能力的练习，大大提高了学习的灵活性和有效性。慕课在高校外语教学中的应用，使得外语教学模式得到了优化，有助于学生深化对每个语言知识点的掌握。

## （二）实施移动学习

慕课的教学优势之一在于其互动教学与学习，这种互动不仅存在于课堂中，也延伸到课后及其他教学环节，为学生提供了更加灵活的学习方式。在智能手机的支持下，学生可以随时随地登录慕课平台，进行针对性的学习。这种移动性不仅使学习更加方便，还增强了学生的学习主动性。学生可以利用课余时间，通过手机随时随地进行学习。慕课教学为学生提供了实时互动的机会。学生可以在学习过程中梳理难懂的问题，随后在课堂中与教师或其他同学进行实时互动，共同探讨解决方案，这不仅提高了学生的学习效率，也加深了学生对学习的理解。

### （三）促进学生对知识难点的掌握

通常来说，每个慕课视频聚焦于一个具体的知识点，使得学习内容既集中又具有针对性，有助于学生深入理解和掌握知识难点。在传统的课堂教学中，由于学生学习能力和基础的差异，某些知识点可能难以被所有学生立即掌握。在这种情况下，教师可以给学生推荐相关的慕课资源，使学生可以根据自己的学习节奏，多次观看和研究视频内容，直至完全吸收和掌握相关知识，突破学习难点。

## 五、高校外语慕课教学模式具体实践

### （一）外语课前教学实践

在高校外语教学中，慕课的融入不仅丰富了教学内容和方法，还整合了多个教学环节，实现了外语线上线下教学和混合式教学的无缝对接。在传统高校外语教学中，教师通常要求学生在课前进行预习，如阅读课文和预习单词等。引入慕课后，课前教学模式得到了创新和活化。通过慕课，学生可以在课前以更灵活、有趣的方式进行学习，如观看与课上内容相关的短视频，这不仅提升了学生的学习兴趣，还增强了他们的课前学习积极性。此外，教师还可以通过慕课平台了解学生的在线学习活动，从而更好地把握学生的具体学习情况和进度。

在高校外语课前教学环节中引入慕课，重点在于对慕课资源的创新开发与整合。教师可以从网络平台获取慕课资源，根据具体的外语课程内容，自主制作慕课，为学生提供更加个性化的学习材料。例如：教师可以依据课程大纲，将教学内容分解为若干模块，并将这些内容制作成慕课，上传到慕课平台。由此，学生可以在课前通过这些慕课进行自主学习，为课堂学习打下扎实的基础。同时，教师在慕课平台中设计的教学检验活动，如外语课程游戏闯关、互动环节等，进一步提升了学生的外语实际运用能力和语言输出的互动性。

### （二）外语课堂教学实践

首先，通过整合学生在课前通过慕课进行的自主学习情况，教师能够有效地引导课堂教学，使之更加符合学生的实际需求。教师先收集学生在课前慕课学习过程中提出的疑问，这些疑问反映了学生在自主学习中遇到的实际难点。随后，在课堂教学中，教师利用慕课的展示功能，引导学生深入思考外语教学中的关键问题。学生在课前已经通过慕课对知识有了初步的了解，因此在课堂上对知识内容的思考会更加轻松和有效。接下来，教师与学生进行互动式的语言交流，针对学生提出的问题进行详细解答。这种教学环节不仅帮助学生解决了其在慕课学习中遇到的具体问题，还加深了他们对知识点的理解。此外，教师在解答疑问的过程中还能够针对不同层次的学生提供差异化的指导，确保每位学生都能在学习中获得进步。

其次，在高校外语教学中，教师通过设计具有实际情境的语言互动和交流平台，有助于提升学生的外语实践能力。这种教学方法侧重于将学生置于贴近真实生活或职场的语言环境中，使学生能够灵活运用所学外语进行有效的信息输出。教师根据外语课程内容，明确教学主题，如生活情境、职场情境等，创造逼真的语言学习环境。借助慕课平台的资源，教师能够为学生提供丰富的语言材料和情景背景，促进学生的合作学习和讨论。在这种交互式的学习过程中，学生不仅能够运用外语进行沟通，还能够在实践中加深对语言的理解和运用。

最后，在高校外语教学中，慕课的运用不仅改善了教学过程，也推进了课堂教学的收尾工作。教师可以根据学生在慕课平台的学习情况，开展慕课学习调查活动，旨在深入了解学生的学习体验和成效。这种调查活动鼓励学生根据自身在慕课平台上的学习感悟进行总结，从而帮助他们更清晰地认识到自己在学习方面的进步和不足之处。通过让学生将慕课学习的总结反馈到慕课平台，教师不仅能够获得关于学生学习状况的宝贵信息，还能够根据这些信息对学生进行更加精准的学习评价。这种反馈机制不仅增强了学生的自我反思能力，还增加了教师对教学效果的了解，从而促进了教学方法的持续优化。

### （三）外语课后教学实践

慕课在高校外语教学课后中的运用主要体现在两个方面：一方面，教师可以利用慕课平台收集的学生学习信息，深入了解学生的学习状况，为学生的学习情况提供数据支撑，使教师能够更准确地把握学生的学习需求。基于此，教师可以通过慕课或社交平台与学生进行在线交流，进一步掌握学生的学习情况。进而为学生安排更具针对性的课后学习任务，有效提升学生的外语学习效果。另一方面，教师可以在慕课平台上设计多种交互环节，如语言交流版块、情境参与版块和知识问答版块等，让学生在课后也能积极参与语言实践，不断提高学生的外语听、说、读、写能力。

## 第三节　高校外语移动课堂教学模式

### 一、移动课堂的概念

"移动课堂"是一种新兴的教学模式，结合了先进的移动通信技术和互联网技术，重塑了传统教学的概念和实践。移动课堂教学模式主要是通过智能手机、平板电脑、笔记本电脑等移动设备进行,利用无线网络实现教与学的过程。移动课堂的优势体现在多个方面:首先,它大大增强了学习的灵活性和便利性。学生可以根据自己的时间表和地理位置灵活安排学习,这对于那些无法每天到校的学生尤其有益。其次,移动课堂能够提供个性化的学习体验。通过移动设备,学生可以根据自己的学习速度和兴趣选择不同的学习内容和方式,教师也可以根据学生的反馈及时调整教学策略。此外,移动课堂促进了学习的互动性。学生可以通过移动设备参与在线讨论,与同学和教师即时交流,这种互动不仅限于课堂内,还可以延伸到课堂外。这样的互动方式有助于增强学生的参与感,提高学习的积极性。概括来说,移动课堂的特点主要有以下几点:学习形式的移动性、学习内容的互动性、学习效率的高效性以及学习方式的个性化,如图3-7所示。

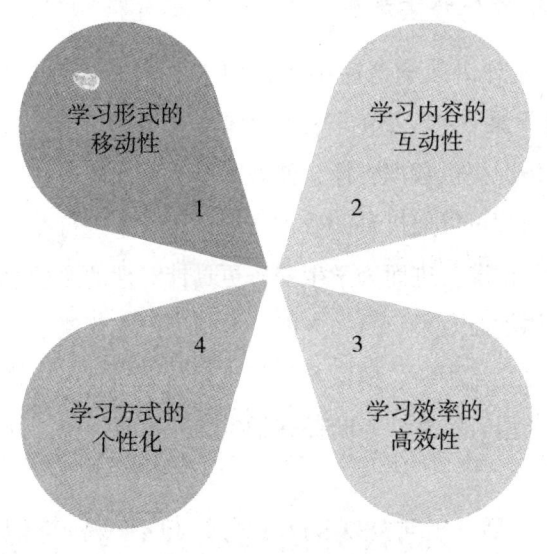

图 3-7 移动课堂的特点

然而,移动课堂也面临着一些挑战,如技术设备的普及程度不高、网络环境的稳定性较差以及教师和学生对新技术的适应能力有待加强等。尽管如此,随着技术的不断进步和教育理念的更新,移动课堂已成为现代教育的重要趋势,为传统教育模式带来了新的活力和可能性。

## 二、移动课堂教学的技术支持

### （一）无线网络技术与网格技术

1. 无线网络技术

移动学习的核心特征在于其"随时随地"的便捷性，这在很大程度上得益于无线网络技术的发展。无线网络技术的应用确保了学习资源可以在不同的时间和地点被有效呈现，支持学习者无论身处何地都能进行学习活动及参与互动情境。无线网络技术将学习者、学习资源和学习环境有机地融合在一起，形成了一个无缝的学习网络。因此，无线网络技术不仅是移动学习的基础设施，也是实现灵活、高效学习的关键技术支持，极大地推动了移动学习的发展和普及。

2. 网格技术

移动学习作为移动通信技术与数字化学习结合的产物，在当前数字化学习系统中面临着异构系统资源共享和协作学习的挑战。网格技术作为一种新兴的技术解决方案，提供了解决这些问题的新途径。

"网格"技术起源于 20 世纪 90 年代中期，最初是为了资源共享和分布式计算而设计。随着技术的演进，网格技术的应用范围已经从连接几个特定的超级计算中心扩展到作为一个全球性基础设施，为大规模计算和处理海量数据提供分布式计算环境。网格技术的核心目标是利用互联网将地理位置分散的电脑组织成一个"虚拟的超级计算机"，从而实现计算资源、存储资源、数据资源、信息资源、软件资源、通信资源、知识资源和专家资源的全面共享。

在移动学习领域，网格技术的应用意味着学习者可以在各种情境下进行协作学习，并共享分布在不同地点的学习资源和经验。这种技术不仅打破了传统学习空间的限制,还为学习者提供了一个全新的、动态的、分布式的学习空间。在这个空间中,学习资源不再受限于单一的平台或位置,而是可以跨越不同的系统和地域,实现真正的全球化共享。

应用网格技术的移动学习系统能够有效地促进资源的最大化利用,提高学习效率,同时也为学习者提供了更加丰富多样的学习体验。学生可以通过这种技术访问更广泛的知识资源,与不同地区的学者和专家进行交流,共同解决学习中的问题。

### (二)移动教学的终端设备与资源实现

#### 1. 移动学习的移动终端设备

移动学习领域涵盖了众多应用和教学技巧,其核心在于通过各种移动设备进行学习活动。设备包括智能手机、平板电脑、笔记本电脑等,各具特色的性能和功能为移动学习提供了丰富多样的可能性。然而,不同设备的性能差异也导致了它们在应用上的局限性。例如:智能手机便携易用,但屏幕较小,而平板电脑屏幕更大,却不如手机便携。这意味着,不同的设备带来的移动学习的体验和效率可能会有所不同。每种设备的优势和局限性共同决定了移动学习的效果,这使得移动学习成为一种需要适应不同需求和环境的学习方式。

移动学习的特点与不足(见表3-3)。

表3-3 移动学习的特点与不足

| 移动学习的主要优点 | 移动学习终端设备有待改进的地方(增加) | 移动学习终端设备有待改进的地方(减少) |
| :---: | :---: | :---: |
| 跨越时空的便利性 | 速度 | 尺寸 |
|  | 宽带 | 重量 |
| 可携带性 | 内存容量 | 对电源的要求 |

续表

| 移动学习的主要优点 | 移动学习终端设备有待改进的地方（增加） | 移动学习终端设备有待改进的地方（减少） |
| --- | --- | --- |
| 个性化的学习内容，真正实现因材施教 | 使用周期 | 保养 |
| 与课堂学习、数字化学习的整合学习 | 输入、输出质量 | 价格 |

随着移动计算和无线技术的发展，各种移动设备不再仅仅用于传递消息或接入互联网，而是开始为个人提供获取信息的多样化方式。移动无线接入技术不能替代传统有线设备，但其能促进企业的电子商务和数字化学习发展。在这个背景下，移动接入技术成为企业规划其电子商务和数字化学习战略的关键组成部分。正如移动商务已经成为电子商务的一个重要分支，移动学习也正在成为数字化学习领域的一个重要分支。这一趋势反映了现代技术对教育和商业模式的深远影响，以及移动技术在日常生活中日益显著的重要性。

2. 移动教学资源的实现

（1）授课视频。授课视频通常采用以 PPT 为主、教师授课影像为辅的布局方式，以确保学生能够清晰地接收课程信息。其中，PPT 通常使用白色背景，配合黑色字体，以保证阅读的清晰度。为了突出关键内容，经常会使用红色或蓝色字体加以标注，以吸引学生的注意力。而教师的影像则采用半身像，背景是简洁的白色墙面，以确保教师的形象清晰可见。教师所穿的深色纯色衣物与背景形成鲜明对比，进一步增加了视觉效果的清晰度和专注度。在交互设计方面，授课视频充分考虑了移动设备用户的体验。学生可以通过触摸或点击屏幕来控制视频播放，如查看播放进度、控制视频的暂停、播放、快进和回退，以及调节音量大小等。在功能设计方面，视频支持横屏模式观看，使得画面能够充分利用移动设备的屏幕空间，尽可能在有限的幅面中有效地呈现更多的教学内容。在教学设计方面，视频的时长通常控制在5至10分钟，这样的短视频格式不仅符合学生的注意力跨度，也便于学生在碎片化时间中进行学习。

（2）知识概要。慕课教学中的知识概要为学生提供了学习单元的主要知识点，其清晰地分为三个部分：知识归纳、学习重点和学习难点。知识归纳部分帮助学生总结和理解学习单元的关键内容，而学习重点和学习难点则着重指出学生在学习过程中需要特别关注的部分。在内容展示上，主要采用文字媒介，这种方式直接且有效。为了适应移动学习的特点，知识概要支持通过手指的收缩和张开操作来放大或缩小页面，使学习者能够根据个人需要调整阅读视角。在页面设计上，采用清晰明了的白色背景，标题则以鲜明的蓝色呈现，确保学生能够轻松识别。在导航设计方面，考虑到移动设备屏幕的大小限制，学习单元的位置在屏幕上方显示，确保学生始终知道自己所处的学习阶段，防止在学习过程中迷失方向。

（3）例题分析。例题分析可以帮助学生理解和内化新知识。在交互设计上，学生可展开或折叠各个例题的分析思路和参考答案。

（4）电子教案。移动课堂教学中使用的电子教案，通常采用PPT格式，以适应学生在移动设备上的学习需求。在交互方式上，电子教案模仿了学生在移动设备上查看图片的操作，即通过左右滑动屏幕来查看前一张或后一张PPT，降低学习的技术障碍，使学生能够轻松地在移动设备上浏览教学内容。同时，为了进一步优化学习体验，学生还可以通过展开和收缩手指来放大或缩小屏幕上的内容，查看包含细节信息的PPT。

（5）常见错误。常见错误模块在移动学习平台中起到了重要作用，旨在指导学生识别并纠正在特定学习单元中常犯的错误。常见错误模块按错误类型进行分类，其针对每种类型提供了典型的错误例子、详细的错误说明及错误的类别。在资源的展示上，这个模块的呈现形式与知识概要模块相似，使得学生能够在熟悉的界面环境中更容易理解和吸收这些重要的信息。

(6)自学内容。在移动学习平台中，自学内容模块主要提供教师授课内容的补充和拓展材料，以支持学生的自主学习。自学材料通常在理论授课之后提供，旨在加深和扩展学生对课堂教学内容的理解。与传统的教学材料不同，自学内容更加注重开放性，鼓励学生进行探索和思考，因此一般不提供严格的标准答案。

(7)阶段性小测。阶段性小测是移动课堂教学中学习资源的重要组成部分，不仅量化了学习目标，也是教学评价的重要环节。学生需要在答题前填写学号和姓名，以便教师跟踪和控制学习进度。阶段性小测通常包括必答的选择题和填空题，后者提供了相应的输入提示，以助于学生准确作答。完成所有题目后，学生提交答案，答案随后被送往中间处理页面进行处理。

### (三)移动开发平台

目前，支持移动学习的设备种类较多，但主要是以手机、平板电脑为主。运行在这些设备上的操作系统也是多种多样，归纳起来主要有两类：

1. Android 系统

Android 系统基于 Linux（操作系统内核）平台的开源移动操作系统，以其显著的开放性特点在全球移动市场占据了重要地位。Android 系统的开放性允许不同的开发商在 Android 的基础上进行个性化的二次开发，根据自身理念设计独特的用户界面（UI）和操作方式，从而提供了各种个性化服务。这种灵活的定制能力使得 Android 系统能够满足不同用户群体的需求，使其变得丰富多彩且多样化。然而，正是这种开放性和个性化，也带来了系统碎片化的问题，增加了应用开发和适配的难度。尽管如此，Android 系统的开放性无疑是其快速成长并成为移动市场主流操作系统的重要因素之一。

2. iOS 系统

iOS 系统是苹果公司设计和开发的一款主要运行于该公司移动终端设备（如 iPhone、iPod touch、iPad）之上的移动操作系统。iOS 系统的 UI 设计优雅时尚，操作方式简洁、直观且自然，为用户提供了全新的使用体验。iOS 系统在设计理念上引入了诸如多点触控等创新技术，不仅极大地提升了用户的操作体验，也引领了智能手机市场的设计潮流。其先进的设计和流畅的用户体验使 iOS 成为许多手机制造商模仿的对象，并在全球范围内拥有大量忠实用户。

## 三、高校外语移动课堂教学模式构建的理论之基

### （一）合作学习理论

合作学习作为一种以小组合作为基础的教学策略，强调学生之间的相互协作和共同努力以达成学习目标。在移动课堂的背景下，合作学习理论对高校外语移动课堂教学模式的构建具有独特的价值和意义。首先，移动课堂通过提供易于访问的在线平台和资源，为合作学习创造了理想的环境。学生可以通过移动设备，如智能手机或平板电脑，随时随地地进行交流和协作，不再受限于传统课堂的时间和空间限制。这种灵活性极大地促进了学生之间的互动和协作。其次，合作学习理论强调集体智慧的重要性。在移动课堂中，学生可以通过论坛、聊天室等在线工具共享知识、讨论问题，并在合作过程中解决复杂的语言学习任务。这种集体智慧的形成不仅有助于提高学习效果，还能增强学生的社交技能和团队合作能力。最后，合作学习理论还强调了学生角色的转变。在移动课堂中，学生从被动的知识接受者转变为主动的知识探索者和建构者，不仅从教师那里学习，还从同伴那里学习，通过共同讨论和实践活动，共同构建知识。学生角色的转变有利于培养学生的批判性思维和创新能力。

## （二）自主学习理论

自主学习理论强调，学生在学习过程中应主动发挥作用，而教师的任务是提供支持和引导，而不是单向的知识灌输。在移动学习环境下，这一理论得到了新的生命力和实践空间。

首先，移动课堂通过提供灵活的学习资源和工具，使学生能够根据自己的节奏、兴趣和需要进行学习。移动设备如智能手机和平板电脑，为学生提供了随时随地访问教学资源的能力，极大地促进了学生学习的自主性。学生可以自行选择学习的时间和地点，以及适合自己的学习方式和材料。其次，自主学习理论强调学生在学习过程中的主体地位。在移动课堂环境中，学生被赋予了更多的自主权，不仅能够自主选择学习内容，还能够通过互动工具，如论坛、聊天室等，进行讨论和交流，主动寻求帮助和反馈。这种主动性和自主性是传统课堂难以实现的。此外，自主学习理论还鼓励学生进行反思和自我评估。移动课堂提供的工具和应用程序，如电子日志、在线测验和自评工具，使学生能够定期评估自己的学习进度和效果，及时调整学习策略。这种自我评估和反思对于学生的长期学习发展至关重要。

## （三）建构主义理论

建构主义理论强调知识不是被动接受的，而是学习者通过与环境的互动、经验的积累和对个人理解的重构而主动建构的。在移动课堂环境下，建构主义理论对高校外语教学提供了重要的指导思想和实践方法。

首先，建构主义理论强调学习是一个主动的探索过程。在移动课堂中，学生可以通过互联网和移动设备访问丰富的教学资源，包括文本、视频、论坛等，从而在探索中构建自己的知识体系。这种学习方式鼓励学生主动寻找信息，解决问题，而不是仅仅依赖教师的讲授。其次，建构主义理论认为学习是一个社会化的过程。在移动课堂中，学生可以通过社交媒体、在线讨论等方式与同伴和教师进行互动交流。这种交流不仅促进了知识的共享和扩展，还增强了学生的合作和沟通能力，有助于在社会化的语境中构建知识。最后，建构主义理论还强调学习过程的个性化和情境化。移动课堂允许教师设计贴近学生实际生活和兴趣的教学内容，使学习与学生的真实世界紧密相关。同时，学生可以根据自己的兴趣和需求选择学习路径，使得学习更加符合个人的发展需求。

## 四、高校外语移动课堂教学模式构建的路径

高校外语移动课堂教学模式的构建要以提高教学质量为目标，从而推动学科教育发展。以这一目标为导向探索高校外语新型教学模式的创建路径，需要打造科学的模式框架，并做好移动端外语教学功能的开发，最终通过遵循模式实施要点确保取得理想教学效果。

### （一）打造移动教学模式框架

在高校外语教学中引入移动端新型教学模式，要求教学方式的根本改变和各教学环节的有效融合。这一转变不仅影响课前准备、课中互动和课后复习等各个环节，也对整个外语教学系统的设计提出了新的要求。忽视这些环节所带来的影响可能会导致教学质量下降。因此，将外语教学视为一个系统性的过程至关重要。为确保移动端教学活动的有效开展，需要构建一个完整的移动教学模式框架。

1. 课前教学

利用移动端进行高校外语课前教学，是现代教育技术与教学方法结合的典范。教师需要课前做好精心设计的预习指导，并整合现有教学资源，激发学生的外语学习兴趣。教师应根据教学大纲，明确教学目标，并围绕课程内容进行细致的分析。教师通过网络收集与课程相关的外语学习材料，如文章、音频、视频等，并将这些资源上传至在线学习平台。学生

可以自由地阅览和下载这些材料，以便进行有效的课前预习。同时，采用云班课等移动端软件进行外语教学，进一步增强教学的便利性和互动性。教师创建班课并向学生发送邀请码，学生通过扫码加入班课。在班课平台上，教师可以上传各类教学资源，包括课件、视频、链接等，学生则可以根据自己的兴趣和学习需求选择学习内容。在教师布置的学习任务的指导下，学生不仅可以了解教学内容，还可以进行自我探索和学习。

以高校英语教学为例，在学习"Weather and Climate"的内容时，教师可以利用移动学习平台上传相关的英语新闻和电影等资源，这些资源涉及气候变化等时事话题，能够有效激发学生的探究欲望。例如：教师可以选择一些讨论气候变暖影响的英语新闻报道或相关主题的英语电影，以此为基础，引导学生进行深入的学习和探讨。为了更好地实现教学目标，教师可以设计一系列课前活动，如英语练习题等，旨在提高学生的参与度和兴趣。在学生产生疑问并查阅相关资料后，他们可以根据教师的要求提交学习分析报告，这种方式不仅促进了学生的自主学习，还加深了学生对教学内容的理解。

2. 课中教学

在高校外语课堂中，教师在课中教学环节的主要任务是帮助学生巩固和实践所学的外语知识。鉴于外语学习的特殊性，即语言能力的培养依赖于积极的交流和实践，教师可利用移动端工具与学生保持密切的互动，激发学生的主动思考和参与。例如：利用微信的"摇一摇"功能进行提问，其不仅能检验学生对外语知识的掌握程度，还能增加课堂的互动性和趣味性。这种创新的互动方式能够使课堂更加生动活泼，鼓励学生积极参与外语对话和交流，从而提高他们的语言实践能力。在组织小组合作活动时，教师可以通过语音方式向各小组布置任务，这不仅增强了学习的神秘感和趣味性，也促使学生在小组内积极开展外语对话，共同探索并解决外语学习中出现的疑难问题。

在课中教学环节，教师可以设计外语主题性活动，让学生能够在享受学习乐趣的同时，获得实质性的进步和成长。以高校英语教学为例，在学习"Life and living things"的内容时，教师可以通过提出引人深思的问题，如"How do you see the meaning of life?"引导学生围绕课程内容进行深入的思考和互动交流。教师还可以借助现代技术工具，如外语趣配音APP等，让学生进行英语配音练习，这种人机交互方式不仅提高了学生的外语听说能力，还增加了学习的趣味性。

在课堂教学进入尾声时，学生可以借助移动端以个人或小组的形式上传他们的学习成果，如学习心得、外语作文等。与此同时，利用移动端，教师可以有效地组织学生进行自我评价和互相评价的动态评价活动，帮助学生了解自身在外语学习上的不足，促使学生学习他人的优点，从而在外语学习上取得进步。此外，移动端的应用还能够帮助教师记录和汇总线上线下的测验结果，以及学生在线上讨论、回帖和线下出勤、发言等方面的表现，为外语教学提供了形成性评价，提高了教学反馈的有效性。

3. 课后教学

可以通过移动平台组织学生进行课后测验，巩固学生在课上学到的外语知识。例如：英语教师可以借助移动平台如百词斩等APP，督促学生每日背诵词汇，并要求学生将完成任务的截图实时发送给教师，以此来监控学生的学习进度和效果。百词斩APP提供了丰富的学习资源，包括大量的英文新闻和VOA听力材料，这些资源不仅能帮助学生提升外语词汇量，还能够强化他们的听、说、读、写能力。教师可以要求学生每日阅读一则英语新闻，并对该新闻进行复述，这样的学习任务能够激发学生的学习兴趣，同时提高他们的语言实际运用能力。

在高校外语教学中，采用图文、视频等多样化形式布置作业，能够有效地提升学生的外语学习体验。例如：通过要求学生录制外语对话练习视频，教师可以从语音、语调、语法等多方面为学生提供具体而有针对性的指导。此外，利用移动端工具如外语趣配音 APP 进行学习，学生可以在每个单元学习结束后，录制与单元主题相关的配音视频。

## （二）开发丰富终端教学模块

为了满足新型教学模式创建需求，需要在移动终端开发丰富的教学模块，确保高校外语教学效果事半功倍。

首先，从高校应用外语学习软件角度来看，通过整合各种移动端平台的外语学习资源，不仅可以激发学生的学习兴趣，还为学生提供了探索更多知识的途径。例如：中国高校慕课 APP 等平台提供了许多一流大学的免费外语课程，而百词斩 APP 则包含了如 USA TODAY、China Daily 等丰富的阅读材料，以及大量的听力资源。为了更高效地利用这些资源，教师可以在移动端进行外语 APP 的筛选和统一下载。通过对文本和音视频等资源的筛选和整理，教师可以根据教学需求和课程进度，为学生提供精选的教学材料。这种方法不仅提高了外语教学的针对性和系统性，还为学生提供了更为广泛和深入的学习体验。

其次，设计词汇搜索模块，显著提升教学效率和学生学习体验。终端教学模块通过与有道词典等知名 APP 对接，学生可以在学习过程中轻松查阅汉英词汇，这样的即时访问功能对于学生理解和记忆新词汇至关重要。此外，教师可以利用这一模块上传每个单元的重点词汇，并展示其派生词汇、固定用法、例句等详细信息，这不仅丰富了学习内容，也使学生能够更深入地理解每个词汇的用法和含义。

再次，设计答疑解惑模块，使移动端学习平台兼具沟通功能。终端教学模块通过整合微信、QQ 等流行沟通工具，为学生提供了方便快捷的沟通渠道，可以使学生以一对一或一对多的形式就外语问题进行讨论。这样的设置不仅便于学生随时提出疑问，也方便教师及时跟踪学生的学习进展。教师可以在学生进行深入思考和充分讨论之后，适时提供答疑，帮助学生在加强外语对话练习的同时，获得更有效的学习指导。

最后，设计测评管理模块，改进外语教学设计方案。测评管理模块能自动收集学生在移动端平台上的数据信息，并提供相应的测试评价标准。教师能够获得及时的教学反馈，从而实现更高效的交流和互动。测评管理模块支持定期进行外语测试评价，如每周或每月的评估，这不仅有助于教师及时了解学生的学习进展，还能够评估外语教学的阶段性成效。

### （三）把握新型模式构建要点

适应各种新型教学模式，需要把握模式构建的要点，这不仅要求教师做好外语教学设计，同时要求学生通过移动平台加强自主学习。具体来说可以从以下两方面入手：

一方面，强化学生主体意识。在新型外语教学模式下，教师要鼓励学生主动利用各种外语学习 APP，如英语流利说、百词斩、词道等，自主探索感兴趣的外语资料并开展对话交流等活动。为了更好地以学生为中心优化外语教学过程，教师在设计教学活动时需要突出学生的主体性，根据学生的学习经验、个性差异进行个性化和差异化设计。通过设立层次化的学习目标，每位学生都能根据自身的实际情况选择合适的学习内容，从而在不断的探索和实践中加深对外语知识的理解。

另一方面，创建互动化场景。微信是当前使用频率极高的通信软件，教师可以利用微信创建微信学习群，为学生提供一个互动的平台。在这个平台上，教师可以汇集并分享教学资源，生成二维码供学生扫描下载，从而便于学生获取学习材料并参与到问题讨论中。这种方法不仅便于教学资源的传播，也增加了学生参与讨论的机会，从而提升了学习的互动性和效果。此外，结合学生的专业特性，教师可以设计与学生的学习和生活密切相关的外语学习场景，使学生能够在探索过程中加强对外语知识的学习，促进跨文化交际意识的培养。

## 第四节　高校外语翻转课堂教学模式

### 一、翻转课堂的源起

翻转课堂作为一种新的教学模式，其发展历史十分悠久。这种教学模式最早可追溯到19世纪早期的美国西点军校，当时采用的是"先学习后讲授"的教学方式。在21世纪初，翻转课堂作为一种明确的教学模式开始得到系统的阐述和实践。2000年，美国迈阿密大学的教师莫林·拉赫（M. J. Lage）等在论文中介绍了他们的教学实践，包括让学生通过多媒体或互联网预先观看教学视频，然后在课堂上进行小组合作学习等，奠定了翻转课堂教学模式的基础。[1] 同年，韦斯利·贝克（Wesley J. Baker）在其论文中提出了利用网络课程资源帮助学生提前学习的概念。[2] 尽管这些先行者的实践为"翻转课堂"或"翻转教学"提供了具体的定义和框架，但在当时并未引起广泛的关注。

翻转课堂这一教学模式在美国林地公园高中由科学教师乔纳森·伯格曼（Jonathan Bergmann）、亚伦·萨姆斯（Aaron Sams）发起，是教育创新的一个重要里程碑。这种方法最初是为了帮助缺课学生。这两位教师通过录制含有讲解的PPT视频，让学生在家观看，以补上缺失的课程内

---

[1] Maureen J. Lage, Glenn J. Platt and Michael Treglia, "Inverting the Classroom: a Gateway to Creating an Inclusive Learning Environment," *The Journal of Economic Education*, 1, no.31 (2000): 30–43.

[2] Wesley J. Baker, "The 'Classroom Flip': Using Web Course Management Tools to Become the Guide on the Side" (Selected Papers from the 11th International Conference on College Teaching and Learning, America, Florida, 2000).

容。① 学生在课堂上不再是被动接受知识，而是通过观看视频预先学习，课堂时间则用来进行针对性的教学辅导和答疑解惑。这种模式对于学习有困难的学生尤其有效，他们可以通过反复观看教学视频来学习在课堂上未掌握的知识。翻转课堂这一教学模式很快引起了周边学校教师的关注，博格曼和萨姆斯通过合作教研、对外讲学和培训，推动了这一模式在美国中小学教育领域的应用和探索。

## 二、翻转课堂的概念

翻转课堂也称为翻转教学、颠倒课堂等，是一种创新的教学模式，它改变了传统教学中知识传递和内化的顺序。在传统课堂中，教师主要通过讲授课程内容来传递知识，学生则在课后通过作业和实践来吸收和内化所学知识。然而，翻转课堂颠倒了这一过程：学生先利用课外时间通过观看视频、阅读材料等方式进行自主学习，完成知识的传递；接着，在课堂上，教师引导学生深化理解，通过讨论、实验等互动方式帮助学生完成知识的内化。翻转课堂教学模式有效地利用了课堂时间，使之成为学生深入理解和应用知识的平台，而不仅仅是知识传递的场所。

从字面意思理解，翻转课堂只是将课堂翻转过来。翻转课堂的核心思想在于将"知识传递"和"知识内化"的过程进行调换。在这种教学模式下，学生在课前通过自学获取新知识，这一过程在传统教学中通常发生在课堂上。而课堂上的时间，学生则用来进行知识的深入理解和内化，这一过程在传统教学中往往发生在课后。在翻转课堂中，"与信息技术结合""课前教学资料的提供"以及"课堂组织方式"的变化，并非翻转课堂的原始定义，而是这一教学模式实施过程中的自然演化。这些演化反映了现代教育技术的发展和教育理念的更新，增强了翻转课堂的有效性和适

---

① Jonathan Bergmann and Aaron Sams, Flip Your Classroom: Reach Every Student in Every Class Every Day (New York: International Society for Technology in Education, 2012), P.8.

应性，使得翻转课堂教学模式能够更好地满足不同学生的学习需求。

翻转课堂是一种与传统教学模式截然不同的教育模式。在传统教学模式中，教师通过课堂讲授传递信息，学生则通过课后作业和实践活动进行知识的内化。相比之下，翻转课堂将这个过程颠倒了过来。在翻转课堂教学模式下，学生利用网络和多媒体技术，在课前通过观看教学视频等方式自主学习，完成知识的获取和初步理解。在这个过程中，学生可以根据自己的学习习惯和节奏，选择最适合自己的学习方法，确保课前进行深入学习。然后，学生在课堂上通过与教师和同学的互动交流，进一步深化对知识的理解。这种互动不仅增强了学生之间的合作，还促进了学生思维的碰撞和创意的激发。教师在这个过程中扮演着引导者和辅助者的角色，帮助学生解决学习中的疑问，引导学生探究更深层次的问题。

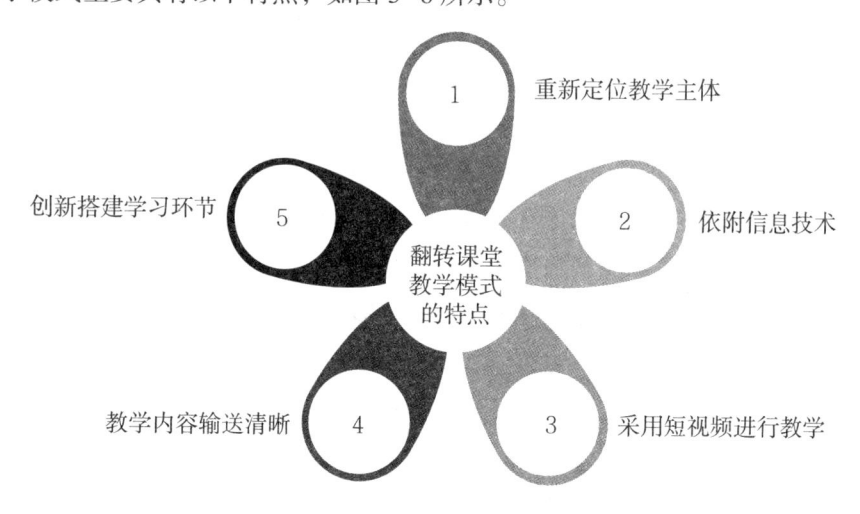

## 三、翻转课堂教学模式的特点

"翻转课堂"作为一种创新的教育理念，因其融合了先进的信息技术和实用的教学方法，已经引起了教育界专家学者的广泛关注。翻转课堂教学模式主要具有以下特点，如图 3-8 所示。

图 3-8　翻转课堂教学模式的特点

## （一）重新定位教学主体

在翻转课堂教学模式下，教学主体发生了显著变化：教师不再是课堂的中心或唯一的知识传递者，学生也从被动的接受者转变为主动的学习者和教学过程的推动者。在翻转课堂中，教师的角色转变为引导者和协调者，主要负责设计和指导学生的学习活动，确保教学内容保持在正确的轨道上。翻转课堂教学模式强调学生的主动参与和自主学习，使得学习过程更加符合个人的需求和节奏。

## （二）依附信息技术

在翻转课堂模式下，学生的课下自主学习是至关重要的。然而，学生在这一过程中可能面临无法自行解决的学习难题，若未得到及时的专业帮助，学生可能会产生消极心态。因此，信息技术的运用显得尤为关键，信息技术可以架起学生与教师之间的沟通桥梁，确保学习问题能够得到迅速而有效的解答。通过信息技术，如在线讨论平台、电子邮件、即时通信工具等，教师可以为学生提供实时的学术支持，使学习资源的获取更为便捷。

## （三）采用短视频进行教学

翻转课堂中的短视频教学是对教学内容的精炼和浓缩，短视频通常保持在2分钟左右，最长不超过10分钟。这种短时长的视频格式具有显著的优势：能够迅速而精确地概述一个知识点，非常适合学生的认知习惯和生理特点。短视频的使用使得学生的大脑保持活跃状态，有助于提高学习效率和记忆力。此外，通过在学术视频网站上发布这些短视频，学生可以随时回看，加强对未完全掌握知识点的复习和理解。这种灵活、便捷的学习方式非常适应现代学生的学习需求，是翻转课堂成功实施的关键因素之一。

## （四）教学内容输送清晰

相较于传统的多媒体录像教学，翻转课堂中所使用的学术性视频网站具有更加简洁清晰的画面设计，有效避免了教室环境对学生注意力的干扰。这类视频专注于传输精准、专业的知识内容，确保了教学的针对性和有效性。学生在观看这类视频时，能够集中精力理解和吸收关键知识点，而不被无关的视觉元素分散注意力。

## （五）创新搭建学习环节

对教育教学基本环节的翻转是翻转课堂改变传统教学模式的显著特征之一。在翻转课堂模式下，学生的学习过程主要分为两个环节：一是知识的获取，二是对知识的"自我消化"。在传统教学模式中，学生通常在课堂上接收新知识，然后在课后独立进行知识的消化和理解。学生在面对难以理解的内容时，可能会因为缺乏及时的专业帮助，而感到困难。翻转课堂为解决这一问题提供了有效策略，创新搭建了学生的学习环节。在翻转课堂中，学生的知识获取主要发生在课前。教师组织学生通过观看学术性网站上的专业知识短视频来进行预习，同时，教师也可以在线上提供指导，帮助学生解决预习中遇到的疑难问题。翻转课堂教学模式将知识的内化和深入理解转移到了课堂上。在课堂环节，教师可以根据学生的预习情况和理解程度，进行个性化教学，真正实现因材施教。此外，课堂上的面对面交流和讨论不仅有助于解决学生的具体问题，还促进了学生之间的合作和交流，培养了学生团结协作的学习精神。

## 四、翻转课堂教学模式对高校外语教学的影响

翻转课堂作为一种创新的教学模式，颠覆了传统的课堂教学模式，将课前自主学习和课堂互动深度结合，使学生在课堂之外就开始接触和理解学习内容，对高校外语教学产生了重要影响，主要体现在以下几方面。

如图 3-9 所示。

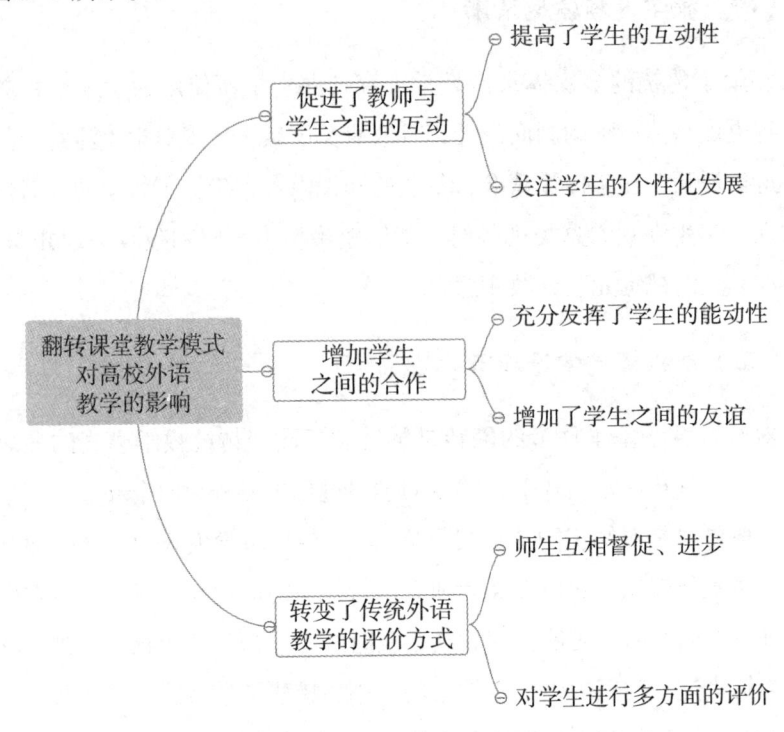

图 3-9　翻转课堂教学模式对高校外语教学的影响

## （一）促进了教师与学生之间的互动

翻转课堂作为一种创新的教学模式，在高校外语教学中的应用不仅改变了传统的教学方式，还极大地促进了教师与学生之间的互动

1. 提高了学生的互动性

在传统的外语教学模式中，教师的讲解往往集中在语法和句式上，容易忽略学生的实际感受和参与。相比之下，翻转课堂通过视频教学等新颖的方法，使学生能够在课前自主学习语言知识，而在课堂上则将时间更多地用于与教师的交流和实际应用。翻转课堂教学模式不仅提升了学生的参

与度，还促进了教师对学生的了解，使得教学更加符合学生的实际需要。

2. 关注学生的个性化发展

在翻转课堂教学模式下，教师不仅仅是知识的传递者，更是学生学习过程中的引导者和协助者。教师可以根据学生的个性和学习基础，采用更加合适的教学方法，促进每位学生的个性化发展。这种因材施教的方式，有助于学生更好地理解和掌握外语，提高外语成绩。

翻转课堂在外语教学中的应用，为学生提供了一个更自由、更开放的学习环境，使得学生能够更加主动地参与到外语学习中，充分发挥自身潜能。

## （二）增加学生之间的合作

翻转课堂重塑了传统教学中学生与教师的角色，将学生置于学习过程的中心位置，显著提升了学生的主动性和能动性。

1. 充分发挥了学生的能动性

翻转课堂使得教师能够将更多的课堂时间交给学生，为学生提供自主学习和探究的空间。在这个过程中，学生不再是被动接受知识的对象，而是变成了主动探索和学习的主体。

2. 增加了学生之间的友谊

翻转课堂中的合作学习方式也极大地增强了学生之间的交流与合作。教师鼓励学生通过小组合作的方式共同完成任务，这不仅加强了学生之间的友谊，还培养了他们的团队合作能力和互帮互助的精神。在合作学习的环境中，学生能够相互学习、相互启发，这对于提升外语成绩和综合能力是极其有益的。

### (三) 转变了传统外语教学的评价方式

翻转课堂的外语教学模式不仅要采用传统的考试手段来评价学生，还要注重评价方式的全面性和公平性，以更好地反映学生的学习过程和学习能力。

1. 师生互相督促、进步

教师不仅要评价学生在课堂上的表现和学习成果，还要关注学生的学习态度和课前准备情况，帮助学生认识自己的不足，鼓励他们在未来的学习中进行改进。同时，学生也可以对教师的教学方法提出反馈和建议，共同推动翻转课堂教学模式的发展。

2. 对学生进行多方面的评价

除了外语知识的掌握程度，教师还需评估学生的交流能力、团队合作能力、问题解决能力等。综合评价方式能够更全面地反映学生的学习能力，更好地促进学生的全面发展。例如：在团队合作项目中，学生的协作和沟通能力成为重要的评价指标；在课堂讨论中，学生的参与度和创造性思维也是评价的重要方面。

## 五、翻转课堂教学模式在外语教学中的应用策略

### (一) 应用翻转课堂的前提

翻转课堂教学模式的成功实施依赖于几个关键的前提条件。首先，必须有适当的硬件设施和教学环境。这包括制作和分享微视频的必要技术设施，以便学生能够在课前预习。同时，学校需要不断更新和升级这些硬件设施，确保网络环境的稳定，这对于创建一个有效的网络外语学习平台至关重要。只有在这样的环境中，翻转课堂才能真正实现其教学目标。其

次，加强教师对翻转课堂理念的认识，提升教师的媒介素养。学校需要加大对翻转课堂教学理念的宣传力度，帮助教师深入理解其重要价值，并提高教师对于翻转课堂的认知水平，如组织教师参与翻转课堂教学竞赛活动，这不仅能促进教师之间的经验交流，还能提升教师的教学水平和育人能力。再次，在翻转课堂教学模式中，信息技术的运用是核心要素。教师需要利用网络技术精选与学生特点和需求相符的教学资源，丰富课程内容。这要求教师具备良好的资源搜索和整合能力，以有效地筛选和利用网络上的丰富教学资源。最后，教师还应树立终身学习的理念，积极吸收和更新前沿知识。将这些知识通过图文并茂的方式结合信息技术手段呈现出来，可以确保学生在学习过程中既能理解内容，又能掌握技能，并从中获得知识和能力的提升。

### （二）合理布置课前任务

在翻转课堂教学模式中，学生的课前预习质量对教学效果有着决定性的影响。针对目前我国高校学生外语学习中容易出现的问题，如对知识点掌握零散、语言交际能力不强等，教师在备课阶段的任务设计显得尤为重要。教师需要结合教学大纲内容和学生的实际学习情况，精心设计预习任务，使之既符合教学目标又贴近学生实际。在设计预习任务时，教师应从学生的学习视角出发，确保任务表述清晰、直观且易于理解。例如：教师可以提前告知学生本节课的主要内容和目标，提醒学生做好相应的课前准备，帮助学生建立系统的知识框架，提高他们的学习兴趣和积极性。这种针对性的预习任务设计，有助于提升学生的语言交际能力和整体外语水平，从而有效提高翻转课堂的教学效果。

翻转课堂教学模式要求学生利用碎片化时间自主完成教师布置的预习任务。一方面，课前任务的设置必须考虑学生的实际情况和承受能力。任务量如果过大，容易增加学生的负担；而任务量如果过小，则可能无法达到预期的学习目标，影响学生的学习积极性。教师需要在这两者之间找到一个恰当的平衡点，确保任务量既能激发学生的学习兴趣，又不会造成过重的学习负担。另一方面，课前任务的设计应充分考虑学生的学习水平和能力，为不同层次的学生提供"定制化"的学习任务。这种因材施教的方法可以确保每位学生都能从预习中获得适合自己的学习体验，从而提高学习的效率和效果。此外，教师在学生预习阶段应提供必要的指导和辅导。例如：教师可以指导学生识别和理解重难点句型、词汇、短语等，帮助学生更好地理解和掌握学习内容。

### （三）精心设计教学视频

在翻转课堂教学模式中，课前预习视频的内容质量对学生的学习效果和体验有着直接的影响。为此，教师需精心设计这些预习视频，确保其既能吸引学生的注意力，又能有效传达教学内容。具体而言，预习视频的时长一般控制在3至5分钟，避免学生出现视觉疲劳，同时也足以覆盖必要的教学内容。过长的视频可能导致学生注意力分散，降低学习热情；而过短的视频则可能无法充分传达所需的教学信息。视频内容的精准度和主题的明确性也同样重要。视频内容应当精简凝练，直击主题，确保学生在短时间内能够获取关键信息，并对学习内容有一个清晰的理解，这不仅能提高学生自主学习的质量，还能激发学生的学习兴趣，为课堂上的深入讨论和互动奠定良好的基础。

为确保学生在翻转课堂中观看教学视频时有良好的体验，教师在录制视频时需要综合考虑多个要素。首先，视频内容应紧密结合课程目标、课程标准和教学重难点，同时将教材内容与学生的学习及日常生活相结合。这样做可以帮助学生将所学知识应用于实际生活中，提高他们的理解和应用能力。其次，视频内容的质量、录制环节的选择、语言表达的亲和力以及后期处理都是保证教学视频效果的关键因素。视频内容应准确、有趣且易于理解，录制环节要选择适当的角度和背景，确保视频清晰、稳定。语言表达需要生动、亲切，易于学生理解。后期处理则要确保视频画面质量和音质的清晰，增强学生的观看体验。需要注意的是，即使是利用网络上的优质视频资源，教师也应根据具体的教学方案和学生的实际情况对其进行调整和完善，以确保视频内容符合教学目的和学生的需求。随意使用视频资源，不仅可能导致教学目标无法实现，还可能影响学生的学习效果和体验。

### （四）科学处理答疑环节

为了有效实施翻转课堂教学模式，教师需要围绕学生的实际学习情况，提出与教学主题和目标紧密相关的问题，引导学生通过小组学习和合作探究来解决自学过程中遇到的问题，提升学生的独立思考和语言表达能力，增强学生的协作和解决问题的能力。在小组探究的过程中，教师应以学生为中心，当学生遇到问题时，为其提供适当的引导和支持，帮助学生掌握相关知识。小组探究结束后，学生进行汇报交流，这是学生分享学习成果、提升交流能力的重要环节。教师在此阶段对于学生讨论中出现的重难点问题给予针对性的讲解和指导，进一步加深学生对知识的理解和掌握。通过这种方式，翻转课堂不仅提高了学生的学习主动性，还优化了教学效果，使教学过程更加高效。

### （五）重视教学总结与评价

教学总结与反思是提高翻转课堂教学效果的重要部分，有效的总结可以更好地梳理知识间的联系，有助于知识框架的构建，加深对重难点知识的记忆。翻转课堂教学模式下的总结需要师生共同参与，不仅可以锻炼学生的思考能力和逻辑思维能力，也有助于教师深入了解学生的实际学习情况，审视教学过程中的不足与短板，并在设计和制定教案、教学目标等方面加以完善改进，积极反思自身教学行为。鉴于此，外语教师教学总结应关注学生思辨意识的形成，善于为学生创造学习空间，引导学生总结本节课的学习内容，并帮助其制定课堂总结中需要坚持的原则，提高其总结知识的能力。

　　教学评价是翻转课堂成功实施的关键因素之一，不仅衡量着教学效果，还促进学生的自我发展。在翻转课堂模式中，形成性评价是主要的评价方式，涵盖了学生的预习情况、课堂表现、小组讨论参与度和小组汇报的结果等多个方面。这种全面的评价方式能够有效地反映学生在学习过程中的表现和进步。翻转课堂的评价体系包括教师评价、学生互评和组员互评三个部分。教师评价侧重对学生学习成果和过程的整体评估，而学生互评和组员互评则更加注重同学之间的互动和反馈，使学生能够从其他同学的表现中汲取其优点，实现相互学习和成长。自我评价是教学评价中的重要组成部分，可以引导学生进行自我反思，识别学习中的缺点，并在自我批评和自我教育中寻求提升。

# 第四章 大数据技术驱动下的高校外语教学变革

## 第一节 大数据技术驱动下的高校外语教学的价值意蕴

### 一、大数据技术的相关概念界定

#### （一）大数据

"大数据"一词从英语"Big data"直译而来。最初由美国未来学家阿尔文·托夫勒（Alvin Toffler）在其1980年的著作《第三次浪潮》中提出："如果说IBM的主机拉开了信息化革命的大幕，那么'大数据'才是第三次浪潮的华章"。[①] 当时，"大数据"主要指的是数据量的庞大，强调的是数据量化的特征。这个概念预示着信息技术的一次重大跨越，不仅仅局限于数据的数量，更关注数据的处理、分析及其在各行各业中的应用，标志着一个全新的数据驱动时代的到来。

大数据这一概念至今没有一个明确且统一的定义，其原因在于：不

---

[①] 阿尔文·托勒夫:《第三次浪潮》，黄明坚译，中信出版社，2006，第19-25页。

同领域的学者对其有着各自的理解和阐释。例如：企业、政府、学术机构以及科研技术人员各自都有对大数据的定义。一是侧重数据体量层面，将大数据定义为一种规模巨大的数据集合。这种观点主要认为大数据是一种超出常规工具收集和处理能力极限的巨量数据集。因此，大数据在这种理解下也被称为"海量数据"或"巨量数据"。二是侧重技术应用层面，认为大数据体现为一种从海量数据中挖掘数据价值的技术能力。这种观点的支持者认为技术是实现大数据价值的核心。在这个框架下，大数据不仅仅指数据量的巨大，更重要的是人们如何通过先进技术，如云计算和人工智能，来采集、处理和分析这些数据。三是侧重数据价值层面，视大数据为"大发现""大价值"。这种观点的支持者认为，大数据的本质并不仅仅在于其庞大的体量，而更重要的是通过对这些数据的挖掘和分析，发掘其中隐藏的知识和规律。四是从哲学层面分析大数据本质，认为大数据是一种价值观、思维方式与方法论。这一观点强调，大数据是一种从数据挖掘和分析的角度理解自然界、社会现象和人类行为的方法论和价值观。它代表了一种全新的看待世界的视角，将数据和信息分析融入人们对于现实世界的认识和理解中。

## （二）大数据技术

大数据技术是一个综合性的技术体系，涵盖了大数据的采集、预处理、存储、分析和可视化等多个环节。根据层次的不同，大数据技术体系可分为六大类别，分别为大数据采集、存储、管理、大数据分析挖掘、大数据解释和应用。在这些类别中，每一个环节都扮演着关键的角色，共同确保大数据的有效利用和价值最大化。特别是云计算，它不仅是大数据分析处理的核心原理，还是大数据分析应用的基础平台和关键支撑技术。

大数据关键技术主要有以下几种，如图4-1所示：第一，多源数据融合集成。多源数据融合集成技术涉及将来源多样、格式各异、坐标体系不同的异构数据进行准确、高效且快速的融合，主要目标是创造出一个格式统一、易于管理的数据集，可以直接应用于数据分析。第二，数据传输与存储协议。随着大数据技术的发展，大规模、远距离的分布式存储技术已经出现并日益普及。分布式存储系统通过计算机网络将物理上分散的多个数据存储单元连接起来，形成一个逻辑上统一的数据存储系统。这种系统的优势在于它提高了数据存储的灵活性和可扩展性，同时也增强了数据的可靠性和访问速度。第三，数据动态监测与风险识别。即通过实时监控数据中的异常变化来观测和理解某一领域的发展和运行状况。这种技术使人们能够在数据流中迅速捕捉到趋势变化和潜在问题，从而提前预警和采取措施。这一技术在金融市场分析、网络安全、公共健康监控等众多领域中扮演着至关重要的角色。第四，智能合约与区块链履历。区块链技术通过加密的链式区块结构来安全地存储和验证数据，其分布式共识算法允许数据的新增和更新，而运行在区块链上的智能合约则确保业务逻辑的自动执行。这种多中心化的基础架构和分布式计算范式为数据的安全性、透明度和不可篡改性提供了强大的保障。

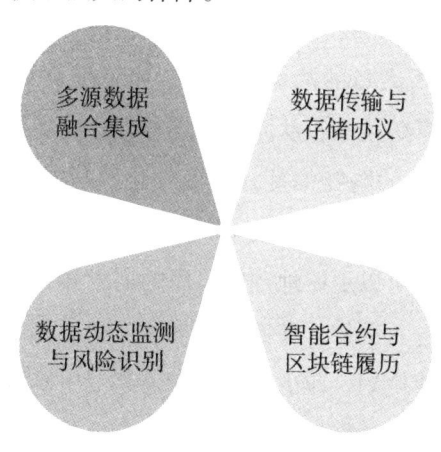

图 4-1　大数据关键技术

## 二、大数据技术的特征

大数据技术作为 21 世纪具有革命性的技术之一，在众多领域引起了

广泛的关注和研究,其主要具有以下几大特点:

## (一)价值性

大数据技术的价值体现在其强大的数据分析和处理能力上,它能够帮助人们以从未有过的角度理解世界,为商业决策提供支持,提升公共服务的质量,推动科学研究和创新,以完善社会治理和政策制定机制。随着技术的不断进步和数据量的日益增长,大数据技术的价值将会进一步显现,对社会的各个方面产生更深远的影响。

首先,大数据技术的价值性体现在其能够从海量的数据中提炼出有用的信息和知识。在传统数据处理技术中,数据通常被用于回答特定的问题。然而,大数据技术的崛起使人们能够更加全面地观察数据,发现数据之间的关联性,从而挖掘出隐藏在大量数据背后的模式和趋势。这种从数据中提取价值的能力是大数据技术的核心,为决策者提供了前所未有的洞察力。其次,大数据技术的价值性体现在其对于商业决策的影响上。在商业领域,大数据技术被广泛用于市场分析、消费者行为预测、产品开发等多个方面。通过分析大量的消费者数据,企业能够更准确地预测市场趋势,制定更有效的营销策略,从而提高竞争力。例如:零售商通过分析购物数据可以了解顾客的购物偏好,进而优化存货管理和个性化推广。再次,大数据技术在提升公共服务效率和质量方面也发挥着重要作用。政府机构利用大数据技术可以更好地理解公民的需求和行为,从而提供更加精准和高效的公共服务。例如:在城市管理中,交通部门通过分析交通流量数据,可以优化交通规划,减少拥堵。在公共卫生领域,医疗部门通过分析医疗数据,可以提早预警疾病的暴发,提高公共卫生应对能力。在社会治理和政策制定方面,政府机构通过分析社会经济数据可以更加精准地制定政策,响应社会需求。通过分析就业数据和经济指标,政府可以制定有效的就业政策和经济刺激措施。最后,大数据技术在推动科学研究和创新中也发挥着重要作用。在科研领域,大量的实验数据可以通过大数据技术进行分析,从而加速新知识的产生和技术的创新。例如:在基因组学研究中,通过分析大量的基因数据,科学家能够更快地了解疾病发生的机理,加速新药的研发。

(二)多样性

大数据技术的特征之一是其多样性,主要体现在数据类型、数据处理技术、应用领域、行业影响等多个方面。正是这种多样性,使得大数据成为一个强大而灵活的工具,能够在不同的场景和领域中发挥关键作用。

从数据本身来看,大数据涵盖了极其广泛的类型和来源,包括文本、图片、视频、音频、日志文件、传感器数据等。这些数据来自不同的渠道和平台,如社交媒体、移动应用、企业内部系统、互联网搜索引擎以及各类物联网设备。这种多样化的数据类型为人们提供了一个更全面和细致的视角来观察和理解世界,使得数据分析能够覆盖更广泛的场景和领域。

从数据处理技术角度来看,大数据技术具有显著的多样性特征。为了处理和分析不同类型的大数据,研究人员和工程师研发了各种算法和模型,如机器学习、深度学习、自然语言处理、图像识别等。这些技术各有其特点和适用场景,它们共同构成了大数据技术的多元化工具集,使得人们能够更有效地处理复杂和异构的数据集。

从应用领域来看,大数据的应用领域也极其广泛,这体现了其应用层面的多样性。在商业领域,大数据被用于市场分析、客户关系管理、供应链优化、产品推荐等多个方面。在公共服务领域,它有助于城市规划、交通管理、公共卫生监测等。在科学研究领域,大数据支持气候变化研究、基因组学研究、宇宙探索等。

从行业影响角度来看,大数据技术对不同行业都有着一定的影响。无论是金融、医疗、教育、媒体,还是零售、旅游、制造业,大数据都在不同程度上改变了这些行业的运作方式。例如:在医疗行业中,通过分析患者的医疗记录和临床数据,可以提高医生诊断的准确性。在金融行业中,大数据技术被用于风险管理、欺诈检测和量化投资等方面。

## (三)高速性

大数据技术的一个核心特征是其高速性,这主要体现在数据的快速生成、传输、处理和分析上。这种高速性不仅为企业和组织提供了实时响应和决策的能力,也对社会的运作和文化的演变产生了深远的影响。随着技术的进一步发展,大数据技术的高速性将继续推动社会各领域的创新和变革。大数据技术的高速性主要表现在以下几方面,如图4-2所示。

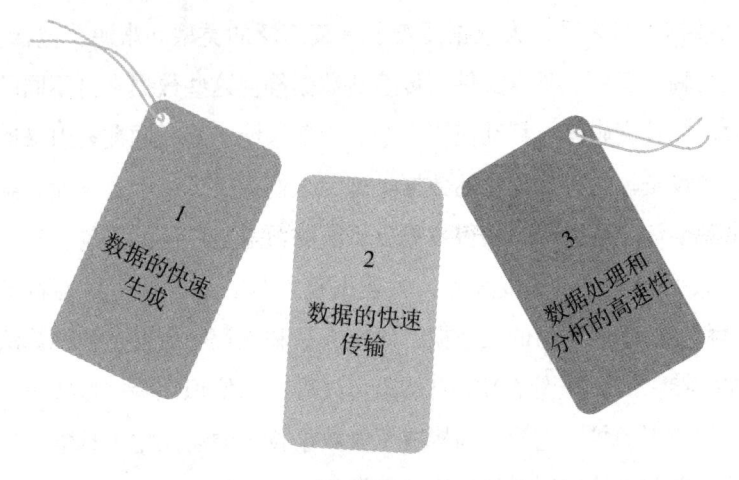

图4-2 大数据技术高速性的表现

一是数据的快速生成。在当前的数字时代,数据以前所未有的速度被生成和累积。从社交媒体的动态更新、电子商务交易的实时记录,到物联网设备的连续数据流,每一刻都在产生大量的数据。这种快速的数据生成为大数据的积累提供了丰富的原料,但同时也带来了对大数据的高效处理和分析能力的挑战。二是数据的快速传输。随着互联网和移动网络技术的发展,数据可以在全球范围内迅速传输。这种高速的数据流通不仅使得信息可以快速传播,也为数据的集中处理和分析提供了可能。例如:在金融市场中,全球各地的交易数据需要被快速汇总和分析,以便于做出实时的市场决策。三是数据处理和分析的高速性。随着计算能力的增强和算法的优化，大数据处理和分析的速度不断提升。无论是云计算平台上的大规模并行处理，还是实时数据流处理技术，都在不断推动数据处理速度的提升。这种高速的数据处理能力使得企业和组织能够快速响应市场变化，实时调整策略。

### （四）实时性

大数据技术的实时性指的是数据的即时处理和分析，意味着数据一经产生就被捕捉、分析并用于决策支持，几乎没有延迟。在大数据环境下，实时性的实现依赖于高速的数据处理技术和算法，它允许组织和个人能够快速响应环境的变化和挑战。

首先，实时性使得数据处理和分析的时间大幅度缩短。在传统数据处理模式中，数据的收集、存储、分析通常需要较长的时间，这意味着决策者可能在不具备最新信息的情况下做出决策。而在大数据环境下，借助先进的数据处理技术和算法，如流数据处理和复杂事件处理，可以实现数据的实时或近实时处理，使得决策者能够基于最新的数据做出更加准确和及时的决策。其次，实时性强化了数据的预测能力和应急响应能力。通过对实时数据的分析，人们可以快速识别模式和趋势，预测可能出现的问题或机遇。例如：在金融市场，实时数据分析可以用于即时监测市场动态，预测价格变化；在公共安全领域，其可以通过实时监控来预防犯罪或及时处理紧急事件。最后，实时性促进了个性化服务的发展。在零售、广告、社交媒体等领域，通过对实时数据的分析，公司可以向客户提供更加个性化的服务和产品。这种个性化服务基于对用户行为的实时监控和分析，能够更准确地满足用户的需求和偏好。

## 三、大数据技术驱动下的高校外语教学的价值意蕴

大数据技术驱动下的高校外语教学的价值意蕴主要表现在以下几方面，如图 4-3 所示。

有助于迎合数智化时代发展的需要

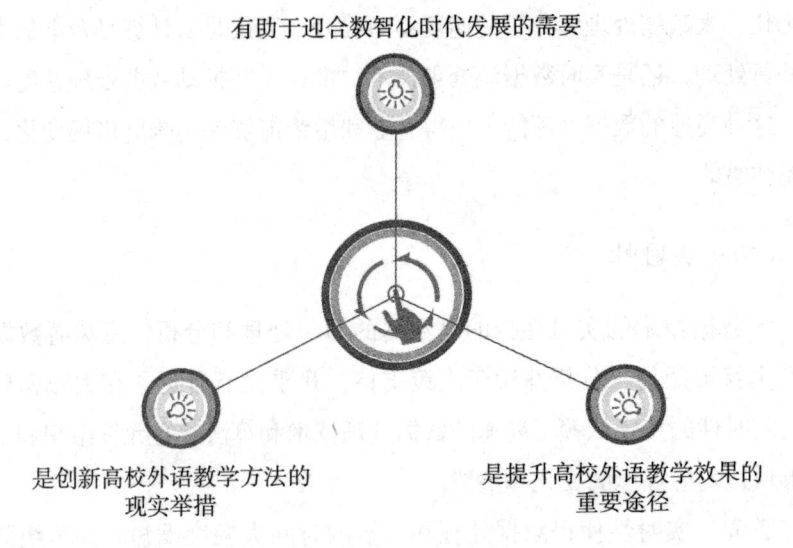

是创新高校外语教学方法的
现实举措

是提升高校外语教学效果的
重要途径

图 4-3　大数据技术驱动下的高校外语教学的价值意蕴

## （一）有助于迎合数智化时代发展的需要

在数智化时代背景下，高校外语教学工作的转型升级成为必要举措。运用大数据技术不仅符合社会发展趋势，也是教育现代化和数智化的关键要求，能为高校外语教学注入新动力。

1. 大数据技术的应用适应了新时代的社会背景

大数据的运用迎合了新时代社会发展的需要。2014 年，《政府工作报告》中第一次提及"大数据"概念，[①] 强调运用大数据来创造优势，引领未来产业的发展；2015 年，国务院印发了《促进大数据发展行动纲要》，部署了大数据的发展规划；[②] 党的十八届五中全会中将大数据作为国家战

---

[①] 新华社. 政府工作报告（全文）[EB/OL].（2014-03-14）[2023-09-15].https://www.gov.cn/guowuyuan/2014-03/14/content_2638989.htm.

[②] 中国政府网. 出版业信息化迈入快车道 [EB/OL].（2015-09-05）[2023-09-15].https://www.gov.cn/zhengce/content/2015-09/05/content_10137.htm.

略加以实施，自此社会各领域掀起了运用大数据进行创新的浪潮；2017年，党的十九大报告提出，建设网络强国、数字中国、智慧社会；2020年，党的十九届五中全会公报指出，坚定不移建设网络强国、数字中国。[1] 随着大数据带来的价值和效益日益凸显，其在社会发展中的作用变得不可或缺。为了更好地履行育人使命，适应新时代的要求，高校外语教学也需要不断创新和发展。这意味着高校外语教学的教学方法和内容应随着社会的变化而更新，以确保教育与时俱进、符合实际需求。通过应用大数据技术，外语教学可以更精准地把握学生需求，优化教学策略，从而有效地提升教育质量，为培养适应未来社会的人才奠定坚实基础。

2. 大数据技术的运用是外语教学现代化的重要引擎

大数据技术的运用，对于高校外语教学现代化水平的提升具有促进作用。首先，大数据使教学内容的传播变得更加迅速和及时。教师可以利用大数据技术快速获取教学信息，并与学生进行实时沟通，即时解决学生的困惑，从而提高教学的实效性。其次，大数据技术使得监测和分析学生的思想动态成为可能。通过分析学生的数据，教师可以更好地理解学生的思想规律和需求，从而制定更加符合学生意愿的教育方案，增强教学的科学性和针对性。最后，大数据技术极大地丰富了教学手段和内容。教师通过运用视频、音频等多媒体工具，可以使原本抽象、枯燥的外语理论内容变得生动有趣，更易于学生理解和吸收。这种多样化的教学方式不仅提高了教学内容的吸引力，也提高了学生的学习兴趣和参与积极性，有效提升了教学效果。

---

[1] 新华社.中国共产党第十九届中央委员会第五次全体会议公报[EB/OL].（2020-10-29）[2023-09-15].https://www.gov.cn/xinwen/2020-10/29/content_5555877.htm?eqid=d03d85510004c84200000002646d862f.

## （二）是创新高校外语教学方法的现实举措

在大数据时代背景下，外语教师要想提高教育教学工作的效果，必须借助大数据所提供的丰富资源和先进工具。大数据带来的海量教学资源与科学的分析方法和客观的评价体系相结合，能够显著提升外语教学的吸引力、科学性和客观性。

### 1. 丰富信息采集渠道，增强教学内容的吸引力

大数据时代下，获取学生数据的方式变得更为全面和实用。其不再局限于选取部分样本，而是构建了一个综合性的信息采集体系，涵盖教学、科研、管理等多个领域。这意味着教师可以获取更加全面的数据信息，包括各个数据库中的内容。在数据采集载体方面，首先，通过课堂录播、情感识别技术等手段，教师可以实时采集学生在课堂上的反应和行为数据。这些数据不仅帮助教师了解学生对外语课程的兴趣和参与程度，还能通过面部表情和语言特征分析学生的心理状态，从而更好地调整教学策略。其次，利用网页抓取软件、采集器等，在社交媒体平台抓取学生的评论和反馈，可以为教师提供关于学生对外语学习的看法和需求的第一手资料。这种实时的监控和分析有助于教师理解学生的学习习惯和偏好，为教学内容的定制化提供依据。最后，通过分析学生校园一卡通的使用情况，如图书馆进出次数、宿舍出入时间等数据，教师可以更全面地了解学生的日常生活和学习习惯。这些信息有助于教师设计更加贴近学生生活的教学案例，使外语教学更加生动实用。

### 2. 深化信息分析程度，确保教学工作的科学性

在教学领域，数据信息是进行科学决策的基础和前提。正确的教学决策需要基于客观、科学的数据分析，这是提高教学质量和效果的关键。大数据技术的应用能显著深化数据信息的分析，从而在广度、深度和效度

三个维度上实现优化。

在广度方面，大数据技术使教师能够接触到以往难以获取的丰富数据信息。利用语义引擎和数据关系挖掘技术，教师可以从海量数据中提取相关信息，梳理出学生学习的内在联系和规律，了解学生的学习习惯、兴趣特点和能力偏好。这种广泛的数据获取为教师提供了全面的视角，有助于更好地理解学生，并在此基础上优化教学策略。在深化信息分析深度方面，大数据技术通过高效的数据挖掘算法处理各种类型和格式的数据，挖掘数据内部的深层价值。这不仅涉及学生的学习成绩，还包括他们的行为模式、参与度等多维度信息。教师可以利用这些数据建立模型，对学生未来的行为趋势进行科学预测，从而更加精准地满足学生的个性化学习需求。在提升信息分析效度方面，数据可视化技术将复杂的数据分析结果转换为直观、易于理解的图形，使教师能够更直观地掌握学生的学习状况。同时，数据管理技术的应用减少了数据噪声，提高了数据分析的准确性和有效性。通过在广度、深度和效度三个方面对数据信息的深入分析，可以发现，大数据不仅为教师提供了更加全面和精准的学生学习数据，也为外语教学的个性化、精准化和科学化提供了有力的支持，从而推动外语教育的质量和效果达到新的高度。

3. 完善学生评价体系，提升教育评价的客观性

在当前素质教育的背景下，大数据技术的应用对于创新外语教学评价体系具有重要意义。这种评价体系通过数据分析，能够全面、及时、客观地反映学生的课堂学习、日常生活和社会实践情况。

大数据评价系统包括多个评价体系，如课前测试、章节测评、期末测评，以及教师评价和同学互评等。这种系统性的评价不仅涵盖了学生学习过程的各个阶段，还能够提供多角度的反馈，从而更加全面地评估学生的学习效果。与此同时，通过对学生的学习科研、社会实践、日常行为规范等数据进行深入挖掘和分析，教师能够构建出学生的详细画像，从而更

深入地理解每个学生的特点和需求。此外，大数据评价系统可以将学生的学习进程、日常思想行为以数据化的方式呈现。这种全方位的数据分析能够帮助教育者准确把握学生思想成长的进程、规律和存在的问题，从而更有效地指导教学和育人工作。

### （三）是提升高校外语教学效果的重要途径

大数据为教育教学工作带来了丰富的教学资源、先进的教学手段，切实推动高校外语工作的教学效果取得了高质量的提升。

#### 1. 大数据丰富的教学资源提升教学的可接受程度

大数据的发展为外语教学带来了深刻的变革。在这个数据驱动的时代，现实世界中的各种元素变得可感知、可度量，特别是在教育领域，网络上的资源达到前所未有的丰富程度，产生了庞大的教育数据资源。这些资源为外语教学提供了宝贵的信息和工具。教师可以通过对这些教育数据资源的深入挖掘和分析，以及对学生信息数据的收集、整理和分析，准确把握学生的兴趣点和学习需求，使教学决策过程由依赖主观经验转变为基于客观数据的科学分析。这种转变不仅提高了教学内容的相关性和有效性，也使得教学内容更易于学生接受和理解。同时，学生也能够利用网络上丰富的数据资源进行自主学习。这些资源以其多样性和可接近性，极大地提高了学生的学习兴趣和热情，使学生能够在更广泛的内容中找到适合自己的学习方式。

#### 2. 大数据先进的技术手段提升教学工作的针对性

在当前社会，创新能力的培养日益受到重视，而创新型人才的培养离不开有效的教育方法。在外语教学领域，要提高教学吸引力，就需要关注学生的实际需求，坚持以人为本的教育理念。在这个过程中，大数据技术的应用显得尤为重要。大数据技术能够帮助外语教师及时且准确地了解学生的学习状况。通过对学生的学习数据进行收集和分析，教师可以对每位学生的语言水平进行量化评估，精准识别学生的弱点和需求。这种个性化的分析使得教师能够有针对性地制订教学计划，为学生提供更适合的学习内容和方法，从而有效地提升教学效果。此外，大数据的应用还能使课程内容更加贴合学生的兴趣和需求。通过分析学生的学习偏好和反馈，教师可以调整教学策略，设计更具吸引力的教学内容，激发学生对外语学习的兴趣，也鼓励学生主动参与学习过程，提高自主学习的意识和能力。

## 第二节　大数据技术驱动下高校外语教学的发展转向

### 一、由线性思维向系统思维转变

大数据不仅是一种技术，更是一种革命性的思维。大数据思维基于对海量数据的理解和分析，追求效率和洞察力。正如奥地利数据科学家维克托·迈尔-舍恩伯格（Viktor Mayer-Schönberger）所强调的，大数据引发了人们思维方式的重大变革：它倡导利用全部数据而非仅仅依赖于抽样样本；接受数据的混杂性，而不是过度追求数据的精确性；更加关注数据之间的相关性，而非单纯寻求因果关系。[①] 基于大数据的高校外语教学将由线性思维向系统思维转变。

（一）线性思维

线性是数学上用来描述不同型数关系的概念。所谓线性，指的是变

---

[①] 维克托·迈尔-舍恩伯格、肯尼斯·库克耶：《大数据时代：生活、工作与思维的大变革》，盛杨燕、周涛译．浙江人民出版社，2013，第29页。

量之间存在正比例关系，即一个变量的变化会机械性地导致另一个变量成比例地变化，这种关系在直角坐标系中表现为一条直线。线性思维借鉴了这种数学思想，强调直线、单向的逻辑规则和既定秩序。在线性思维模式下，人们倾向于遵循一种确定的思维轨迹，通常是单一方向的，且通向预设的、唯一的结果。这种思维方式在处理简单、明确的问题时显得非常有效，例如：在确定性的环境中，根据已知条件推断结果，或从部分现象推测整体。然而，在复杂多变的现实世界中，单纯依赖线性思维往往难以捕捉事物的多维性和复杂性。例如：现实世界中的很多问题并非简单的因果关系，而如众多因素交织的复杂网络。在这些情况下，线性思维可能导致人们视野狭窄和解决问题的局限性。在线性思维模式下，高校外语教学往往强调以教师为教育"内核"，较易对学生作出单一性评价。

### （二）系统思维

系统思维作为一种辩证且复杂的思维方法，正在逐渐成为现代社会中人们理解和解决问题的主导思维方式。不同于线性思维的单一性和片面性，系统思维强调整体性、开放性、关联性、动态性和创新性。这种思维方式鼓励人们从全局的视角出发，多角度、全方位地分析和理解问题，有效地避免了线性思维中的以点带面、以偏概全的思维局限。系统思维的优势在于其能够更全面地捕捉和反映复杂系统的多元性和动态性。在这种思维模式下，人们不再只是将复杂系统还原为简单的低级系统进行分析，而是尝试理解和揭示各个组成部分之间的相互作用和联系，以及这些联系如何共同影响整个系统的运作和发展。这种思维方法使得人们能够更深入地理解事物的内在逻辑和发展规律。随着信息化社会的发展，尤其是大数据技术的出现和成熟，系统思维的重要性日益凸显。大数据技术的应用不仅带来了海量的数据信息，而且提供了有效的工具和手段来分析和利用这些数据。这为系统思维提供了坚实的基础，使得人们能够更加全面和准确地还原事物的本来面目，理解其复杂性和系统性。

高校外语教学作为教育系统的一个复杂子系统，是由若干个要素组成的结构复杂的非线性系统，具有明显的系统性。这一系统性不仅体现在高校外语教学与外部环境之间的互动关系中，也反映在内部各子系统、各要素之间的复杂非线性联系，以及与同系统中其他子系统及高等教育体系的交互作用中。在这样的背景下，教育工作者的思维方式需要适应这种复杂性，变得更加整体、动态和开放。在数智时代的发展背景下，系统思维成为高校外语教学的一种重要需求。教师需要运用大数据系统思维，关注学生学习与教学内容、教学方法等各因素之间的非对称性关系。这不仅涉及理解学生的多样性和学习需求的复杂性，也包括探究教学策略和方法如何更好地适应这种多样性和复杂性。

### （三）线性思维向系统思维转变的全面性

大数据思维具有即时性、整体性、平等性、开放性、多样性和相关性等特征，认为自然界和人类社会都是纷繁复杂的。在大数据思维下，人们认识到，现实世界的事件和现象并非单一因素所能决定，也不完全遵循线性因果关系，而是由多种因素在不同层面上交织影响。大数据思维模式更加注重数据的整体分析和综合解读，强调在开放和动态的环境中探索事物之间的相关性，有效地弥补了传统思维中的简化和机械化缺陷，为理解和应对复杂多变的现代世界提供了更加科学和高效的思维工具。

随着大数据技术的广泛应用，教师在工作中逐渐形成对数据的深入认识，从经验性认识向规律性认识转变。这种转变使得外语教学不再仅仅依赖传统的教学经验，而是更多地依托于数据分析和科学决策。在这个过程中，思维方式的转变对于高校外语教学至关重要，其规范和引导着教师的教学思维，也反映了人们对于高校外语教学的理性认识。大数据时代下的思维转向，不仅是对高校外语教学工作有深层认识的必然表现，也是实现教学理论与实践科学化的必要条件。因此，高校应当重视利用大数据提升外语教师的系统思维能力。

## 二、由普适教育向个性化培育转变

普适教育模式因其统一的评判标准和对全体学生的一致要求，日益显得与学习主体的多样化需求、多维度成长和动态性学习现状不相适应。而个性化培育模式尊重每位学生的独特性和差异化发展，致力于满足学生的多层次和多样化发展需求。这种转变不仅体现了教育理念的更新，也是对学生个性化和综合发展的重视，符合新时代教育的发展趋势。

### （一）普适教育

普适教育又称为普及教育，是一种面向所有学生的教育模式，旨在提供标准化、统一化的教学内容和方法。在普适教育体系中，教育内容和教学标准通常是固定的，适用于所有学生，无论学生的能力、兴趣或学习风格如何。普适教育的核心目标是确保每个学生都能接受基础的、均衡的教育。在高校外语教学中，普适教育的应用具有一定的优点。首先，普适教育为所有学生提供了一个统一的学习标准和基准，有助于确保学生达到某个基本的学术水平。其次，普适教育能够高效地传授基础知识，对于当前的教育环境来说，这种方式能够节省资源并提高教学效率。然而，普适教育在高校外语教学中也存在缺点，如忽视了学生个体之间的差异，往往无法满足不同学生的个性化需求，特别是那些有特殊天赋或学习障碍的学生。

### （二）个性化培育

个性化教育不仅是尊重和发展个体与个性的教育思想，也是一种体现这些理念的教育实践。我国《国家中长期教育改革和发展规划纲要（2010—2020年）》中提出："关心每个学生，促进每个学生主动地、生动活泼地发展，尊重教育规律和学生身心发展规律，为每个学生提供适合的教育。"个性化培育遵循学生的个体差异性和成长规律，注重提供多样化的教育内容和实践活动，旨在培养学生的自主学习能力以及适应时代发展的各种能力，致力于挖掘学生的个体潜能，引导学生朝着全面、个性化、自由和健康的方向发展。个性化培育是马克思主义关于以人为本、人的全面自由发展理论的实践要求，它满足了大学生自我发展和自我实现的内在需求，同时也回应了国家和社会对多样性人才和创新型人才的需求。在新时代的背景下，个性化教育成为高校外语教学实现其目标和任务的本质要求。通过个性化培育，外语教学能够更加有效地促进学生的全面发展，为学生在未来的学术和职业生涯中打下坚实的基础。

在新时代背景下，高校外语教学正面临着学生个性日益突出和教育需求日趋多样化的挑战。个性化教学在这样的背景下显得尤为重要。外语教学个性化意味着教师在尊重每位学生个性差异的基础上，采用不同的教学方法和策略，以激发学生的主动性和创造性，实现教育活动的最终目标。在实施个性化外语教学时，教师应当先认识到每位学生都有其独特的学习需求和发展潜能。这要求教师在教学计划的制订上进行细致的分析和设计，以适应不同学生的需求。例如：为不同学生的学习能力、兴趣和目标定制不同的学习计划和材料，提供个性化推送的学习资源，实施自主化的学习路径和弹性化的评价方式。

### （三）普适教育向个性化培育转变的适应性

大数据在高校外语教学中的应用与教学的个性化需求内在契合，它为实现更精准的个性化教学提供了有效的途径。大数据的核心优势在于其对学生个性特征的精确捕捉、对数字资源的有效整合以及对学生思想和行为发展趋势的超前感知。通过利用大数据的优势，教师能够更好地了解每位学生的学习需求和兴趣点，从而提供定制化的教学内容和方法，为高校外语教学的个性化培育开辟新的路径。

第一，基于数据画像精准描绘教育对象的特征与需求。数据画像覆盖了学生的成长背景、学习习惯、性格特点、兴趣爱好、关注热点和个性需求等多方面信息。通过全面和系统的学生画像，高校外语教师可以更准确地理解学生的具体需求和特点，从而为每位学生量身定制更为合适的教学计划和方法。这种基于数据的个性化教学方式不仅能够提高教学效果，也能够激发学生的学习兴趣和潜能，促进学生的全面发展。

第二，基于数据聚类分析有效甄别学生的个体差异。基于精准的数据画像，大数据通过其先进的分类算法和聚类算法，能够根据学生的某些特征或属性将学生聚类成不同的群体。在此基础上，大数据可以在具有相似特征的学生群体之间建立关系图谱。这种基于数据的智能分类和分层分组，为高校外语教学提供了更为科学和有序的教学策略，使得教师能够根据不同学生群体的特点和需求，实施分阶段、递进式、层级化的教学和个性化培养。

第三，基于大数据促进多元化教育评价。利用大数据技术不仅能够动态且可视化地呈现个性化教育过程，还能对教育效果进行科学化的评估。这种技术使得外语教师能够及时感知学生的思想动态和行为发展趋势，进而及时调整教学方案，实现个性化精准培育的目标。

## 三、由认知培育向实践养成转变

对于大学生来说，理论知识如果不能有效转化为实践经验，其将难以深入理解和内化所学知识。因此，高校外语教育应重视理论与实践的结合，鼓励学生将所学知识应用于实际情境中，通过实践体验和反思深化对知识的理解。大数据技术在这方面发挥着重要作用，其可以跟踪和分析学生的学习行为，为教师提供关于如何更好地将理论知识融入实践的洞见。

### （一）认知培育

认知培育是一种以提高学生的认知能力为目标的教育方法，主要侧重于学生的思维、理解、记忆、解决问题和决策等认知过程的发展。认知培育方式致力于通过各种教学活动,如探究学习、问题解决、批判性思维等,来促进学生的认知发展和智力提升。认知培育方式的优点包括以下几点,如图4-4所示:一是提升思维能力。认知培育通过激励学生积极思考,提出和解决问题,来促进他们的批判性和创造性思维能力的提高。二是促进深层学习。认知培育鼓励学生理解概念背后的原理,促使学生进行深入的学习和理解。三是提高解决问题能力。然而,认知培育也存在一些缺点:一是资源和时间密集。认知培育方式往往需要更多的时间和资源来实施,如更小的班级规模、更多的教师培训和更丰富的教学材料。二是效果评估难度大。与传统的基于考试的评估方式相比,认知培育的效果更难以量化和评估。

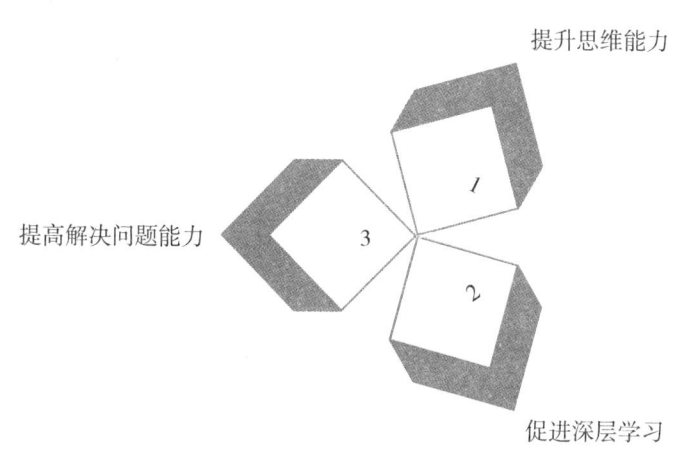

图 4-4 认知培育方式的优点

## (二)实践养成

实践养成是一种以实践活动为基础的教育方法,其核心是通过具体的实践经验来促进学生技能和知识的发展。实践养成方法强调"学以致用",即通过实际操作、实验、实习或其他形式的实践活动,让学生将理论知识转化为实际操作能力。实践养成教学方式通常涉及诸如项目式学习、实验室工作、实地考察、工作坊等形式,使学生在真实或模拟的工作环境中学习和成长。与认知培育相比，实践养成教学方式的一个重要特点是它更多地侧重于"做"而不仅仅是"想"。认知培育侧重于提高学生的思维能力和理解力，但实践养成更加强调技能的实际应用和操作实践。

实践养成教学方式的优势主要包括以下几个方面：一是强化应用能力。通过实际操作，学生能够更好地理解理论知识如何在实践中应用，增强学生的实际操作能力。二是培养解决问题技能。在实践中遇到的挑战和问题促使学生发展解决实际问题的能力。三是增强就业竞争力。实践经验为学生的职业生涯打下了基础，增强了学生的就业竞争力。然而，实践养成教学也存在一定的挑战，例如：对资源和设施的需求可能较高，且需要合适的实践场所和机会，以及教师的专业指导。

### （三）认知培育向实践养成转变的实效性

大数据技术在大学外语教学中的应用，极大地促进了教育内容从理论思辨向学生生活实践的拓展。通过对大数据的全面采集与分析，教师能够获得关于学生在课内外、线上线下生活的全面信息，这不仅包括学生的学习表现，还包括学生日常行为和社交互动，以便教师能更深入地理解学生的实际需求和行为模式，从而将教学内容更好地与学生的日常生活和实践经验相结合。大数据的运用使教师不仅关注学生"怎么想"，也关注学生的实际行动，即"怎么做"。这种转变帮助教师从学生的言行中提取信息，以更有效地了解和引导学生。在这一过程中，学生被鼓励将所学知识应用于实际生活中，实现知行合一，增强学习的实用性和生动性。大数据的应用在教学实践中促进了教学内容与现实世界的紧密联系。通过对大量的实时数据进行分析，教师能够将最新的社会热点、文化趋势和实际案例引入课堂，使得教学内容更具时代感和现实意义。这种教学方法不仅增强了学生学习的兴趣，也为他们提供了更加广阔的视野和对社会更深入的理解。

## 四、由需求侧适应向供给侧发力转变

供给侧和需求侧是经济学领域的专业术语，是市场经济内在关系的两个重要方面。两者作为矛盾的双方，相互联系、相互影响，是既对立又统一的辩证关系。这两方面在教育领域中表现为教育供给与教育需求。特别是在高校外语教学领域，理解和平衡这两方面的关系变得尤为重要。在新时代的背景下，高校需要深入理解并重视大学生日益多样化和复杂化的需求。学生的需求不再仅限于传统的知识和技能学习，而是扩展到了更为个性化和多元化的领域。在这种情况下，高校外语教学应注重提升教育供给的质量和效率。这意味着高校外语教学不仅要准确识别学生的真实需求，还要创新教育内容和方法，以更好地满足这些需求。例如：结合大数据分析学生的学习行为和偏好，设计更具吸引力和实用性的教学内容；引入跨学科和实践性学习项目，以增强学生的综合能力等。

### （一）需求侧适应

在新时代的高校外语教学中，需求侧适应具有一定的局限性。这种教学方法虽然在短期内能够激发学生的学习积极性并取得一定成效，但由于过分专注于满足学生的即时需求和偏好，可能导致教育供给的质量和结构出现问题。需求侧适应的教学策略，如加大学习强度、创新教学载体、增设活动课等，虽然能够迅速响应学生的需求，但可能导致教育供给面临"供需错位"，结构失衡，忽视了教育本身应具备的深度和广度。这种仅聚焦于需求的教学方式，可能忽略了教育供给本身应有的深度和系统性，导致教学内容和方法的单一化，缺乏长远的规划和战略性考虑。因此，高校外语教学应当从需求侧的被动适应转向供给侧的主动发力。这意味着教育供给应当更加注重教学内容和方法的系统性、创新性和前瞻性，而不仅仅是迎合学生当前的需求。

## （二）供给侧发力

在当代教育领域，特别是在高校外语教学中，供给侧结构性改革思维的引入正逐渐成为一种重要的创新理念。这种思维模式强调从"供给端"出发，通过提升供给能力、质量和效率，来引领和满足学生的需求，并激活教学工作的内生动力。这种供给侧发力的策略包含了三个核心逻辑向度，如图4-5所示：问题导向、目标导向和需求导向。第一，问题导向意味着在外语教学的供给改革中，教师需要关注和解决教学过程中存在的具体问题。例如：通过分析学生学习外语时的困难和障碍，制定针对性的教学策略和辅导计划，以提高教学的有效性和学生的学习效率。第二，目标导向强调教学供给改革应围绕明确的教学目标进行。这意味着教师需要根据外语教学的长远目标，如提升学生的语言运用能力、跨文化交际能力等，设计和实施教学计划。这种目标导向的策略有助于确保教学活动不偏离其核心目的，同时为学生的全面发展提供支持。第三，需求导向则是在确保满足学生日常外语学习需求的基础上，不断调整和优化教学供给。这包括对学生的学习兴趣、学习风格和需求进行持续的分析和评估，从而确保教学内容和方法既符合学生的实际情况，又能够有效地促进学生的学习。

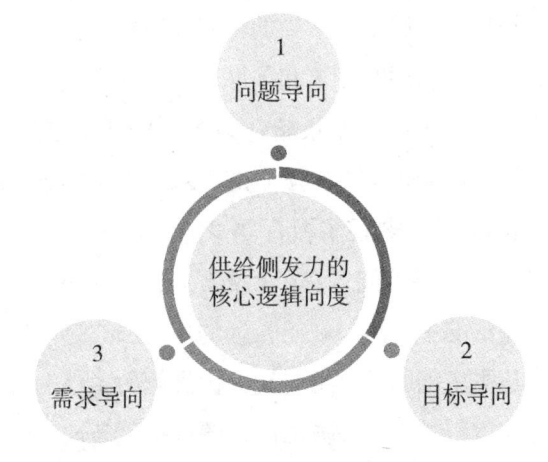

图4-5 供给侧发力的核心逻辑向度

### (三) 需求侧适应向供给侧发力转变的精准性

作为一种新方法和新技术，大数据的核心价值在于其能够从海量的数据中快速提取高价值信息，为教学决策提供科学和精准的依据。大数据通过强大的信息采集和分析能力，能够便捷、直观地捕捉到教育对象的特点和需求，这对于精准定位学生的学习需求至关重要。此外，大数据的应用还助力于教育资源的网络化共享、集约化整合、协作化开发和高效化利用。在高校外语教学中，利用大数据可以实现教学资源的优化配置，提升教育内容的相关性和实用性。这不仅有助于提高教师的教学质量，还能够促进学生的个性化学习和全面发展。

大数据的应用正在深刻地改变高校外语教学的供给服务。这种变革不仅仅是技术层面的革新，更是教育理念和方法的根本转变。利用大数据，可以构建一个高效、自动、智能、快速且精准的教育供给服务体系，从而推动高校外语教学由传统的被动式、碎片式和粗放式教学，向数据驱动的主动推送式、整体化和精准化教育方向转变。大数据技术使得教育工作者能够精准识别教育对象的需求。通过分析学生的学习行为、成绩、兴趣和反馈，教师可以更准确地了解学生的学习需求和偏好，从而为学生提供更加个性化和具有针对性的教学。这种基于数据的精准识别，为优化教育供给资源、研发教育供给产品、制定教学方案提供了科学依据。

## 第三节 大数据技术驱动下高校外语教学的基本原则

大数据技术的引入为高校外语教学提供了强有力的数据支持，从而使得教学方法、学习内容和评估方式都能更加精确和个性化。为了充分发挥大数据技术对高校外语教学的辅助作用，在实际教学中应遵循以下原则，如图4-6所示。

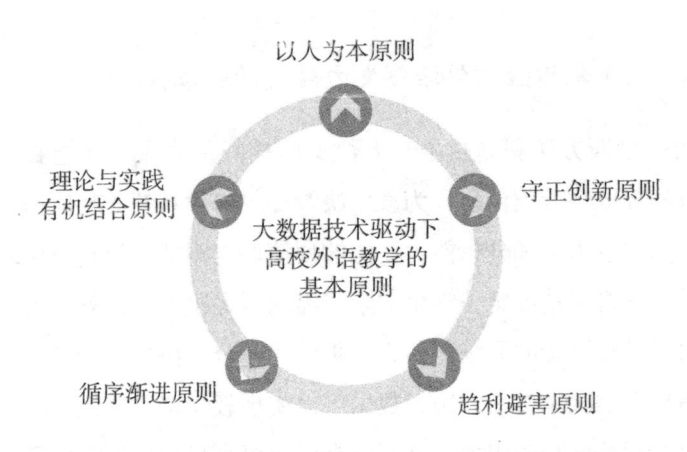

图 4-6 大数据技术驱动下高校外语教学的基本原则

## 一、以人为本原则

在数据技术驱动下的高校外语教学中，以人为本原则强调教学活动应围绕学生的需求和发展进行，旨在提升学生的外语能力和综合素质，同时尊重并发挥每位学生的主体性和个性。

一方面，以人为本原则要求教育内容和方法能够满足学生的多样化需求。在数据技术的帮助下，教师可以通过对学生的学习行为、成绩、兴趣等数据的分析，了解学生的具体需求和偏好。这种了解使得教师能够为学生提供更个性化的学习材料和教学方法，如设计适合不同学习风格的课程内容，提供多样化的学习资源，以及实施灵活多变的教学策略。这样，学生不仅可以在舒适的环境中学习，还能够根据自己的兴趣和能力获得最好的学习效果。另一方面，以人为本原则强调数据技术驱动下的高校外语教学要重视学生的全面发展。这不仅包括对学生的外语技能的培养，还包括对学生的批判性思维、创造性思维和跨文化交际能力的培养。通过数据分析，教师可以更好地把握学生的学习进度，进而能够及时调整教学内容，使之不再局限于语言知识的传授，而是更多地涉及语言应用、文化理解和沟通技巧的培养。这种教学方法有助于学生形成良好的语言沟通能力，为其未来的学术和职业发展奠定坚实基础。

此外，以人为本原则还强调在利用大数据技术创新高校外语教学时，要尊重学生的个体差异。在数据技术支持的教学环境中，每位学生都被视为独特的个体，其学习路径和进度可以根据个人特点进行调整。教师可以利用数据分析识别每位学生的学习特点，如学习动机、学习目的和偏好等，从而为学生提供更为个性化的指导和支持，充分尊重学生个性差异。

## 二、守正创新原则

在大数据技术驱动下的高校外语教学中，守正创新原则旨在平衡传统教学与现代教学的优势，确保教学内容的科学性和时代性的同时，推动教学方法和手段的革新和发展。

"守正"部分主要体现在以下两方面：一方面，守正原则要求教师在教学中遵循语言学习的基本原则。这包括对语言基础知识进行系统的教学，如语法、词汇、发音等，以及通过各种练习和活动提升学生的听说读写技能。这些基础教学不仅是学习外语的起点，也是确保学生能够在更高层次的语言应用中取得成功的关键。另一方面，守正原则体现在对教育伦理的尊重上。在运用大数据技术时，教师需要特别注意保护学生的个人信息和隐私。这包括在收集、存储和分析学生数据时采取适当的措施，确保数据的安全性和合法性，防止数据被滥用或泄露。

"创新"部分强调利用大数据技术推动教学方法和手段的革新。首先，大数据技术使得个性化教学成为可能。通过分析学生的学习行为、成绩、兴趣等数据，教师可以深入了解每位学生的学习需求和偏好。这种了解使得教师能够为每个学生量身定制教学计划，提供适合学生的学习材料和活动。例如：对于那些在特定语言技能上有困难的学生，教师可以提供额外的资源和练习来帮助他们提升；对于那些表现出对某一文化领域感兴趣的学生，教师可以整合相关的教学内容以增强其学习体验。其次，大数据的应用促进了教学内容的实时更新和优化。教师可以利用数据分析来识别教学内容和方法的有效性，及时调整教学策略以适应学生的学习进度。这种灵活性和适应性不仅提高了教学效果，也使教学内容更加符合当前的教育趋势和学生的实际需求。最后，大数据推动了高校对新教学模式的探索。翻转课堂、在线教学和混合式学习等新型教学方法在大数据技术的支持下得以有效实施。例如：翻转课堂允许学生在课外通过在线资源自主学习，而课堂时间则用于讨论和实践，这样的模式使得学生的学习过程更加高效。同时，大数据技术还与人工智能、虚拟现实等前沿科技相结合，在提升教学互动性方面发挥了重要作用。

### 三、趋利避害原则

在大数据技术驱动下的高校外语教学中，趋利避害原则强调教师在利用大数据技术的同时，要充分认识到其潜在的优势和风险，从而在提升教学效果的同时，尽量避免可能带来的负面影响。

在"趋利"方面，大数据技术在外语教学中的应用可以带来诸多好处。大数据技术能够提供大量的教学资源和数据，帮助教师更好地了解学生的学习状况和需求，从而进行更加精准的教学设计。例如：通过分析学生的学习习惯、成绩和反馈，教师可以为学生量身定制更符合他们个人需求的学习计划。此外，大数据还可以帮助教师及时调整教学策略，确保教学内容与学生的兴趣和时代发展趋势相匹配。在教学方法方面，大数据支持的数据分析可以促进教师对新教学模式的探索，如翻转课堂、在线教学等，提高教学的互动性和效率。外语教师要充分发挥大数据技术的优势，使之更好地服务于外语教学。

在"避害"方面，大数据技术的应用也存在一定的风险和挑战。其中比较突出的是数据安全和隐私保护问题。在收集和使用学生数据的过程中，必须确保数据的安全性和隐私性，防止数据泄露和滥用。此外，对数据的过度依赖可能导致对教育本质的忽视。教师需要警惕仅仅依靠数据驱动的教学方法，而忽视了教育的人文关怀和教育伦理。此外，大数据分析可能存在偏见和误解，因此在解读数据时需要谨慎，避免基于数据的错误决策。

### 四、循序渐进原则

循序渐进原则强调高校外语教师在大数据技术的应用过程中，应当按照一定的顺序和步骤，逐步推进，以确保技术的有效整合和教学目标的顺利实现。

第一，循序渐进原则意味着在大数据技术应用的初期，教师应该从基础开始，逐步掌握和运用相关的技术。这可能包括对大数据概念、工具和方法的基本了解，以及如何将这些技术应用于外语教学的初步实践。这一阶段的重点应放在了解大数据如何帮助改善教学效果和提高学生学习效率上，而不是立刻进行全面的技术整合。例如：教师可以先从利用学生的学习数据来分析学生的学习习惯和成绩开始，逐渐扩展到更复杂的数据分析和应用中。

第二，循序渐进原则强调在大数据技术应用的过程中，教师要逐步提升技术的整合程度和扩大其应用范围。随着教师对大数据技术的熟悉和掌握，其可以逐渐将更高级的数据分析方法和工具引入教学中。这包括利用数据挖掘技术来发现学生学习的深层次模式和趋势，使用预测分析来指导教学计划和进行资源配置等。同时，教师也可以将大数据技术与其他技术如人工智能、虚拟现实等结合，以创造更为丰富和互动的学习体验。

第三，循序渐进原则强调在引入大数据技术的过程中，教师要充分考虑教学内容的适宜性和学生的接受能力。这意味着教师在设计基于大数据的教学活动时，应确保内容符合学生的学习水平和兴趣。随着学生对大数据驱动的教学方式的适应，教师可以逐渐引入更为复杂和具有挑战性的内容，以促进学生的深入学习和全面发展。

## 五、理论与实践有机结合原则

在大数据技术驱动的高校外语教学中，理论与实践有机结合原则强调，高校外语教学应当将语言学习的理论基础与实践应用紧密结合，以确保学生不仅能够掌握外语理论知识，而且能够有效地将其应用于实际语境中。

首先，大数据技术的引入为理论与实践的结合提供了新的可能性。通过分析和处理大量的语言使用数据，教师可以为学生提供更加丰富和真实的语言学习材料。这些材料既包括语言结构、语法规则等理论知识，也包括具体的语言使用实例、对话场景。例如：教师可以利用真实的语料库来教授学生特定的语言结构，然后通过模拟对话或角色扮演等活动让学生在实际语境中运用所学知识。其次，理论与实践有机结合原则强调教师在教学设计中要兼顾理论教学和实践训练。这意味着外语教学不仅要注重语言知识的传授，还要设计丰富的语言实践活动，如口语练习、写作任务、文化交流等，以促进学生的综合语言能力发展。在这个过程中，大数据技术可以帮助教师跟踪和分析学生的学习进度和效果，从而及时调整教学方法和内容，确保理论与实践的有效结合。最后，理论与实践有机结合原则强调教师应不断反思和评估大数据技术在教学中的应用效果。这包括考察技术应用是否能真正帮助学生更好地理解外语理论，并将其应用于实际语言使用中。教师可以定期收集学生的反馈，分析学习成果，以确保技术的应用既符合教学目标，又符合学生的学习需求。

## 第四节 大数据技术驱动下的高校外语教学的实践路径

在互联网和大数据的助力下，外语学习已突破了时间和空间的限制。学生可以利用各种网络化教学平台，实现线上与线下教学的无缝对接。在高校外语教学中，基于智能学习平台的教学可分为三个阶段：课前、课中和课后。课前，学生通过平台接触新知识，进行自主学习；课中，教师利用平台的交互功能，与学生进行实时互动，加深理解；课后，学生可在平台上复习巩固知识，并与同学进行在线讨论。本节将从课前、课中和课后3个环节对基于外语智能学习平台的高校外语教学进行简要阐述，并对其数据分析功能进行简要说明。

## 一、教学模式

教师在正式授课前需要做好备课工作，学生在上课前需要做好预习工作。在传统的教学模式中，教师在备课时面临教学资源有限等问题，通常需要依赖自身经验来准备教学内容。随着外语智能学习平台的出现，这一局面得到了显著改变。在大数据和网络环境的支持下，外语智能学习平台为教师和学生提供了智能化的备课和预习方式，使得教学准备变得更加高效和系统。外语智能学习平台的设计者深知许多外语教师在信息技术方面可能缺乏经验，因此特别在平台中内置了丰富的资源库，其中包含各类教学资料和工具，供教师挑选和使用，从而减轻了教师的备课负担。同时，学生能通过外语智能学习平台，进行针对性的预习，有效提高学习效率。此外，外语智能学习平台还提供了多种预设的教学模式供教师参考和选择，包括问答模式、授课模式、自学模式和合作模式，如图4-7所示。其中，问答模式侧重于师生互动，启发学生思考；授课模式以教师为中心，强调系统性教学；自学模式注重学生的自主学习；合作模式倡导互教互学的合作教育方式。教师可以根据课程内容和学生特点，在课前选择最适合的教学模式，为高效课堂做好准备。对于学生而言，其可以在课前自主预习教材，并通过平台接收教师下发的资源。学生还可以结合自己从网络上搜索的资料，更深入地理解教学内容，攻克学习难点。

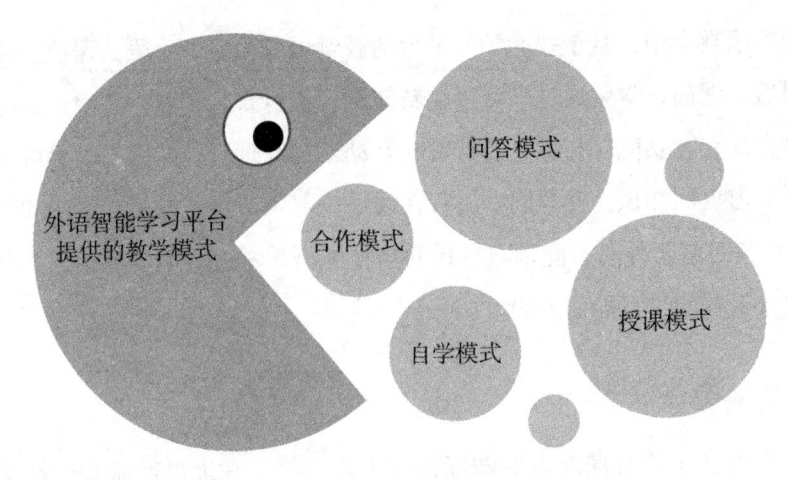

图 4-7　外语智能学习平台提供的教学模式

在外语智能学习平台支持的教学过程中，教师根据课前确定的教学模式进行教学，开展各种教学活动，包括微课讲解、学生互动问答、在线测试、即时点评以及课堂总结等活动，给学生带来全面而丰富的学习体验。微课讲解允许教师通过简短视频或演示快速传授知识点，问答环节则促进师生互动，增强学生的参与感。在线测试和即时点评环节帮助教师实时评估学生的学习效果，课堂总结可以让学生对学习内容有一个完整的回顾和理解。在这一系列教学活动中，智能学习平台不仅能够实时收集教学过程中的各种数据，如学生互评、答题情况等，还能让教师随时掌握每位学生的学习状态和进展。这种实时的数据收集和反馈机制为教师提供了即时的教学调整依据，使得教学更加精准和高效。课程结束时，智能学习平台会自动分析学生的课堂表现数据，如问题回答的频率和正确率，从而生成一份详细准确的课堂总结报告。这样的报告不仅对教师了解学生的学习效果有重要帮助，也为学生提供了反馈，帮助他们了解自己的学习情况，为学生进一步的学习提供指导。

## 二、数据分析功能

课后阶段是学生对所学知识进行消化和巩固的关键阶段。在这一阶段，学生需要完成教师基于课堂总结在外语智能学习平台上布置的作业。学生也有机会就课堂上未能理解的问题向教师进行线上咨询，从而解决学习中的疑惑。教师在这一阶段不仅可以在平台上批改和点评学生的作业，还可以利用平台提供的数据分析功能，深入了解学生的学习情况，如作业完成质量、学习进度等。这种基于数据的评价方式使得教师的反馈更加客观和精准，有助于学生更好地理解和掌握知识点。外语智能学习平台为学生的课后学习提供了极大的便利，不仅简化了师生之间的交流过程，也为教师监督和管理学生的学习提供了有效工具。此外，平台还能对整个学习过程，包括课前准备、课中互动和课后复习的所有数据进行综合分析，为教师的教学方法和学生的学习策略提供了智能化的建议，进一步提高了教学和学习的效果。

### （一）基于大数据的教学分析

#### 1. 对学生学习轨迹的数据分析

外语智能学习平台记录了学生使用平台进行学习的数据，这些数据主要包括四方面内容，分别为学生的使用情况、课堂测试及互评讨论情况、学习资源浏览情况以及作业完成情况，如图4-8所示。

**图4-8 外语智能学习平台的数据**

学生的使用情况数据包括学生的登录时间、退出时间和在线时间。这些信息能够反映出每位学生的学习时间段和学习时长。例如：一些学生可能更倾向于晚上学习，而另一些则可能喜欢早上学习。通过分析这些数据，教师可以了解学生的学习习惯，从而更好地安排课程内容和课后作业。此外，对于学习时长较短或频繁登录的学生，教师可以进行个别指导，帮助他们制订更为合理的学习计划。

课堂测试及互评讨论情况的数据包括测试题目、点评次数、被点评次数和讨论次数等。这些数据不仅反映出学生对所学知识的掌握程度，还体现了学生的学习态度和课堂参与度。通过分析这些数据，教师可以识别出需要额外辅导的学生，针对性地提供帮助。同时，互评和讨论次数的多少也能反映出学生的积极性和合作能力，教师可以据此鼓励学生更加积极地参与课堂讨论，提高学生的交流能力和批判性思维能力。

学习资源浏览情况，包括资源类型和浏览次数等，可以帮助教师了解学生的兴趣点和偏好。不同的学生可能对不同类型的学习资源有不同的反应。有些学生可能更喜欢视觉图像资料，而另一些则可能偏好文字资料。通过分析这些数据，教师可以调整教学资源，以满足不同学生的需求，从而提高教学效果。

作业完成情况，包括作业名称和完成时间等，是评估学生学习情况的重要数据。这些数据不仅能够反映出学生的作业质量，还能帮助教师了解学生的学习态度和时间管理能力。对于经常迟交作业或作业质量较差的学生，教师可以进行个别指导，帮助学生改进学习方法，提高时间管理技巧。

外语智能学习平台收集的这些数据，不仅能单独分析，还可以进行综合分析，为教师提供更全面的学生学习状况报告。通过这些数据，教师能够对学生的学习过程进行整体评估，包括学习习惯、知识掌握程度、参与度、兴趣点和学习态度等多个方面。这种综合性的分析有助于教师为学生制订个性化教学计划以及及时调整教学策略。

2. 对学生课后作业完成情况的分析

课后作业是外语学习中一个不可或缺的部分，它不仅能帮助学生巩固课堂上学到的知识，还是评估学生外语掌握程度的重要工具。在外语智能学习平台中，学生作业的完成情况能够被详细记录和分析，这对教师来说是十分重要的。通过这些数据，教师可以清晰地看到每位学生的作业完成情况，包括作业的完成质量、提交时间以及对作业要求的理解程度等。这些信息对于教师来说非常重要，因为它们可以直观地反映出学生对所学外语知识的掌握程度。在分析作业完成情况时，教师可能会发现学生之间存在明显的差异，这些差异通常暗示着不同的学习问题，如外语基础薄弱、学习态度不端正或者其他个人问题。对于这些需要额外关注的学生，教师可以利用平台提供的数据进行更深入的分析，识别他们学习上的具体困难。例如：一些学生可能在特定的语法或词汇上遇到困难，而其他学生可能在时间管理或学习动力方面存在问题。有了这些具体的信息，教师就能够更有效地对这些学生进行个性化的帮助和引导。教师可以提供额外的辅导资源，调整教学策略，甚至对学生进行一对一的辅导，帮助这些学生克服学习障碍，提高外语水平。

3. 对学生知识点掌握情况的分析

在整体层面，大数据技术的应用能够帮助教师全面了解一个教学班级的整体学习情况。通过汇集和分析所有学生在课堂练习、课后作业、随堂测试等方面的数据，教师可以获得班级对特定知识点的掌握程度的整体视图。这种分析可以揭示学生在学习过程中存在的共性问题，利用这些信息，教师可以有针对性地调整教学方法和进度。例如：如果数据显示大多数学生对某个语法知识掌握不牢固，教师可以重新讲解该知识点，安排更多相关练习，或者提供额外的学习材料。此外，大数据分析还可以揭示教学方法的有效性，帮助教师评估和改进他们的教学策略。在个体层面，大数据技术为教师提供了更深入的学生个体学习行为和成绩的洞察。教师可以通过分析个别学生在各项活动中的表现，识别出学生的强项和弱点，为教师进行个性化的指导提供依据。例如：如果某个学生在口语练习中表现出色，但在书面作业中表现不佳，教师可以为该学生提供更多书面表达的练习，并提供相应的指导。同样，数据分析还可以帮助学生进行自我评估，了解自己的学习进度和薄弱环节，从而更有针对性地学习和提高。

### （二）基于大数据的教学评价

大数据可以帮助教师建立更全面客观的评价体系，不仅能帮助教师全面监控学生的学习过程，还能提供深入的分析，揭示学生学习中存在的具体问题和薄弱环节。

首先，外语智能学习平台使教师能够实时监控学生的学习活动，包括学生在平台上的参与度、交互频率、作业完成情况以及测试成绩等。这些数据不仅涵盖了量化信息，如成绩和时间，还包括质化信息，如学生对特定课程内容的反应和理解程度。例如：通过分析学生在单词记忆测试中的表现，教师可以了解学生对词汇的掌握程度；通过评估学生对课文内容的理解情况和语法练习的成绩，教师可以判断学生在语法和阅读理解方面的能力；而长句和难句的理解与运用情况则直接体现了学生对更高级语言技能的掌握程度。

其次，通过对数据的分析，教师能够识别出学生在学习过程中可能遇到的具体问题。大数据技术在此发挥着关键作用，它不仅可以揭示普遍的趋势和问题，还可以通过模式识别等方法揭示个别学生特有的学习难点，以便教师能够有针对性地调整教学内容和方法，强化学生在外语学习中的薄弱环节。例如：对于那些在单词记忆上表现不佳的学生，教师可以为其提供更多的词汇练习，或者帮助学生掌握一些记忆技巧。对于在理解难句方面存在问题的学生，教师则可以通过为其提供更详细的解析和练习题来提高他们的理解能力。

最后，基于数据的评价体系不仅有助于教师优化教学方法，还能促使学生自我反思和改进学习策略。学生可以通过平台获得关于自己学习状态的反馈，理解自己的强项和弱点，并据此调整学习方法。与传统的基于经验的评价体系相比，基于数据的评价标准更为客观、全面，更能准确地反映学生的学习状况。这种评价方式不仅有益于教师提高教学效果，也能真正提升学生的学习质量。大数据技术的应用在这一过程中起到了至关重要的作用，大数据技术的应用使得外语教学更加精准、高效，同时也更加符合学生的个性化学习需求。

# 第五章　人工智能技术驱动下的高校外语教学变革

## 第一节　人工智能技术概述

### 一、人工智能的概念

人工智能的定义可以划分为两部分，即"人工"和"智能"。"人工"指的是由人类设计和制造的系统。"人工"的定义涵盖了关于人类能力的范畴，如人类是否具备足够的智能去创造人工智能系统。尽管有关人类能力的讨论可能会有所不同，但"人工"本质上是指人类创造的系统，这一点通常不会引起太大的争议。关于"智能"的定义，目前面临着许多争议，这不仅涉及智力本身，还涉及意识、自我认识和思维等更深层次的议题。目前，人类对"智能"的认识主要基于对自身智能的理解，但对自身智能的理解较为有限，对智能组成元素的理解也具有一定的局限性。因此，在讨论由"人工"制造的"智能"时，人们往往会陷入困境。

斯坦福大学的首席临床教授尼尔斯·约翰·尼尔逊（Nils J. Nilsson）强调人工智能是一门关于知识的学科，其主要探究如何表示、获取以及使用知识。[①] 而美国麻省理工学院计算机科学教授帕特里克·亨利·温斯顿（Patrick Henry Winston）认为，"人工智能就是研究如何使计算机去做过去只有人才能做的智能工作。"[②] 结合这两位学者的观点，可以看出人工智能是一门研究人类智能活动规律，构造具有一定智能的人工系统，研究如何让计算机去完成以往需要人的智力才能胜任的工作的学科。

人工智能作为计算机科学的一个重要分支，自20世纪70年代以来，一直被视为世界三大尖端技术之一，与空间技术和能源技术齐名。进入21世纪，它继续保持领先地位，与基因工程和纳米科学一起被认为是21世纪最重要的技术领域。在过去的三十年中，人工智能经历了快速的发展，不仅在理论上取得了显著进展，而且在实践应用中也展现了巨大的潜力。现如今，人工智能已经应用于多个学科和领域中，从数据分析、机器学习、自然语言处理到机器人技术，其影响和成就日益显著。这种广泛的应用不仅证明了人工智能的实用价值，也推动了该领域向更加成熟和系统化的方向发展。

人工智能是一门集多学科于一体的领域，旨在通过计算机来模拟人类的思维过程和智能行为，如学习、推理、思考和规划等。人工智能的研究和发展涉及计算机科学、心理学、哲学、语言学等多个学科领域，几乎包括了自然科学和社会科学的所有学科。这种跨学科的特性使得人工智能的范围远远超出了纯粹的计算机科学，成为一个复杂且多维的研究领域。

人工智能与思维科学之间的关系可以理解为实践与理论的关系。人工智能是思维科学的一个技术应用层面，它作为思维科学的一个应用分支，将理论转化为具体的技术实践。在人工智能的发展中，逻辑思维是基础，但为了实现更大的突破，还需要融入形象思维和灵感思维等多元思维方式。这种多元思维的融合是促进人工智能发展的关键。同时，数学作为

---

[①] 尼尔逊：《人工智能原理》，石纯一译，科学出版社，1983，第8页。
[②] 帕特里克·温斯顿：《人工智能（第3版）》，崔良沂、赵永昌译，清华大学出版社，2005，第1-2页。

多种学科的基础科学，其在人工智能领域扮演着至关重要的角色。数学不仅在标准逻辑和模糊数学等方面发挥作用，而且是人工智能发展不可或缺的工具。数学的应用使得人工智能能够处理更复杂的问题，并促进了其更快的发展。

## 二、人工智能的发展历程

1956 年，人工智能作为一门新兴学科被正式提出，自此之后，其获得了飞速发展，并在其他不同领域取得突破性进展。人工智能的发展历史可以大致划分为五个阶段，如图 5-1 所示。

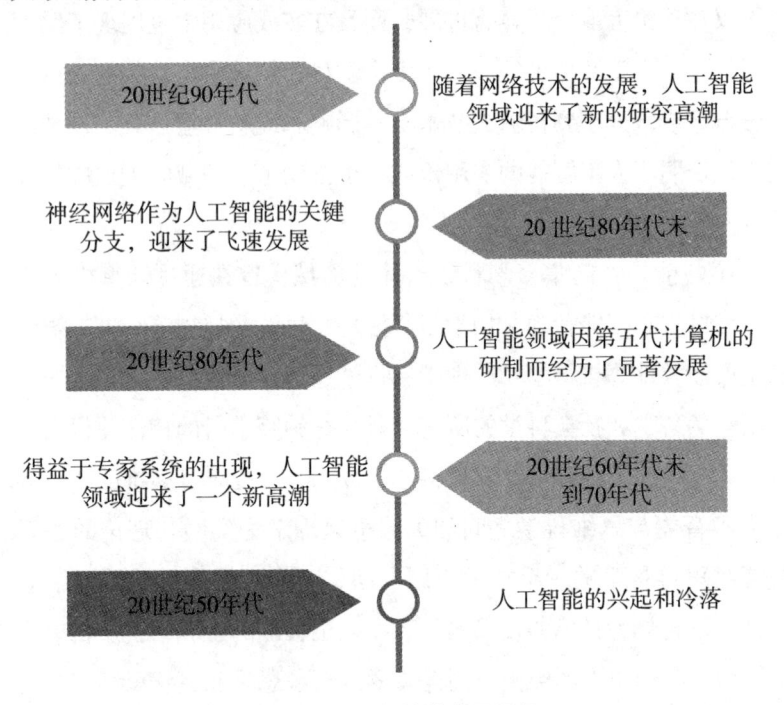

图 5-1 人工智能的发展历程

第一阶段：20 世纪 50 年代，人工智能的兴起和冷落。人工智能概念在 1956 年被首次提出后，取得了一些显著的成果。这包括机器定理证明、跳棋程序、通用问题求解程序，以及 LISP 语言——一种专为 AI 研究设计的表处理语言。这些成就在当时被人们视为人工智能领域的重要突破，为后续的发展奠定了基础。然而，这一时期也面临了重大的挑战。由于早期的人工智能系统在推理能力方面存在限制，特别是消解法推理的局限性，以及机器翻译等项目的失败，人工智能领域经历了一段低谷期。这些挑战揭示了早期人工智能研究的一个关键问题：过分重视问题求解方法，而忽视了知识的重要性。

第二阶段：20世纪60年代末到70年代，得益于专家系统的出现，人工智能领域迎来了一个新的高潮。专家系统的研究和开发，如DENDRAL化学质谱分析系统、MYCIN疾病诊断和治疗系统、PROSPECTIOR探矿系统、Hearsay-II语音理解系统，标志着人工智能从理论研究逐渐转向了实际应用。这些专家系统在各自的领域实现了新的突破，展示了人工智能在解决特定领域问题上的巨大潜力。此外，1969年国际人工智能联合会议的成立，为全球的人工智能研究者提供了一个交流和合作的平台，进一步推动了人工智能技术的发展和普及。这一时期的成就为人工智能的未来发展奠定了坚实的基础，开启了人工智能走向成熟和广泛应用的新篇章。

第三阶段：20世纪80年代，人工智能领域因第五代计算机的研制而经历了显著的发展。1982年，日本启动了"第五代计算机研制计划"，也被称为"知识信息处理系统（KIPS）"。该计划的主要目标是提高逻辑推理的速度，使其与数值运算的速度相匹配。尽管这个雄心勃勃的计划最终未能达到其预期目标，但在全球范围内激发了人们对人工智能研究的热情。这个时期的努力和尝试，虽然在某些方面未能完全成功，但却大大促进了人工智能技术的探索和发展，为后续的研究和应用提供了重要的经验和启示。

第四阶段：20世纪80年代末，神经网络作为人工智能的一个关键分支，迎来了飞速发展。1987年，美国举办的第一次神经网络国际会议，标志着这一新学科的正式诞生。随后，全球各国开始加大对神经网络研究的投资，推动了神经网络技术的快速发展。神经网络的进步不仅在理论上取得了重大突破，而且在实际应用中也显示出巨大的潜力，成为推动人工智能进步的重要力量。

第五阶段：20世纪90年代，随着网络技术的发展，尤其是国际互联网的兴起，人工智能领域迎来了新的研究高潮。在这一时期，人工智能的研究重点从单个智能主体转向了基于网络环境下的分布式人工智能。这种转变不仅涉及了基于共同目标的分布式问题求解，还包括了多个智能主体在多目标环境中的协同工作，使人工智能研究更加实用化。此外，Hopfield神经网络（递归神经网络）的提出，也大大促进了人工神经网络研究和应用的繁荣。Hopfield网络的提出为解决复杂的模式识别和联想记忆问题提供了新的思路和工具，推动了神经网络技术在更广泛领域的应用。这一时期的发展不仅加深了人工智能理论研究的深度，也拓宽了其在实际应用中的广度，使人工智能成为影响深远的科技领域之一。

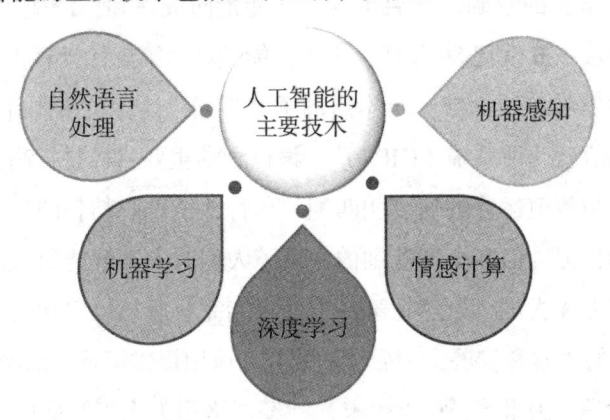

### 三、人工智能的主要技术

人工智能的主要技术包括以下几种，如图5-2所示。

图5-2 人工智能的主要技术

### （一）自然语言处理

自然语言处理（NLP）是人工智能领域的一个重要分支，它致力于使计算机能够理解、解释和生成人类语言。这项技术涉及语言学、计算机科学等，旨在缩小人类与机器之间的沟通鸿沟。自然语言处理的应用范围广泛，包括语义分析、文本生成、情感分析和机器翻译等多个方面。在语义分析方面，自然语言处理技术可以帮助计算机理解文本的含义，这在法律服务、数据挖掘、客户服务等领域特别有用。例如：在法律服务中，NLP可以帮助人类分析法律文件，识别关键信息和模式。在文本生成方面，通过分析大量的语料库，自然语言处理系统可以学习特定的文体和语言习惯，从而产生看起来像是人类编写的文本。随着深度学习和大数据技术的发展，自然语言处理在理解复杂语言模式和细微语义方面取得了显著进步。从简单的命令识别到复杂的情感分析和对话系统，NLP正在改变人类与技术互动的方式。在机器翻译中，自然语言处理主要用于将一种语言转换为另一种语言，同时尽可能保持原意。

## （二）机器学习

机器学习的基本思想是开发算法，这些算法可以从数据中学习和做出预测或决策。机器学习主要可以分为监督学习、无监督学习、半监督学习和强化学习等不同类型。

在监督学习中，算法通过训练数据集进行训练，这些数据集包含输入数据及其对应的正确输出。算法的目标是学习这些数据之间的映射关系，以便对新的、未见过的数据做出准确的预测。常见的应用包括图像和语音识别、电子邮件过滤和预测分析等。无监督学习主要处理没有标记的数据。算法尝试在数据中找到结构或模式，如通过聚类分析来识别相似的数据点。这在市场细分、社交网络分析和图像分割中特别有用。半监督学习结合了监督和无监督学习的元素，通常用于标记数据有限但未标记数据丰富时的情况。强化学习涉及算法（称为代理）在环境中进行试错，通过奖励或惩罚来学习最佳行为策略。这在游戏玩法、机器人导航和实时决策中非常有效。

机器学习的关键在于其计算能力，这正是人工智能的核心。随着数据量的增长和计算能力的提升，机器学习正在成为现代科技创新的驱动力之一。尽管存在一些挑战，如模型泛化、解释性和数据质量问题，机器学习在未来技术的发展中仍然扮演着至关重要的角色。

### （三）深度学习

深度学习是人工智能领域的一个关键技术，属于机器学习的一个分支。深度学习的核心是深度神经网络，这是一种模仿人脑处理信息方式的算法结构。深度学习通过多层次的非线性变换来处理和解释数据，这些层次通常被称为"隐藏层"，每一层都能从输入数据中提取不同层次的特征。深度学习的一个显著特点是它能够处理和识别大量复杂的数据模式。这使得它在图像识别、语音识别、自然语言处理和预测分析等领域表现出卓越的性能。例如：在图像识别中，深度学习算法可以识别和分类图片中的物体；在语音识别中，它可以转换和理解人类的语音指令。深度学习的另一个关键特点是它能够通过大量的数据自我学习和优化。这意味着随着训练数据的增加，模型的准确性和效率会不断提高。这种自我学习的能力使深度学习在处理大数据时尤为有效。

### （四）情感计算

情感计算指的是有关情感、情感的产生和情感变化的影响因素方面的识别运算技术。这项技术的核心在于使计算机能够识别、理解、表达以及适应人类的情感状态，以实现更自然、更有效的人机交互。情感计算的典型应用是情感识别系统，其可以在客户服务、教育、健康护理等多个领域提供支持。例如：情感识别技术可以帮助客服机器人识别客户的情绪，从而做出更合适的反应，提高服务质量。在教育领域，情感计算可以用来评估学生的情绪状态和学习动机，为教育工作者提供反馈。此外，情感计算还被应用于交互式娱乐、广告以及健康心理治疗等领域。通过理解用户的情绪，这些系统能够提供更个性化和更具吸引力的体验。

尽管情感计算取得了显著进展，但其仍面临一些挑战，如准确性、文化差异的适应性以及隐私和伦理问题。未来，随着技术的进一步发展，情感计算有望实现更高水平的智能和更和谐的人机交互。

### （五）机器感知

机器感知通过知觉传感器设备如摄像头、麦克风和激光雷达，使机器可以接收和理解来自外部世界的信息，从而对外部世界进行感知和判断。机器感知是模拟生物感官的一种尝试，旨在让机器能够更好地与环境互动。机器感知主要涵盖了计算机视觉和语音识别两个领域。

计算机视觉技术使机器能够"看到"并理解周围的环境。通过摄像头和雷达等设备，机器可以捕捉到外部环境的影像信息，并通过算法处理这些数据，以获取对周围场景的三维感知。这项技术在无人驾驶、机器人导航、安全监控和医疗影像分析等领域有广泛应用。计算机视觉不仅涉及图像的捕获和识别，还包括对图像中的物体、场景和活动进行理解和分类。语音识别技术使机器能够"听到"并理解人类的语音。通过麦克风等设备，机器可以接收语音信号，并将其转换为文本或指令。这项技术在智能助理、语音控制系统、客户服务和语音翻译等领域中得到了广泛应用。语音识别不同于自然语言理解，它专注于对语音信号的识别和转换，而非理解语言的含义。然而，语音识别经常与自然语言处理技术结合使用，以提供更全面的语音交互体验。

随着技术的不断进步，机器感知的准确性和多样性也在不断提高，这不仅增强了机器与人类的交互能力，也为各种行业的自动化和智能化提供了强大的支持。

## 三、人工智能技术在教育领域的应用

随着人工智能技术的不断发展，其在教育领域的应用正受到越来越多的关注。教育信息化的深入使得人工智能技术得以应用于改善和创新教学方法、条件和环境，从而促进教育的整体发展。当前，人工智能在教育中的应用涵盖了智能网络组卷系统、智能决策支持系统、智能授导系统以及机器人教育等多个方面，如图5-3所示。

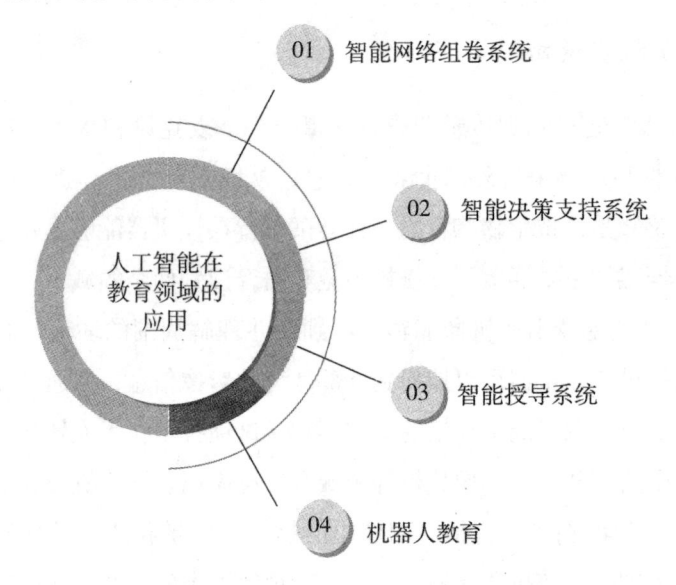

图5-3 人工智能在教育领域的应用

### （一）智能网络组卷系统

无纸化考试作为当今考试方式的重要趋势，不仅改变了传统的纸笔考试形式，还在考试的内涵和评价标准上有所创新。无纸化考试涵盖了使用计算机建立题库、选题组卷、进行考试和评价等多个环节，大大提高了考试的效率和准确性。随着网络技术的发展，特别是人工智能技术的进步，无纸化考试系统的性能提升成为新一轮研究的热点。运用人工智能技术，无纸化考试系统能够更智能、更有效地管理题库和组卷。人工智能技术能够根据学生的学习状况和能力水平智能选题，实现个性化的考试体验。此外，人工智能在考试评价过程中也发挥着重要作用，如自动评分和分析学生的答题模式，为教育工作者提供更深入的洞察。对于组卷策略的智能化探讨，是当前学术界关注的一大热点。通过智能化的组卷，可以确保考试的全面性和公平性，同时也能根据不同的教学目标和评价标准进行定制化设计。

智能网络组卷系统以其低成本、高效率、强保密性和良好的一致性获得了广泛的应用。该系统能够在多种限制条件下，依据设定的组卷原则自动生成高质量的试卷。其试卷数据库汇集了教师精心选择和整理的经典试题，不仅确保了试卷的质量和对重点知识的覆盖，还体现了教师的工作成果。随着人工智能技术的发展，将智能网络组卷系统应用于考试和评分环节，提高成绩的准确性和公正性，成为教育技术领域的新的研究方向。人工智能技术可以通过深度学习和数据分析优化试卷的难度和覆盖范围，同时还可以自动评价并分析学生的答题模式。这不仅提高了考试系统的效率和标准化程度，还为教育工作者提供了了解学生学习情况的依据。

（二）智能决策支持系统

智能决策支持系统作为现代技术的产物，已成为决策支持系统发展的重要方向。智能决策支持系统由数据库、模型库、方法库、人机接口及智能部件等核心组件构成，具备高度的灵活性和适应性。在网络教育领域，这种系统展现出巨大的发展潜力和光明的前景。以数字图书馆的应用为例，智能决策支持系统能够有效地为决策者提供所需的数据、信息和背景材料。这包括帮助决策者明确决策目标、识别问题、建立或修改决策模型，以及提供和评估各种备选方案。系统通过综合分析各种信息和数据，能够为决策者提供基于事实和数据的决策建议，确保决策过程的科学性和合理性。在网络教育领域，智能决策支持系统可用于课程设计、教学方法选择、资源分配和学习效果评估等多个方面。随着技术的不断进步，智能决策支持系统将在教育领域扮演越来越重要的角色，提高教育决策的质量和效率。

### (三)智能授导系统

智能授导系统致力于创造一个优质的学习环境,旨在为学习者提供方便快捷地调用各种资源的可能。该系统的核心在于利用智能代理技术,根据不同学习者的需求和特征,提供个性化的教学服务。智能授导系统通过建立教师、学生和教学管理主体的互动,可以针对不同群体制定和实施具有针对性和预见性的教学策略。这种系统的优势在于它能够根据学习者的反馈和表现,动态地生成问题和练习,合理规划学习内容和进度,并提供个性化的练习或试卷。此外,智能授导系统内置的信息反馈机制使其能够根据学习者的进展自动调整教学策略,更好地适应每个学习者的个体知识结构和认知特征。这种适应性确保了教学方法与学习者的需求和能力相匹配,从而提高了学习者的学习效率和效果。随着智能授导系统的不断优化和普及,其将对现代教育产生深远的影响。

### (四)机器人教育

机器人教育结合了人工智能技术和教育实践,致力于优化教育效果以及改进教师和学生的工作和学习模式。其核心在于将人工智能技术以物化、人性化和智能化的形式应用于教育过程中,不仅为学生普及了有关机器人技术的知识,还提高了机器人的实际应用水平。机器人教育对培养学生的逻辑思维能力和实践能力具有重要意义。

在中国,许多学校已经开设了机器人相关课程,并开展了丰富的研究工作。如北京京山学校、上海音乐学院、上海卢湾高中、哈尔滨师范大学以及哈尔滨市实验中学,这些学校以不同的形式在中小学阶段开展机器人课程教学,取得了显著成效。在国外,日本、德国、美国、澳大利亚等发达国家已经将机器人教育纳入中小学科技课程。这些国家将机器人教育视为培养未来创新者和技术领袖的重要手段。将机器人技术融入教育体系,不仅能为学生提供学习现代科技的机会,还能帮助学生发展必要的技术技能和创新思维。

## 第二节　人工智能技术应用于高校外语教学的重要性

### 一、人工智能技术应用于高校外语教学的可行性

#### (一)党和国家高度重视人工智能技术与教育的融合发展

2012年，教育部编制的《教育信息化十年发展规划(2011-2020年)》中提出要"推动数字化、网络化、智能化、终端化四大技术发展"，为人工智能与高校外语教学的结合应用提供了基本保证。2017年国务院发布的《新一代人工智能发展规划》不仅为中国的人工智能发展制定了清晰的战略蓝图，还强调了人工智能与教育融合的重要性。自2017年以来，"智能"成为政府工作报告中的关键词，连续多年被提及，这反映出国家对于人工智能技术的持续关注和重视。党和国家认识到人工智能技术在教育教学发展中的推动作用，展现出利用人工智能技术发展教育的坚定决心。这为人工智能技术应用于高校外语教学中提供了强有力的政策支持。

#### (二)人工智能与高校外语教学有着较高的契合性

从技术角度来看，人工智能技术在教育领域的应用集成了多种先进模块和知觉传感器。如自然语言处理、情感识别计算以及推荐系统模块的结合为教育带来了革新性的变化，使得人工智能系统能够理解和处理学生的语言、情感状态，并据此提供个性化的学习内容和路径；摄像头、雷达等知觉传感器，使得人工智能系统可以更加精确地捕捉学生的行为和反应，从而提供更加精准的反馈和指导。在大数据技术的支持下，人工智能系统可以处理大量的教育数据，智能算法则可以帮助人工智能系统在海量

信息中发现新的趋势，实现高效的数据分析。在这些技术的支持下，人工智能系统不仅能够依据数据详细描绘学生的思想和行为，还能生成可视化图表，这对于理解学生的学习状态和需求是非常有帮助的。同时，人机对话和人机协同等交互行为的实现，使得学生可以更加灵活地与教育系统互动，从而提高学习的主动性和参与感。

从内在逻辑角度来看，将人工智能融入高校外语教学是一项具有挑战性的任务，要求高校不仅深入理解人工智能技术本身，还需对其应用进行适当的引导和规范。在这一过程中，高校必须确保技术的合理和有效使用，避免因其自由发展而带来的负面影响。人工智能在高校外语教学中的应用使其实现了教学内容的丰富化、教学方法的创新化以及教育信息传播方式的多样化。这些变化不仅提升了教学质量，也增强了学生的学习体验。与此同时，高校外语教学对人工智能技术的应用，有助于拓展人工智能技术的应用广度和深度，充分发挥人工智能技术的优势，为人工智能技术在教学领域的进一步拓展奠定良好基础。

## 二、人工智能技术应用于高校外语教学中的重要意义

在高校外语教学中引入人工智能技术，不仅有助于提升教学质量和效率，也拓宽了学生的视野，是教育创新的重要一步。总的来说，人工智能技术应用于高校外语教学中的重要意义主要体现在以下几方面，如图5-4所示。

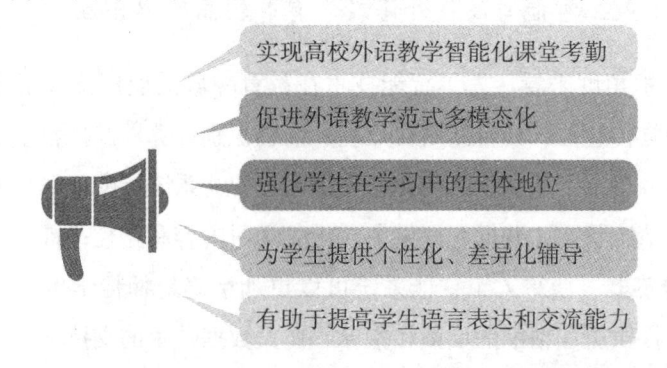

- 实现高校外语教学智能化课堂考勤
- 促进外语教学范式多模态化
- 强化学生在学习中的主体地位
- 为学生提供个性化、差异化辅导
- 有助于提高学生语言表达和交流能力

图5-4　人工智能技术应用于高校外语教学中的重要意义

## （一）实现高校外语教学智能化课堂考勤

考勤打卡是高校外语教学中必不可少的环节，不仅体现着学生的学习态度和学生对外语学习的重视程度，还能体现外语教师的教学吸引力和专业能力。面对众多学院、班级中的大量学生，传统的考勤方式往往耗时且效率低下，这无疑占用了宝贵的课堂时间。而人工智能技术的引入能有效解决这一问题。利用大数据分析和人脸识别技术，可以快速、准确地完成考勤任务，大幅度节约时间并提升考勤的精确性。通过人工智能技术实现自动化考勤，教师可以更加专注于教学本身，而学生也能充分利用课堂时间进行学习。目前，已经有越来越多的高校开始与高等教育信息化服务供应商合作，引入智慧考勤系统，实现日常考勤活动的数据化和智能化管理。智慧考勤系统通过大数据技术记录和分析学生的考勤数据，为教学管理提供准确的数据支持。各大高校正积极发展智慧教室，其硬件设施包括智能服务器如云计算平台、智能讲台和智能黑板等。在软件方面，智慧教室整合了智能学习系统、管理系统、评价系统以及人机交互系统等多种系统，以提升教学效率和质量。人工智能助理和智能考勤系统的应用使得教师可以轻松完成课堂前的考勤工作，从而有更多时间专注于教学内容的准备以及与学生的互动上。

具体来说，首先，智慧考勤系统利用教育大数据提取每次课程应到学生的人数和学院班级信息，然后通过装置于教室内的人脸识别摄像头扫描进入教室的学生，自动记录考勤情况。这种方法不仅提高了考勤的精确性，还大大减少了人力资源的消耗。其次，智能考勤系统还能在课前几分钟向学生推送相关课程内容和准备工作，帮助学生更高效地完成学习任务。由此一来，智慧考勤系统的应用不仅提升了学生对课程的参与度，也为教师提供了更多关于学生学习准备情况的信息。最后，智能考勤系统能够立即整理出课堂考勤统计表，并有序地储存于文件存储库中，方便教师随时调取考勤数据。这不仅便于教师了解课堂出勤率，还能从侧面反映出该堂课对学生的吸引力，从而帮助教师有针对性地调整和改进教学内容和方法。

## （二）促进外语教学范式多模态化

人工智能技术应用于高校外语教学中，对于促进外语教学范式的多模态化具有重要意义。多模态教学是指结合多种感官和交互方式进行教学，如文字、声音、图像、视频等。人工智能技术的引入为实现这一教学模式提供了先进的技术支持，大大丰富了教学资源和手段。

首先，人工智能技术可以帮助教师创建更加丰富和多元的教学内容。智能算法可以生成定制化的教学材料，如个性化的视频课程、互动式的语言学习游戏和模拟场景。这些内容不仅包括视觉和听觉元素，还可以与学生互动，让学生在学习过程中获得更全面的感官体验。其次，人工智能技术可以提供实时反馈和评估。例如：在语音识别和处理方面，人工智能系统能够准确评估学生的发音和语言流畅度，提供及时的纠正和建议。此外，通过分析学生的学习行为和进度，智能系统可以调整教学策略和内容，以适应学生的个性化需求。再次，人工智能技术促进了教学互动性的提升。利用聊天机器人和虚拟助手，学生可以随时进行语言实践和交流，这些互动不仅限于文字，还可以包括语音和视频。这种互动方式不仅提高了学习的趣味性，还有助于提高学生的语言运用能力。最后，人工智能技术的应用有助于优化课堂管理和资源分配。通过智能数据分析，教师可以更有效地跟踪学生的学习进度，从而更有针对性地进行教学设计和资源分配。

## （三）强化学生在学习中的主体地位

人工智能技术的应用不仅提高了外语教学的效率和效果，更重要的是强化了学生在学习过程中的主体地位。随着技术的进一步发展，未来的外语教学将更加注重学生主体性的发挥，创造更加个性化和互动性强的学习环境。

第一，人工智能技术可以为学生提供个性化的学习路径和资源。基于学生的学习能力、兴趣和进度，人工智能系统可以定制化地推荐学习材料和课程，使学生能够按照自己的节奏和风格学习。这种个性化的学习体验更符合学生的个人需求，增强了学生的学习动力和主动性。

第二，人工智能技术在语言学习中的应用，如智能语音识别和处理，能够为学生提供实时的语言练习和反馈。在与智能系统互动的过程中，学生的发音和语法错误可以得到及时纠正，这种即时的反馈机制有助于学生更主动地参与学习过程，及时改进和调整自己的学习策略。

第三，人工智能技术可以通过游戏化学习、虚拟现实等方式，为学生提供更加丰富的学习体验。游戏化学习利用游戏的元素和设计原则，如积分系统、角色扮演和挑战任务等，使学习过程更具吸引力和互动性。这种学习方式激发学生的兴趣和参与欲，让他们在轻松愉快的环境中主动探索和学习新知识。虚拟现实技术为学生提供了沉浸式的学习体验。通过虚拟现实技术，学生可以置身于模拟的语言环境中，如虚拟的外国街景或文化场景，进行实际的语言交流和练习。这种真实感强的互动体验不仅加深了学生对语言和文化的理解，还增强了他们的语言运用能力。

### （四）为学生提供个性化、差异化辅导

在传统教学模式下，教师往往难以针对每个学生的独特需求和能力水平提供定制化的辅导。然而，人工智能技术的引入，使得教育更加个性化和差异化，更好地满足不同学生的学习需求。

首先，人工智能技术可以基于学生的学习行为和表现，提供个性化的学习资源和路径。通过数据分析，人工智能系统能够识别学生的学习习惯、兴趣点以及掌握的知识水平，从而为学生推荐最适合的学习材料和活动。这种个性化的学习安排帮助学生在适合自己的节奏和方式下进行学习，提高了学生学习的效率和兴趣。其次，人工智能辅助的语言教学工具，如智能语音识别和处理系统，能够为学生提供即时且个性化的反馈。例如：针对学生的发音和语法错误，智能系统能够提供精准的纠正建议，

帮助学生快速改进。这种个性化的反馈机制非常适合语言学习，尤其是在提高学生的语言细节处理能力方面。最后，人工智能技术可以实现更灵活的学习时间和空间安排。一方面，在线学习平台通过与人工智能算法相结合，能够根据学生的学习进度和表现提供个性化的学习建议和资源。这些平台通常包含丰富的教学资源，如视频讲座、互动练习、模拟测试等，学生可以根据自己的需求选择合适的学习材料。另一方面，移动应用的使用进一步提高了学习的便利性。学生可以通过智能手机或平板电脑随时浏览学习材料和参与在线课程，这种便携式的学习方式特别适合忙碌或需要灵活安排学习时间的学生。

### （五）有助于提高学生的语言表达和交流能力

人工智能技术的应用在高校外语教学中的应用，不仅为学生提供了丰富的学习资源和工具，还创造了支持性强的学习环境，有效提高了学生的语言表达和交流能力。一方面，人工智能技术，特别是自然语言处理和语音识别技术，为学生提供了实时语言练习和反馈的机会。例如：智能语音识别系统可以评估学生的发音，提供针对性的纠正和建议。这种即时反馈机制有助于学生在发音和语调上取得显著进步。而且，通过与 AI 驱动的聊天机器人进行互动，学生可以在安全且轻松的环境中练习对话，提高自身的口语表达和交流能力。另一方面，基于人工智能技术的翻译工具和多语言支持系统能够有效地辅助学生的语言学习。AI 翻译工具通过提供准确的词汇和句子翻译，帮助学生快速理解外语材料。这对于初学者尤其有用，因为它可以减轻学生学习新语言的难度，提高学习效率。这些工具通常包含丰富的词汇数据库和语法分析功能，能够提供与语境相关的翻译和解释，帮助学生更深入地理解语言的细微差别。多语言支持系统能够提供广泛的语言学习资源，如多语言的新闻、文章、视频和播客等。通过这些多样化的材料，学生不仅能够学习标准的语言用法，还能了解不同文化背景下的语言表达方式，有助于提高学生的语言适应能力和跨文化交流能力。

## 第三节　人工智能技术应用于高校外语教学的实践路径

### 一、智能化翻译教学

翻译教学是高校外语教学的重要组成部分。教师应当重视外语翻译教学，可以运用云平台和其他现代技术，如视频课件、动画课程及微课等，以多种方式指导学生进行智能翻译，实现人机智能交互，从而大幅增强学生的翻译能力。通过人工智能的辅助，教师可以有效地解决学生在翻译过程中遇到的难点，快速帮助学生理清学习思路，加深对文本内容的理解。同时，教师可以在云平台发布各种翻译训练任务，让学生在口语和书面翻译中自由选择，进而对学生的翻译成果进行数字化评价。这不仅有助于提高学生的翻译水平，还能为教师提供宝贵的数据支持，以更合理地制订后续的教学计划。具体来说，智能化翻译教学可以从以下几方面入手，如图 5-5 所示。

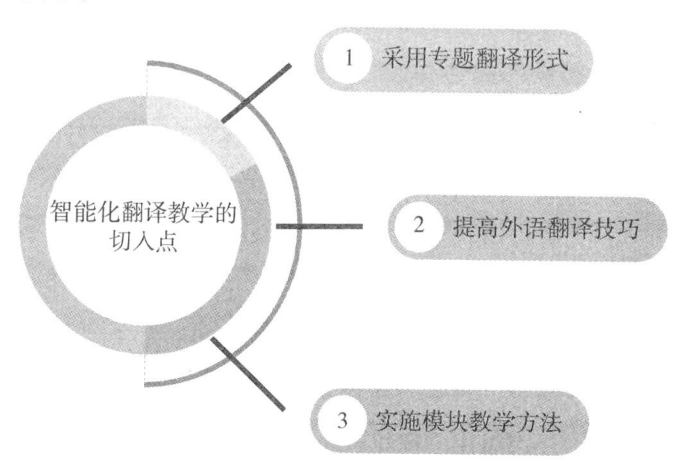

图 5-5　智能化翻译教学的切入点

智能化翻译教学的切入点：
1. 采用专题翻译形式
2. 提高外语翻译技巧
3. 实施模块教学方法

## （一）采用专题翻译形式

在高校外语翻译教学中，采用专题翻译形式并构建指定的翻译模块是一种有效的教学策略。这种方法结合了人工智能技术，不仅提高了教学内容的丰富性和教学手段的完善性，而且增强了翻译教学方式的可靠性和实用性。专题翻译的核心在于针对特定主题或领域进行深入学习。例如：可以设计针对商务、法律、科技等不同领域的专题，使学生能够在特定语境中练习和提高翻译技能。人工智能技术在此过程中扮演着至关重要的角色。利用人工智能的知识计算和语音识别功能，外语翻译教学可以变得更加便捷和精确。例如：通过语音识别技术，教师和学生可以快速完成语言的对应转换，便于检查和校对学生的翻译结果。这样的技术应用，特别是在处理英文中诸如"good"这样的多义词时，显得尤为重要。学生通过实际操作能够更好地理解和辨别词义，在不同的语境中准确地应用外语词汇。此外，人工智能的应用还包括提供丰富的语料库和实时反馈，这些工具能够帮助学生掌握更多的翻译技巧和策略，同时为教师提供了强有力的教学支持。例如：人工智能可以分析学生的翻译作品，提出改进建议，从而加强学生对于翻译技巧的理解和运用。

## （二）提高外语翻译技巧

外语翻译需要注重翻译的技巧，传统的逐字逐句的翻译方法已不能满足现代翻译的需求，因此教师应引导学生掌握更为灵活和综合的翻译策略，准确、高效地完成中外文的转换。人工智能技术在此过程中扮演着至关重要的角色，其不仅可以快速准确地实现中外文之间的转化，为学生提供实时的翻译参考，还能通过大数据分析和模式识别，对学生的翻译结果进行深入分析，从而帮助学生识别和改进其翻译中的不足。此外，人工智能较强的规划能力还可以用于优化教学过程。通过分析学生的学习习惯和表现，智能系统可以为教师提供针对性的教学建议，帮助教师更好地调整课程内容和教学方法，确保学生能够高效地掌握翻译技巧。

### （三）实施模块教学方法

为提高高校外语翻译教学效率，模块教学方法显得尤为重要。模块教学方法不仅有助于创造更贴近实际的翻译环境，还促进了翻译活动课的有效展开。模块化教学通常分为三个主要部分：管理模块、教学模块和评价模块。一是管理模块。在这一模块中，可以利用智能化设备构建起一种互动的师生关系，便于教师对学生的翻译进度和质量进行实时监控和管理。这样的设置不仅能使智能化设备迅速完成翻译任务的布置，还能为学生提供更多实践机会，从而增强他们的翻译能力。二是教学模块。这一模块的核心在于丰富翻译教学资源，提供多样化的翻译素材，如真实场景的语言材料、专业领域的文本等。这些资源能帮助学生更好地理解和体验翻译过程，快速融入翻译环境，进而有效地掌握和运用翻译技巧。三是评价模块。在这一模块中，可以利用人工智能系统对学生的翻译作品进行全面评价，包括语法正确性、语义准确性等方面。这种综合评价不仅能反映学生的翻译水平，还能指出他们的不足之处，进一步强化翻译训练的效果。

## 二、趣味化语法讲解

在人工智能技术的辅助下，教师可以构建一个高校外语教学系统，通过科学设计的语法教学模块，针对语法教学中的重难点进行智能化教学，提升语法教学效率和学生的学习兴趣。例如：在强化学生的语法基础能力方面，可以设计一个专门的词汇与语法讲解模块，通过整合文本、图像、影视及动画等多种数据类型，将外语知识以更加形象化、直观化的方式呈现给学生。这种多元化的教学手段不仅使复杂的外语知识变得更易理解，还大大提升了教学的趣味性和创新性。与此同时，利用外语词根、前缀和后缀等元素，有针对性地指导学生对于外语词汇和语法的理解，从而摆脱传统的机械背诵和反复抄写。学生通过这种方法学习外语，不仅能更深入地理解语言结构，还能有效地扩大词汇量。

人工智能技术与高校外语教学的结合，为学生的语法学习提供了新的途径。首先，利用思维导图，教师可以指导学生更有效地理解和学习语法知识。通过这种方法，学生能够清晰地看到不同语法知识点之间的关联，这不仅帮助学生建立起知识之间的联系，还促进了学生对知识的深入理解和迁移应用。其次，为了培养学生的学习能动性，教师可应用专家系统技术，搭建线上平台。通过这个平台，学生可以根据自己的学习需求提出问题，而专家系统凭借其庞大的知识库能够迅速、智能化地为学生提供答案。这种即时的反馈机制不仅激发了学生的学习兴趣，还提高了他们解决问题的能力。教师在这一过程中起到了桥梁的作用，教师可以通过平台系统汇总学生的问题，然后在线下课堂上进行深入的讲解和讨论，深化知识，以此丰富学生的知识层次。

## 三、交互式听力训练

听力训练在高校外语教学中占有重要地位，其效果直接影响着学生的外语学习质量。为了提高听力训练的效果，教师需要从学生的视角出发，创新外语教学模式，特别是要加强现代化信息技术的运用。通过利用多媒体教学工具、在线听力平台和互动应用程序，教师可以大幅提升外语听力教学的灵活性和趣味性。随着人工智能技术的普及和应用，高校外语听力教学的资源和方法正在发生深刻的变化。人工智能技术的引入，使得教师能够从海量网络资源中筛选并汇总有价值的听力材料，从而最大程度地丰富听力训练资源，满足学生的多样化需求。在听力训练过程中，教师可以利用人工智能技术对学生的听力状况进行详细分析，设计更为科学和个性化的听力训练方案。例如：通过整合人工智能技术和听力数据资源库，可以构建一个自动化的数据集成系统。这个系统能够记录和分析学生的学习情况，准确把握他们在听力训练中取得的进步和出现的问题，从而更有效地引导学生投入听力训练。此外，人工智能技术的应用还能实现学习资源与学生个体的精准对接。对于不同的学生，系统可以提供量身定制的听力练习和建议，确保每个学生都能根据自己的能力水平和学习需求得到合适的训练。这种个性化的教学方式不仅提高了听力训练的效率，还增强了学生的学习动力和兴趣。

## 四、跨文化口语交流

高校外语教学的广泛性和实用性要求教师超越传统的教学方法，特别是在培养学生跨文化交际能力方面，不仅需要学生掌握基础语言知识，还需要在实际语境中正确运用所学语言知识。然而，传统的教学方法往往侧重于机械式的语言练习，忽视了语境的重要性，这不仅限制了学生语言能力的发展，也可能影响学生未来的职业发展和就业机会。因此，高校外语教学应更加注重实际应用，引导学生在多样化的语境中进行有效的跨文化交流，以提升学生的外语实际运用能力。

随着人工智能技术的发展，高校外语口语训练迎来了创新性变革。教师可以利用文本和视频对话工具来进行教学，不仅能及时纠正学生在口语交际中的错误，还能在对话中渗透西方文化知识，有效拓展学生的知识面。同时，通过搭建在线对话平台，学生可以与来自不同国家的人进行实时交谈，这不仅锻炼了学生的口语表达能力，还帮助学生掌握了跨文化交际的技巧。人工智能技术的重要特点之一是其虚拟化和智能化能力。教师可以应用互联网技术，设置各种虚拟职业场景，如模拟商务会谈、国际会议等，让学生在这些虚拟情境中进行实践，使学生能够在安全的环境中尝试和犯错，能够获得宝贵的跨文化交际体验。借助人工智能技术加强大学生的外语口语训练，对学生未来走向工作岗位，尤其是需要运用外语技能的岗位，具有重要的现实意义。

## 五、人性化课后指导

在高校外语教学中，长期的课后训练有助于学生夯实外语理论基础，并提升学生的实际应用能力。作为传统教学的有效补充，人工智能技术支撑下的虚拟课堂可以让学生在课下通过网络平台随时复习和练习，不受时间和地点的限制。由此一来，学生可以更加灵活地安排自己的学习时间，有效地巩固和提高外语水平。同时，这种教学模式还能激发学生的自主学习意愿，为学生提供更加丰富和多样化的学习资源和练习机会，从而在长期的学习过程中达到更好的学习效果。

人工智能技术的发展为高校外语教学提供了新的动力和方向，特别是在课后指导方面。教师可以根据学生的学习特点和需求，设计不同难度或开放性的课后作业，并通过网络平台轻松地发送给学生。同时，教师还可以鼓励学生参与慕课在线学习，完成课后学习任务。在这一过程中，人工智能技术的应用能对学生的作业进行智能化纠错，为学生提供个性化的外语学习指导。这种智能化的学习辅导方式，不仅提升了教学的效率，也提高了学生学习的针对性和实效性。例如：对于外语基础知识不扎实的学生，教师可以加强其词汇、语法等方面的练习，通过人工智能系统制定的习题，引导学生按照正确的语法规则进行口语和写作练习。对于基础知识扎实但口语表达能力较弱的学生，教师可以设计更多的交互性或实践类作业，如模拟对话、角色扮演等，在提高学生的口语表达能力的同时，增强学生的语言实际运用能力。此外，通过人工智能技术的实时反馈和评估，学生可以及时了解自己的学习进度和存在的问题，教师也可以根据这些反馈调整教学策略，从而为每位学生制定更加人性化的课后辅导方案。

## 第四节　人工智能技术支持下
## 大学生外语学习适应性提升

### 一、学习适应性的概念

#### （一）适应

"适应"有改变和调整的意思。在《物种起源》中，查尔斯·罗伯特·达尔文（Charles Robert Darwin）将适应解释为自然选择的过程，即物种在应对环境的改变中通过改变自身特性来适应生存，这可能导致新物种的产生。[1] 在让·皮亚杰（Jean Piaget）的发展心理学理论中，适应被描述为同化和顺应之间的动态平衡。[2] 同化是指将新信息融入现有的认知框架中，而顺应则是调整现有的认知结构以应对新情况。这种平衡是动态的，一旦环境发生改变，个体就需要建立新的平衡来适应。

在社会学领域，适应被看作是个体改变自身内在观念和外在行为，以与社会环境保持和谐一致的过程。这一看法突显了个体与社会环境之间的相互作用和适应关系。

在教育学领域，适应被看成是教育的主体根据未来的要求，主动做出调整以符合外部变化的要求的过程。

在心理学领域，适应被定义为对环境变化做出的反应。这一看法突出了适应作为个体心理过程的重要组成部分，是个体在面对变化时保持心理健康和稳定的关键机制。

---

[1] 达尔文：《物种起源》，谢蕴贞译，新世界出版社，2007，第72-76页。
[2] 皮亚杰：《儿童智力的起源》，高如峰、陈丽霞译，教育科学出版社，1990，第195-206页。

适应这一概念在不同学科领域内展现出多维度的特性和深远的影响。无论是在生物进化、个体发展、社会互动、教育进程还是心理调整中，适应都是一个关键的过程，体现了生物和人类在不断变化的环境中生存和发展的基本策略。

### （二）适应性

适应性通常解释为适应能力。在《心理咨询百科全书》中，适应性被定义为个体应对社会变化的能力，强调了个体在社会环境中的适应过程。[1] 张大均等将适应性定义为个体基于社会变化对自身进行调整的能力，同时包括改变环境以促进自身和环境协调发展的能力。[2] 郑日昌认为，适应性不仅仅是个体对环境的被动响应，而是在新环境中采取措施来调整自己的心理和行为以适应环境变化的能力。[3] 综合以上定义可以发现，适应性属于能力的一种，它不仅是个体对环境变化的反应，更是一个主动的、动态的调整过程，旨在实现个体与环境之间的最佳平衡和协调。

### （三）学习适应性

学习适应性作为学生心理素质的重要组成部分，指的是个体在面对学习环境和挑战时所表现出的适应能力。在《心理咨询百科全书》中，学习适应性被定义为个体克服困难取得较好学习效果的倾向，即学习适应能力。[4] 冯廷勇等将学习适应性定义为个体因客观环境和自身学习的需要，努力进行自我调整，以达到和环境相平衡的心理与行为过程。[5] 结合这两

---

[1] 车文博：《心理咨询百科全书》，吉林人民出版社，1991，第684页。
[2] 张大均、冯正直、郭成、陈旭：《关于学生心理素质研究的几个问题》，《西南师范大学学报》2000年第3期。
[3] 郑日昌：《心理测量与检验》，中国人民大学出版社，2008，第392页。
[4] 车文博：《心理咨询百科全书》，吉林人民出版社，1991，第684页。
[5] 冯廷勇、李红：《当代大学生学习适应的初步研究》，《心理学探新》2002年第1期。

位学者的定义可以看到,学习适应性包括两个主要内容:一是个体在面对学习环境和挑战时的能力,即如何有效地克服各种困难和障碍;二是个体在这一过程中的发展和学习成果,即最终达到学习目标并取得较好的学习效果。

在高校外语教学中,学生的学习适应性尤为重要。特别是在人工智能技术广泛应用于外语学习的当下,学生的学习适应能力成为关键因素。这种适应性可以具体描述为:学生根据人工智能技术提供的外在学习条件,以及自身外语学习的需求,通过自我调节,使自己在心理和行为上的学习状态与学习环境保持协调,进而取得良好的学习成效。在这一过程中,学生是适应的主体,需要主动适应人工智能技术创造的新学习环境,利用这些先进工具来提高学习效率和效果。人工智能技术则作为支持外语学习的重要环境和手段,是适应的客体,为学生提供了更丰富、更个性化的学习资源,同时提出了新的学习方法和要求。

## 二、人工智能技术应用下大学生外语学习适应性的影响因素

高校在推进人工智能支持的外语教学时,应重视大学生外语学习适应性的影响因素,并以此为切入点,全方位提升学生的学习适应性。人工智能技术应用下大学生外语学习适应性的影响因素如图5-6所示。

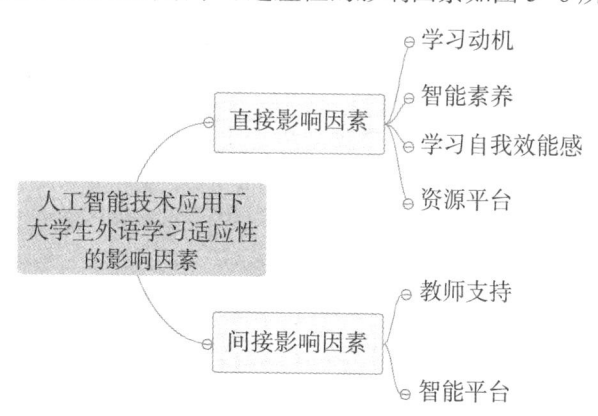

图5-6 人工智能技术应用下大学生外语学习适应性的影响因素

## （一）直接影响因素

在人工智能支持的外语学习环境中，学生的学习适应性受多个直接影响因素的影响，其中包括学习动机、智能素养、学习自我效能感和资源平台。这些因素之间相互作用，共同促进学生适应新的学习环境，提高学生的外语学习效果。

学习动机是推动学生学习的内在动力。在人工智能辅助的学习环境中，学生的学习动机可以显著影响他们的适应能力。动机强的学生往往更愿意探索新技术、新方法，更有耐心应对学习过程中的挑战。他们通常更主动地利用人工智能工具，更有可能从中获得满足和成就感，这反过来又进一步提升他们的学习动机。教师可以通过设置具有挑战性但可实现的目标，提供正向反馈和奖励，来增强学生的学习动机。

智能素养指的是学生使用和理解人工智能工具的能力。在人工智能支持的外语学习中，智能素养对学生的学习适应性有直接影响。具备较高智能素养的学生能更有效地利用人工智能工具进行学习，如使用智能翻译工具、在线语言学习平台等。学生能更快地适应人工智能带来的学习方式变革，更能在学习过程中取得进步。

学习自我效能感是指学生对自己完成特定学习任务的能力的信心。具有良好自我效能感的学生通常更有信心面对学习中的挑战，更乐于尝试新方法，如在人工智能环境下的自主学习。学生更容易相信自己能够有效利用人工智能工具来提升外语学习效果，这种信念反过来又会增强学生的学习适应性。

资源平台，如在线学习平台、智能教育应用和丰富的数字学习资源，为学生提供了多样化的学习选择。这些平台通常提供个性化的学习路径、即时反馈和互动学习体验，有助于学生更好地适应学习环境。资源平台的多样性和便捷性可以极大地提升学生的学习兴趣和参与度，促使学生在新环境中能够快速适应。

## （二）间接影响因素

在人工智能支持的外语学习环境中，教师支持、智能平台等是影响学生学习适应性的间接影响因素。这些因素虽然对学生学习适应性的影响是间接的，但它们在形成和提升学生学习适应性的过程中起到了至关重要的作用。

在人工智能辅助的学习环境中，教师的角色并没有减弱，反而更加重要。教师不仅是知识的传递者，也是学习过程的指导者和促进者。教师的支持包括提供必要的学习指导、解答学习中的疑问、鼓励和激励学生，以及监控学生学习进度等。这种支持可以帮助学生更好地利用人工智能工具，提高学习的主动性和自我效能感，从而间接提高学生的学习适应性。

智能平台如在线教育平台、自适应学习系统等，为学生提供了丰富的学习资源和个性化的学习路径。智能平台通过数据分析和机器学习算法，能够根据学生的学习情况提供个性化的学习建议和资源。这种个性化的学习体验不仅能提高学生的学习效率，还能增强学生的学习兴趣，从而间接提升学生的学习适应性。

## 三、人工智能支持下大学生外语学习适应性的提升策略

在人工智能技术日益成熟的今天，人工智能技术在学生外语学习中的应用为其学习适应性的提升开辟了新路径。为了有效提升学生的外语学习适应性，并发挥人工智能技术的辅助作用，可以从以下几方面入手，如图 5-7 所示。

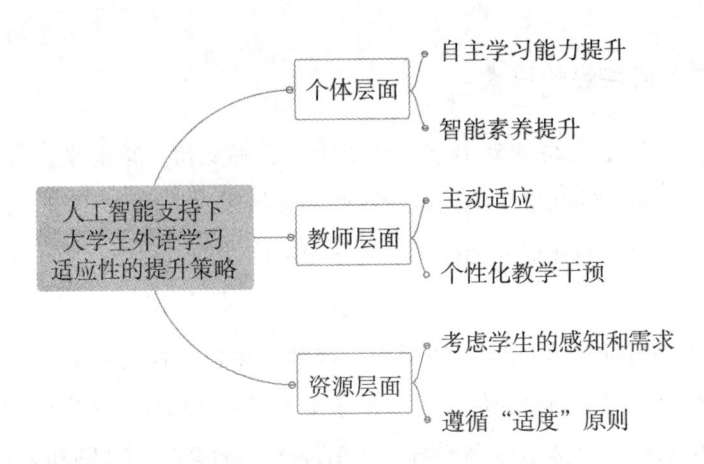

图 5-7　人工智能支持下大学生外语学习适应性的提升策略

## （一）个体层面

### 1. 自主学习能力提升

第一，要强化自主学习意识。在大学阶段，学习方式从"以教师为中心"逐渐转变为"以学生为中心"，这就要求学生树立强烈的自主学习意识，从而更有效地掌握知识和技能。在人工智能辅助的学习环境中，知识的获取变得更加依赖于学生的主动学习和探索。为此，学生必须克服对教师的过度依赖，意识到自主学习并不仅仅是独自学习，而是包括独立思考、自主规划和有效管理自己的学习过程。这意味着学生需要根据自身的兴趣和需求来制定个性化的学习目标，利用人工智能外语学习工具规划和监控自己的学习路径。人机协同的学习模式不仅提升了学习效率，也培养了学生的独立思考能力和自我管理能力。在这个过程中，教师的角色转变为引导者和协助者，更多地在培养学生的自主学习能力和提供必要的学习资源上发挥作用。

第二，要明确学习目标。由于学习资源的丰富多样性，学生很容易在海量信息中迷失方向，导致学习效率低下。因此，确立清晰的学习目标变得尤为重要，这不仅是努力学习的方向，也是有效学习的基础。学习目标的设定应基于学生对自己未来的职业规划或职业定位的深入了解。学生需要根据自己的职业目标和兴趣，确定所需掌握的外语技能和知识领域。这一过程涉及对个人能力和需求的深入分析，以及对未来职业路径的明确规划。为了更有效地实现学习目标，建议学生将长期目标细分为短期的、可实现的小目标。通过设定近期的小目标，并逐一实现它们，学生不仅能够逐步提升外语能力，还能在此过程中获得强大的学习动力和自我效能感。这种由小到大，逐步推进的学习策略，有助于学生在人工智能辅助的学习环境中保持清晰的学习方向，有效地管理学习进度，避免信息过载带来的困扰。

2. 智能素养提升

拥有丰富的学习资源并不等同于有效学习的开展，有效学习的关键在于学生是否具备自主选择和合理应用这些资源的能力。智能素养的提升不仅能增强学生对人工智能外语学习工具的客观评价能力，还能提升学生驾驭这些资源的能力。首先，高校在培养学生智能素养方面扮演着关键角色。通过开设人工智能公共基础学科课程，学校可以引导学生了解人工智能的基本知识和应用场景，从而激发学生对人工智能的好奇心和兴趣。这不仅使学生形成智能意识，也为他们今后有效利用人工智能工具打下基础。其次，教师在提升学生智能素养方面也发挥着至关重要的作用。作为智能教育的实践者和学生智能素养的引导者，教师可以将人工智能技术融入外语课堂教学中。例如：利用人工智能学习工具来辅助外语学习，引导学生通过实践提高智能应用水平，同时还能帮助学生树立正确的智能伦理道德观。由此一来，不仅提高了学生利用人工智能工具的实际能力，也提高了学生在外语学习中的主动性。

## （二）教师层面

### 1. 主动适应

在人工智能时代，教师角色的转变对于教学效果的提升至关重要。教师需要从传统的知识传递者转变为学生的指导者和引路人。首先，教师需要树立"以学生为中心"的教育理念，将学生的需求和兴趣放在教学设计的核心位置。这意味着教师需要了解学生的学习风格和需求，设计更加个性化和具有互动性的教学活动，以促进学生的主动学习和深入思考。其次，教师应主动接纳并客观评价人工智能在教学中的应用。学生的学习行为和学习风格往往受到教师影响，因此，教师的态度和行为在学生形成对人工智能的看法方面起着关键作用。教师对人工智能教学工具的接纳、熟练使用和积极评价，能够有效地影响学生对这些工具的态度，激发学生的学习动机，从而提升他们的学习适应性。教师在适应新的教学形式时，应作为学生学习的榜样。通过展示如何有效地利用人工智能工具，教师不仅可以帮助学生更好地了解和运用这些工具，还可以鼓励学生探索和创新，培养学生的批判性思维和问题解决能力。教师的这种积极适应和模范行为，对提升学生的学习适应性和整体学习效果具有重要意义。最后，教师要主动提升自身智能教育素养。教师的智能教育素养指的是掌握基本的人工智能知识和原理，并可以科学合理地判断人工智能的教育价值，利用人工智能提升学科能力和教学能力，能协同人工智能开展教学。为了提高自身的智能教育素养，教师需积极参与专业培训，利用网络平台学习优秀的教学案例，参加人工智能教学比赛等，从而不断丰富自己在人工智能领域的知识储备，创造"人工智能＋学科"的新型教学模式。

### 2. 个性化教学干预

在高校外语教学中，人工智能教学工具可以承担一些简单、重复性的任务，如发音纠正、口语测评和智能批阅作文。由此一来，教师就可以将更多的时间和精力投入更为关键的教学活动中。教师可以利用人工智能工具所提供的数据分析功能，对学生的学习行为进行跟踪，生成数字画像，从而深入了解每位学生的学习情况和需求。客观的数据分析结果可以为教师提供宝贵的信息，帮助教师进行更精准的教学干预。而且，通过分析学生的学习数据，教师可以针对不同学生的需求制订个性化的教学计划，从而更有效地提升学生的外语学习效果。除此之外，教师在人工智能支持的学习环境中还应发挥引导和激励的作用，帮助学生正确使用人工智能学习工具，培养学生的自主学习能力和批判性思维。教师的个性化引导和支持，对于学生适应以人工智能为辅助的新型学习模式至关重要。

（三）资源层面

学习资源在学习过程中起着关键作用，直接影响学生的学习适应性。高质量的学习资源能够为学生提供更佳的学习体验。优质资源的设计应注重学生的感知和接受度，使资源内容既适应学生的认知发展水平，又能够引起学生的注意和激发学生学习动机。资源的操作性对学生的学习适应性有着显著影响。简单、便捷的操作界面和流程可以降低学生的学习障碍，使学生更容易接受并有效利用这些资源。学习内容的适应性也非常重要。内容不应过于简单或过于困难，而应适中，以符合学生的实际认知水平和学习需求。在学习资源平台的设计和开发中，考虑学生的感知和需求是至关重要的。设计者应基于学生的实际认知能力和学习需求，提供适度的学习挑战。遵循"适度"原则有助于确保学习资源既能够满足学生的学习目标，又能够激发学生的学习兴趣和动力。

# 第六章 虚拟现实技术驱动下的高校外语教学变革

## 第一节 虚拟现实技术概述

### 一、虚拟现实技术的概念与特征

虚拟现实的英文名称为 Virtual Reality。Virtual 是虚假的意思，其含义是这个环境或世界是虚拟的，是存在于计算机内部的；Reality 是真实的意思，其含义是现实的环境或真实的世界。虚拟现实（简称 VR）是一种革命性的技术，可以让人们沉浸在由计算机生成的虚拟环境中。用户在这个虚拟环境中可以看到、听到甚至触摸到似乎真实存在的事物。虚拟现实技术的核心是创建一个虚假但给人以高度真实感的世界，这个世界是在计算机内部构建的，但在视觉、听觉和触觉上与现实环境极为相似。虚拟现实技术综合了多种科学和技术领域的成果，包括计算机图形学、人机交互、数字音频视频技术等。用户通过特制的设备，如头戴式显示器、手持控制器和感应装置，进入并与这个虚拟世界互动。这些设备能够捕捉用户的动作并实时反馈到虚拟环境中，从而创造出一种身临其境的感觉。虚拟现实代表了人类对自然的深入探索和认识。它不仅是模拟自然的一种方法，更是一种适应和利用自然的科学技术。随着技术的不断发展和完善，虚拟现实将在更多领域展现其独特价值，为人类开辟新的可能性。

虚拟现实通过计算机和一系列传感设备可以创造出一个使用户感觉自己仿佛处于真实世界中的环境。具体含义为：①虚拟现实是一种基于计算机图形学的多视点、实时动态的三维环境，这个环境既可以是对现实世界的精确模拟，也可以是完全超越现实的虚构世界；②操作者可以通过自己的视觉、听觉、触觉乃至嗅觉与虚拟环境互动；③在操作过程中，人不仅是观察者，更是虚拟世界中的参与者，能够以自然的方式与虚拟环境中的对象互动。由此可见，虚拟现实的出现为人们提供了一种全新的人机交互方式。

虚拟现实技术的核心是它提供了一种允许用户通过手和头部的运动自然地与虚拟环境中的物体进行交互的独特的人机界面。这种人机界面具有以下特点，如图6-1所示：①逼真的感觉。人机界面提供了逼真的感官体验，包括视觉、听觉、触觉、嗅觉等。②自然的交互。人机界面支持自然的交互方式，如运动、姿势、语言和身体跟踪。③个人的视点。人机界面为每个用户提供个人化的视点，用户通过自己的眼、耳、身体感受虚拟世界。④迅速地响应。人机界面能够迅速响应用户的指令，根据用户视点的变化及时更新感觉信息。虚拟现实的作用对象是"人"而非"物"。它以人的直观感受和体验为基本评判标准，成为人类认识世界、改造世界的新方式和手段。这与直接作用于"物"的技术有本质的不同。虚拟现实本身并不是一个生产工具，但它通过影响人的认知体验，间接作用于"物"，从而提升效率和生产力。

逼真的感觉 ① ② 自然的交互

迅速地响应 ④ ③ 个人的视点

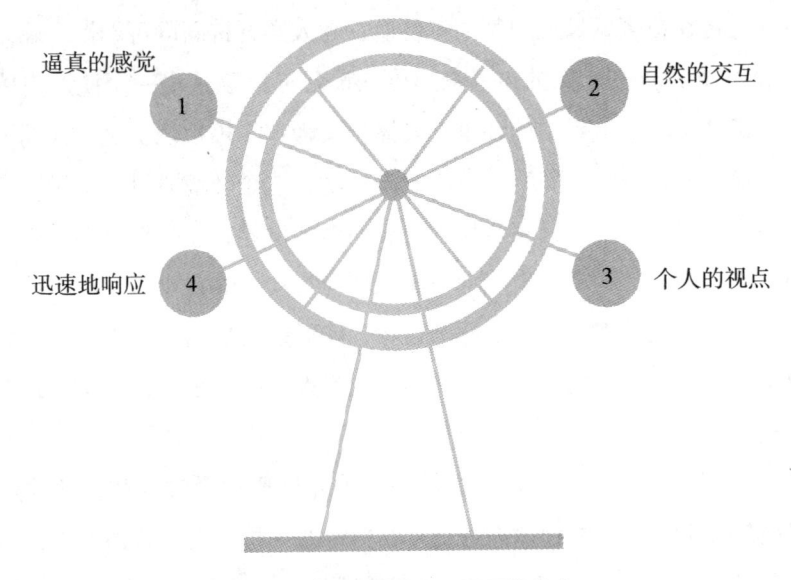

图 6-1 虚拟现实人机界面的特点

　　虚拟现实是对客观世界的易用、易知化改造，虚拟现实技术的核心在于三个方面的革新。首先，抽象事物的具象化，通过一维、二维、多维数据向三维空间的转化，以及信息数据的可视化建模，复杂的概念和数据更加直观易懂。其次，观察视角的自主性，用户可以突破传统物理空间的局限，进行全景式观察，而且观察视野不再受屏幕尺寸的限制。最后，交互方式的自然化，从传统的键盘和鼠标输入输出方式转变为更加直观和自然的手眼协调的人机交互方式。

## 二、虚拟现实与增强现实、混合现实的比较

### （一）虚拟现实

　　虚拟现实（Virtual Reality，VR）是借助计算机技术模拟产生的三维空间虚拟世界。它通过视觉、听觉、触觉等感官模拟，为用户提供了一种身临其境的体验。在这个虚拟空间中，用户可以感知并与虚拟世界里的物体进行交互，仿佛这些物体真实存在一般。目前市面上的 VR 设备种类繁

多，主要包括 VR 盒子、PCVR（外接式头显）、VR 一体机和 VR 眼镜等。这些设备各有特点，但都提供了一种突破物理界限、沉浸式体验虚拟世界的方式。无论是游戏娱乐、教育学习，还是专业训练和设计模拟，VR 技术都为人们打开了一扇全新的大门，带来了前所未有的体验和认知方式。随着技术的不断发展，VR 设备的功能也在不断进步，越来越多地融入人们的日常生活之中。

### （二）增强现实

增强现实（Augmented Reality，AR）是在虚拟现实技术的基础上发展起来的一种新技术，它通过将计算机生成的虚拟信息叠加到真实世界的场景中，实现了真实世界信息和虚拟世界信息的"无缝"集成。与虚拟现实不同，增强现实不是创建一个完全虚拟的环境，而是在现实世界中增添虚拟元素，从而增强人们对现实世界的体验。这种技术在视觉、听觉、触觉等方面扩展了人们对现实世界的感知。尽管增强现实技术在某些方面比虚拟现实技术难度更高，主要是因为增强现实技术需要精确地将虚拟信息与现实世界结合，确保虚拟对象在真实环境中正确地定位和响应，但其发展潜力巨大。增强现实技术的应用范围广泛，包括教育、医疗、娱乐、工业设计等多个领域。随着技术的进步和普及，AR 将会在未来有更广泛的应用和更深远的影响。

### （三）混合现实

混合现实（Mixed Reality，MR）是虚拟现实技术的一种进化形态，它融合了虚拟现实和增强现实的特点，为人们创造了一种更加丰富的体验。混合现实技术通过将虚拟场景信息融入现实场景，建立起一个在现实世界、虚拟世界和用户之间的交互反馈信息回路，不仅可以增强用户体验时的真实感，还提供了更加直观和自然的互动方式。混合现实技术结合了虚拟现实技术与增强现实技术的优势，能够更好地将增强现实技术体现出来。近年来，全息投影技术的应用，使得人们能够在不佩戴眼镜或头盔的情况下，在真实的三维空间中观察到虚拟物体。全息投影也称作虚拟成像技术，基于光信号的干涉和衍射原理，能够记录并再现物体的真实三维图像。这项技术不仅能产生立体的空中幻象，而且可以实现这些幻象与表演者之间的互动，共同完成表演，从而创造出震撼的视觉效果。

从狭义上讲，虚拟现实特指创建一个完全由想象驱动的虚拟世界场景，其中用户可以与这个虚拟世界进行交互。而从广义上看，虚拟现实的概念扩展到了包括虚拟现实、增强现实和混合现实的更广泛的范畴中，代表着虚构世界与真实世界的辩证统一。增强现实以虚实结合为特点，将虚拟物体的信息叠加到真实世界中，从而实现对现实的"增强"。相对于虚拟现实的完全虚拟环境，增强现实在真实环境中融入虚拟元素，为用户提供了更加丰富的信息和体验。混合现实则是将虚拟世界与真实世界融合，创造一个全新的三维世界，在这个世界中，物理实体和数字对象不仅实时并存，还能够相互作用。区分增强现实和虚拟现实相对容易，因为虚拟现实是完全虚拟的，而增强现实则在真实环境中增添虚拟元素。然而，区分增强现实和混合现实就相对困难一些。从概念上讲，虚拟现实是完全虚拟的数字画面，增强现实是虚拟数字画面叠加在裸眼可见的现实之上，而混合现实则是数字化的现实与虚拟数字画面的结合。在实际应用中，增强现实和混合现实的界限有时候会变得模糊，以至于人们常常将增强现实视为混合现实的同义词，使用增强现实来代表混合现实。但从技术和体验上看，混合现实提供了比增强现实更加深入的融合体验，是虚拟与现实的更高级融合。随着技术的发展，这三种技术将会为用户带来更加丰富和沉浸式的体验。

## 三、虚拟现实的基本特征

与传统的人机界面和流行的视窗操作系统相比，虚拟现实提供了一种更加直观和沉浸式的体验，用户能够以全新的方式进行复杂数据的可视化操作和交互。虚拟现实的基本特征主要有以下几点，如图 6-2 所示。

构想性　　　　　　　　　交互性

沉浸性

**图 6-2　虚拟现实的基本特征**

## （一）交互性

在虚拟现实环境中，用户可以直接与虚拟环境内的物体进行互动，并从环境中获得自然、实时的反馈。通过戴上特制的头盔、数据手套和数据衣等设备，用户的身体动作和语言可以被准确捕捉并转化为虚拟世界中的相应动作和交流语言。这种交互方式着重强调使用手势、体态等自然的身体动作和语言进行交流。例如：在虚拟现实中，用户可以用手直接抓取虚拟环境中的虚拟物体。这时，用户的手会有握住物体的感觉，甚至能感受到物体的重量。同时，视野中被抓取的物体也会随着手的移动而实时移动，增强了用户的沉浸感和真实感。这种交互方式不仅让虚拟环境中的操作变得直观易懂，而且极大地提升了用户体验的真实性和自然性。

## （二）沉浸性

沉浸性又称临场感，指的是用户在虚拟环境中感到自己作为主角存在的真实程度。这种感觉使得用户从单纯的观察者转变为参与者，成为虚拟现实系统的一部分。在这种环境中，用户不仅在生理上，而且在心理上难以区分虚拟与现实，可以全身心地投入计算机所创造的三维虚拟环境中。这种沉浸式体验带来的真实感不仅限于视觉和听觉，还扩展到了触觉、嗅觉甚至味觉等方面。在这个环境中，所有的事物看起来、听起来、动起来都与现实世界无异，甚至更加丰富和多样。例如：用户可以感受到虚拟物体的质感，感受到其重量，甚至能够感知到虚拟环境中的味道。这种沉浸式体验极大地增强了虚拟现实的应用价值，使其在模拟训练、教育、娱乐等多个领域发挥重要作用，为用户带来前所未有的体验。

虚拟现实的沉浸性在很大程度上取决于系统的多感知性。多感知性不仅仅局限于传统计算机技术提供的视觉感知，还扩展到了听觉、触觉、运动感知，甚至可能包括味觉和嗅觉感知。理想中的虚拟现实技术应能模拟人类的所有感知功能，以创造一个全面、多维度的沉浸式体验。由于传感技术等相关技术的限制，目前的虚拟现实技术主要集中在视觉、听觉、触觉和运动感知等几个方面。这些感官刺激的结合为用户创造了一种似乎置身于真实世界的体验。当用户在虚拟世界中感知到这些各种各样的感官刺激时，其思维会与其产生共鸣，从而引发心理上的沉浸感，感觉如同进入了真实世界。

### （三）构想性

构想性也称想象性，指的是用户在虚拟空间中进行互动时创造和体验新场景的能力。在虚拟现实中，用户能够根据所接收到的多种信息和自身在系统中的行为，通过联想、推理和逻辑判断等思维过程，对虚拟世界的未来进展进行想象和探索。这种互动不仅促进了用户的感性和理性认识，也有助于用户理解复杂系统的深层次运动机理。构想性的存在使得虚拟现实成为一种强大的工具，不仅用于娱乐和游戏，还用于教育、科学研究和工业设计等多个领域。它允许用户在一个安全、可控的环境中进行实验和探索，无论是复杂的科学现象、历史事件的重现，还是未来城市的设计，都可以在虚拟空间中得到模拟和体验。

利用虚拟现实技术，参与者被置于一个充满沉浸感、具备高度交互性并且能激发创造性思维的信息环境中。在这个环境里，人们获取信息的方式不再局限于传统的听读文字或数字材料，而是通过与周围环境的互动，利用人的感知和认知能力，以一种全方位的方式获取多样化的信息。虚拟现实技术为解决各种应用问题提供了全新的视角和方法。它有效地突破了时间、空间、成本和安全性等传统条件的限制，使人们能够体验已经发生过的事件，或者尚未发生的情境。更重要的是，它允许用户进入实际上不可达或根本不存在的空间，这在教育、训练、科学研究等领域尤为重要。

## 四、VR 在教育中的应用

目前，国内对于虚拟现实技术的研究仍以各大高校和科技公司为主导。在教育领域，尽管虚拟现实技术的应用还处于初级阶段，但其潜在的发展前景是巨大的。虚拟现实技术通过提供身临其境的体验，使得学习过程比传统的教学方法更加生动和有说服力。这种主动的交互式体验与被动的观看和听讲相比，为学生带来了全新的感受和认识方式。随着虚拟现实技术的不断发展和成熟，以及相关硬件设备成本的降低，这项技术正逐渐受到更多教育工作者的关注和认可。其强大的教学优势和潜力预示着虚拟现实技术将在教育和培训领域得到更广泛的应用，改变传统的教学模式和学习体验。目前国内虚拟现实技术在教育中的应用，主要集中于以下几个方面：

### （一）VR 全景校园

VR 全景校园是一种结合了 3D 全景和虚拟现实技术的全新技术概念。它通过虚拟现实场景的界面，直观地展现了现实校园的景观和设施。通过将 VR 全景校园上传到互联网，远程用户可以进行虚拟漫游，不受地理位置的限制就能探索和体验校园环境。这不仅为潜在的学生和家长提供了一种便捷的校园参观方式，还为校园宣传提供了新的渠道。

随着互联网和移动互联网的兴起，VR全景校园正成为未来学校展示、学校招生和教学环境展示的重要发展方向。在新时代，绝大多数学生通过互联网和移动新媒体获取学校信息，并在网络和社交媒体上分享及了解学校环境和教学信息。虚拟现实技术的应用使得远程实景现场浏览成为可能，允许学生和家长不受地理限制地深入了解学校的办学特色、校园风貌、历史传统及重点学科等信息。这种全面的信息展示方式使得学校能更有效地向潜在学生展示其教育资源和环境。"互联网＋校园"的概念所引领的智慧校园正在极大地推动教育行业的快速发展。

VR全景校园主要有以下几个特点，如图6-3所示：第一，全方位。通过线上360°旋转的实景展示和720°无视觉死角的虚拟漫游，它能够全面展现校园环境和学校特色。这种全方位的视角为用户提供了一种无与伦比的探索体验，使他们能够深入了解校园的每一个角落。第二，三维实景。VR全景校园中的三维全景图像大多源于对真实场景的拍摄和捕捉，并经过特殊的透视处理。这种处理保留了场景的真实性，用户在其中漫游时，会产生身临其境之感。第三，无时空限制。制作成的文件占用空间小，可以轻松地放置在任何网站上，并通过链接访问。文件不仅便于传播和分享，而且不会影响网站的正常打开速度，使得用户随时随地都能轻松进入。

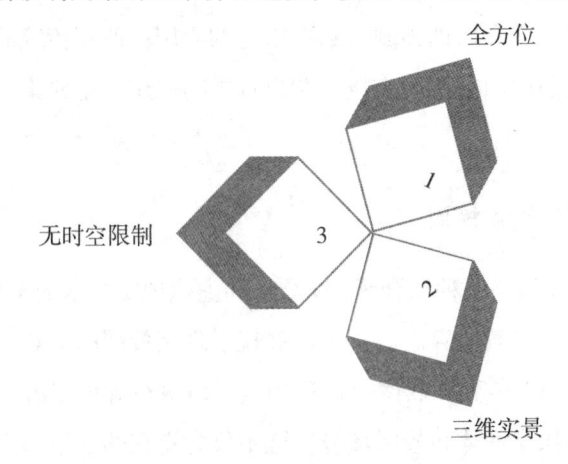

图6-3 VR全景校园的特点

## （二）虚拟教学

虚拟教学作为利用虚拟现实技术的教育方法，通过将教学内容转化为动画形式，并加入更多的互动性和真实性，为学生提供了一种全新的学习体验。虚拟教学不仅能够模拟真实的学习环境，还能提高学生的学习积极性和参与度。虚拟教学的优势体现在两方面，一是能够弥补院校硬件设施的不足，打破传统的教学模式，改变教学环境。二是虚拟现实的互动性和创造性大大增强了学生的学习兴趣，例如：导游、旅游、自动化、机械和动漫等领域。在这些领域中，虚拟教学不仅为学生提供了一个安全无风险的实验和练习空间，还能够模拟各种实际情境，帮助学生更好地理解和掌握专业知识。随着技术的发展，虚拟教学有望成为更多教育场景中的标准配置，为现代教育带来深刻的变革。

## （三）物理仿真实验

在物理、化学等学科的实验教学中使用虚拟现实技术具有显著优势，尤其在提高安全性方面。物理、化学实验往往伴随一定的危险性，学生由于缺乏经验，可能在实验操作中犯错，而教师不可能时刻监控每一位学生，这就增加了发生危险情况的风险。利用虚拟现实技术，可以有效地模拟物理和化学的实验过程，使学生在一个安全的虚拟环境中进行实验操作，这样不仅能够避免实际实验中可能发生的意外，还能让学生在模拟环境中积累经验，提高学生在真实实验中的操作技能和安全意识。此外，虚拟现实技术在提供安全实验环境的同时，还能增强实验教学的趣味性和互动性，进一步提高学生的学习兴趣和效果。

物理仿真实验具有以下几大优越性。第一，物理仿真实验通过模拟实验环境，使未能进行实验的学生能够直观地认识实验环境和仪器的整体结构。在这个虚拟环境中，仪器的关键部分可以调整，甚至可以拆卸，从而让学生实时观察仪器的各种指标和内部结构的工作状态。这不仅增强了学生对仪器功能和使用方法的了解，也提高了学生对实验操作的熟练度。第二，物理仿真实验在实验过程中实现了仪器的模块化。学生可以根据自己的需要选择和组合不同的仪器来完成实验目标。这不仅有助于培养学生的设计思维能力，还能锻炼学生对不同实验方法的优劣、误差大小进行比较和判断的能力。第三，物理仿真实验通过深入剖析教学过程，要求学生在理解基础上进行思考，以确保正确操作，有效克服了实际实验中可能出现的盲目操作和"走过场"现象，使学生在学习的过程中更加专注和投入，从而更好地理解和掌握实验原理和操作技巧。第四，物理仿真实验不仅对实验的操作进行演示和讲解，还涵盖了实验的历史背景、意义和现代应用等方面的内容。这种全面的教学方式使得仿真实验成为理论教学和实践教学之间的桥梁，培养了学生理论与实践相结合的思维方式。

## 第二节　虚拟现实技术应用于高校外语教学的可行性

### 一、虚拟现实技术应用于高校外语教学的优势

虚拟现实技术凭借虚拟场景的优势，能让学生在外语语言学习中有新的体验，增强学生学习的主动性。虚拟现实技术应用于高校外语教学的优势体现在以下几方面，如图6-4所示。

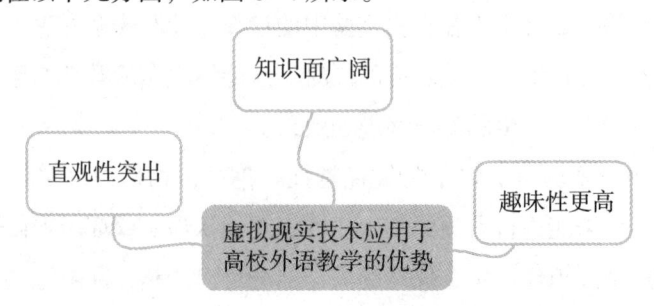

图6-4　虚拟现实技术应用于高校外语教学的优势

## （一）直观性突出

虚拟现实技术应用于高校外语教学，为学生提供了一个沉浸式的学习环境，极大地增强了学生进行语言学习的实际感和体验感，从而提高了学生学习效率和效果。首先，虚拟现实技术能够模拟出各种真实的外语环境，如英语市场、法语餐厅或德语剧院等。这些环境不仅包括视觉元素，还包括听觉和互动元素，为学生提供了一个全方位的沉浸式语言学习体验。例如：在一个虚拟的英语环境的市场中，学生可以听到真实的市场上的噪声，看到各种商品，甚至能与虚拟角色进行交流。这样的环境不仅让学生能够听到真实的语言表达，还能使他们在实际情境中练习语言。其次，虚拟现实环境中的文化和社会背景元素增强了学生对语言应用的理解。在一个法语餐厅中，学生不仅可以学习相关的餐饮词汇，还能了解法国的餐饮文化和礼仪。这种文化背景的融入使得学生的语言学习不再是孤立的词汇和语法学习，而是变成了一种直观、全面、真实的文化体验。

## （二）知识面广阔

虚拟现实技术在高校外语教学中的应用，能够显著拓宽学生的知识面。通过沉浸式的学习体验，学生不仅能学习语言，还能够接触到相关的文化、历史和社会背景知识，从而获得更全面的教育。

首先，虚拟现实技术能够提供丰富多样的学习场景。学生可以通过虚拟旅行访问各国，体验不同国家的历史文化。例如：在学习西班牙语的过程中，学生可以通过虚拟现实技术"访问"西班牙的历史名城，了解西班牙的艺术、音乐、建筑和风俗习惯。这样的学习不仅提高了学生的语言水平，还增强了学生对相关国家和文化的了解。其次，虚拟现实技术通过模拟真实的社会交流情境，使学生能够在实际语境中练习语言。在这些模拟环境中，学生可以参与各种社交活动，如购物、订餐、旅行等，这些活动不仅需要语言沟通，还涉及特定文化背景下的行为准则和社交规范。这种练习不仅提高了学生的语言实际应用能力,也拓宽了学生的知识面。最后,虚拟现实技术可以为学生提供跨学科的学习体验。例如:学生在学习法语时,可以通过虚拟现实技术参观法国的博物馆,了解法国的艺术和历史。这种跨学科的学习方式使得外语学习不再局限于语言本身,而是成为一种综合性学习,涵盖历史、艺术、地理、社会学等多个领域。

### (三)趣味性更高

在高校外语教学中,虚拟现实技术通过创造互动且沉浸式的学习环境,不仅提高了学生的学习兴趣,还增强了学生对外语学习的热情和动力。

首先,虚拟现实技术通过模拟各种真实和想象的环境,为学生提供了一个新颖且吸引人的学习平台。例如:学生可以通过虚拟现实技术参观虚拟的国外名胜古迹,或者参加各种模拟的文化活动和社交场合,这些体验是传统教室教学所提供不了的。通过在虚拟现实技术所模拟的环境中学习和练习语言,学生的学习过程变得更加生动有趣,极大地激发了学生对外语学习的兴趣。

其次,虚拟现实技术的互动性为学生提供了一种主动参与的学习方式。在虚拟现实技术创造的虚拟环境中,学生可以直接与虚拟角色互动,这些角色可能是程序设计的,也可能是其他学习者。通过与这些角色的互动,学生能够在实际语境中练习语言技能,如会话、听力理解和发音。这种互动性极大地增加了学习的趣味性。与传统的课堂学习相比,虚拟现实技术提供的是一种动态的、沉浸式的学习体验,学生可以在虚拟世界中探索、实验和学习。例如:学生可以在虚拟环境中模拟旅行情境,与虚拟角色交流,这种模拟的真实性使学习过程更加吸引人和富有成效。

最后,虚拟现实技术的游戏化元素增加了外语学习的趣味性。游戏化学习是一种将游戏元素和设计思维融入教育过程的方法,它利用人们天生对游戏的兴趣来激发人们学习的热情。在虚拟现实环境中,游戏化学习可以通过各种形式实现。例如：设计语言学习任务和挑战，让学生在完成游戏的同时学习新词汇、语法规则或短语。游戏形式可以是单人挑战，也可以是多人协作，甚至是竞技比赛。学生在参与这些游戏活动时，不仅能够在轻松愉快的氛围中学习，还能够在实践中巩固所学知识。此外，游戏化学习还建立了激励机制。例如：学生在完成一定的语言学习任务后，可以获得积分、徽章或其他形式的奖励。这种即时的正面反馈鼓励学生继续学习并挑战更高难度的内容。

## 二、虚拟现实技术在高校外语教学中的应用实效

### （一）激活学习动机

动机是推动学生积极参与学习过程、持续努力并最终实现学习目标的内在驱动力。在外语学习的背景下，高水平的学习动机直接影响学生的学习态度、投入程度以及学习效果。学习动机可以分为三类，即内在动机、外在动机以及目标动机。其中，内在动机源自于学生对学习本身的兴趣和好奇心。当学生因为对学习内容感到好奇、感到有趣或因为学习过程本身感到满足时，他们被认为是由内在动机驱动的。外在动机与外部奖励和惩罚相关。学生可能因为想获得好成绩、奖学金、家长或老师的认可，或是为了避免失败和受罚而学习。目标动机是指学生的学习动机与他们设定的个人目标或期望相关。这些目标可以是短期的也可以是长期的，并且可能涉及职业发展、个人成就或特定技能的掌握。虚拟现实技术在高校外语教学中的应用，对于学生学习动机的激活与维持具有重要作用。

从内在动机来看，虚拟现实技术通过创造一个沉浸式的学习环境，能够显著提高学生对外语学习的兴趣。例如：学生可以通过虚拟现实技术体验到不同国家的文化和生活，如参观法国的卢浮宫或漫步在西班牙的街头，从而激发其对外国语言和文化的兴趣。另外，虚拟现实技术使得学习成为一种探索体验，满足了学生的好奇心和探索欲。学生可以在虚拟环境

中自由探索，寻找新信息和知识点，这种自主发现的过程能够大大提高学习的内在动机。

从外在动机来看，一方面，在虚拟现实环境中，学生可以通过完成特定的语言任务或挑战来获得奖励。这种奖励机制，如虚拟徽章、积分或其他形式的认可，能够激励学生为了达成外部目标而持续学习。另一方面，虚拟现实技术能够提供即时的反馈，帮助学生了解自己的学习进度和成就。这种即时反馈对于外在动机至关重要，能够激发学生的学习热情。

从目标动机来看，首先，虚拟现实技术通过模拟真实的工作和生活环境，帮助学生了解外语学习在职业和个人发展中的实际应用情况。例如：商务英语学习者可以通过模拟商务会议来提高语言技能，同时看到自己的学习与职业目标的相关性。其次，虚拟现实技术可以帮助学生可视化长期学习目标，如通过模拟旅行体验来鼓励学生学习外语以便未来旅行使用，或者模拟国际工作环境来鼓励学生学习。

（二）驱动社交互动

虚拟现实技术通过创造模拟的、互动性强的外语学习环境，为学生提供了丰富的社交交流机会，从而增强了学生的语言应用能力和社交技能。因此，在高校外语教学中，虚拟现实技术的应用具有驱动社交互动的作用。

1. 提供安全的交流空间

在现实生活中，外语学习者往往因为害怕犯错、担心被他人评判而感到紧张，这种情绪阻碍了他们进行有效的语言实践和表达。然而，在 VR 创建的虚拟环境中，这种担忧显著减少。在 VR 环境中，学生被置于一个模拟的交流场景，如模拟的社交聚会、工作面试或是旅游情境中，可以自由地与虚拟角色或其他学习者进行交流和互动。这种无风险的社交练习空间使学生能够自由尝试不同的语言表达和交流方式。他们可以实验不同的语言结构、词汇使用，甚至是非语言交际技巧，如肢体语言和面部表情。由于知道这是一个模拟环境，学生不必担心在现实中可能遇到的尴尬或失败的后果，从而更加放松和自信。

2. 增进团队合作和社交技能

首先，虚拟现实环境中的团队任务和小组活动要求学生共同协作，以实现共同的学习目标。这可能包括共同解决问题、完成特定的语言学习任务或在模拟的社交情境中相互交流。在这种环境下，学生需要相互沟通、协调行动并共享资源，从而培养了自身的团队合作精神和协作技能。其次，虚拟现实提供的沉浸式环境促使学生在此情境中与虚拟角色进行交流和互动，这对提升社交技能至关重要。在虚拟现实环境中进行的模拟对话和社交互动有助于学生提高语言表达能力、倾听理解能力以及非语言沟通技巧，如身体语言和面部表情。最后，虚拟现实环境中的团队合作有助于培养学生的领导能力和组织能力。在完成任务的过程中，学生可能需要分配角色、管理团队资源和制定策略，这些活动都有助于提升学生的管理和领导能力。

3. 模拟多种社交情境

虚拟现实技术能够创造各种日常生活场景，如购物中心、餐厅、公园等，这些场景为学生提供了在轻松、日常的环境中练习语言的机会。学生可以在这些环境中与虚拟角色进行对话练习，如问路、点餐。通过这种模拟，学生能够在不感到压力的情况下练习语言，从而增强他们的自信心。另外，虚拟现实技术可以模拟与工作相关的环境，如商务会议、学术报告或工作面试。在这些环境中，学生可以使用更为专业和正式的语言。这种专业场合的模拟对于准备进入职场的学生尤为重要，因为它帮助他们适应专业环境下的语言和文化要求。

## （三）引导情绪调节

外语学习常伴随着焦虑和紧张，特别是在口语表达和实际应用方面。情绪调节有助于减少这些负面情绪，使学生能够更加放松和自信地参与学习。积极的情绪状态可以激发学生的学习兴趣和动力，使学习过程更加愉快和高效。

### 1. 促进情感投入

在高校外语教学中，虚拟现实技术可以提供沉浸式的学习体验，使学生能够在情感上更加深入地参与学习过程。这种情感投入对于提高学生的学习效果和加深学生对学习内容的长期记忆至关重要。首先，沉浸式学习环境能够激发学生的兴趣和好奇心，从而促使学生将更多情感投入学习中。在虚拟现实环境中，学生可以体验到生动的文化场景和真实的交流情境，这些体验远比传统教室中的书本学习更加吸引人。其次，情感投入有助于加深学生对学习内容的记忆。通常来说，当学习与个人的情感体验相关联时，学习效果往往更加显著。在虚拟现实环境中，通过模拟的互动和体验，学生不仅学习了语言知识，还与之形成了情感连接，这有助于提高学生的记忆效果。

### 2. 调整学生情绪状态

虚拟现实技术通过提供模拟的社交场景和角色扮演，使学生能够在可控的环境中练习语言和社交技巧。在所模拟的情境当中，学生可能会遇到各种社交挑战和情绪触发点，如公共演讲的紧张感、在陌生环境中的不安感，或与虚拟角色发生意见冲突的挫败感。这些模拟情境提供了理想的平台，使学生能够在安全的环境中体验和管理这些情绪。虚拟现实环境中的即时反馈对于情绪调整至关重要。例如：如果学生在模拟对话中表现出紧张或不自信，系统可以提供反馈，帮助他们认识到自己的情绪状态，并采取措施进行调整。这种反馈可能包括调节呼吸、改变语调、采用放松技巧等。此外，VR环境还能够帮助学生学习在不同社交场合下有效管理情绪的方法。通过模拟多样化的社交情境，学生可以学习如何在各种情境下保持冷静和专注，如何处理社交焦虑等。

### （四）正向归因干预

正向归因干预是指通过教育干预措施，帮助学生将学习中的成功或进步归因于自己的努力和策略，而不是外在的不可控因素，从而增强自我效能感和学习动力。学生在学习过程中常常面临挑战和困难，容易形成消极的归因，如将失败归因于自身的不足或外部的不公。正向归因干预有助于学生建立更积极的归因方式，提高学生对成功的期望和自我效能感。虚拟现实技术的应用对于学生的正向归因有着重要作用。

1. 提升自我效能感

虚拟现实环境能够直观地展示学生在语言学习中的进步和成就，这种直观的反馈能帮助学生看到自己的努力转化为实际的学习成果的过程，从而增强他们的自我效能感。在虚拟现实环境中，学生可以在各种模拟场景中练习外语，每一次成功的交流都是对自己能力的验证。这些积极的体验有助于学生建立起成功的归因模式，认为自己能够通过努力和正确的方法来实现学习目标。

2. 改变归因风格

（1）鼓励内部归因。在VR环境中，学生通过完成各种语言任务和互动挑战来学习外语。完成这些任务通常需要学生的努力、专注，以及应用特定的学习策略，例如：使用新词汇进行对话或在模拟情境中应用语法规则。当学生成功完成这些任务时，教师可以指出这些成就是学生自己努力的结果。这种正向的反馈和归因有助于提升学生的自我效能感，激发学生内在动力。学生开始理解到，通过自己的努力和正确的方法，他们能够在语言学习中取得进步和成功。这种认识促使学生在面对学习的挑战时更加自信，从而在外语学习过程中取得更好的成果。

（2）减少外部归因。在传统教室环境中，学生往往容易将学习中的困难或失败归因于外部因素，如考试的难度过大或教材的不足。然而，虚拟现实技术的应用有助于改变这种倾向，其通过提供个性化和适应性强的学习路径，使学生更倾向于将进步和成功归因于自己的努力。在虚拟现实环境中，学生可以根据自己的学习速度和水平进行学习，这种个性化的体验减少了学生对外部因素的依赖感。

## 第三节 虚拟现实技术应用于高校外语教学的实践路径

### 一、虚拟现实技术应用于高校外语教学中的基本原则

要想有效地将虚拟现实技术融入高校外语教学中，需要遵循一些基本原则，如图6-5所示。

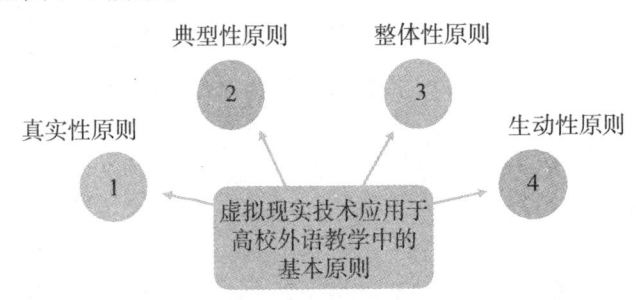

图6-5 虚拟现实技术应用于高校外语教学中的基本原则

#### （一）真实性原则

在高校外语教学中遵循真实性原则，强调在应用虚拟现实技术时，

必须保证教学内容的真实性和客观性。虚拟现实技术作为科学知识的结晶，不仅提供了一种新的教学方式，而且也承载着教育过程中对现实世界的真实再现和客观规律的探索。

首先，虚拟现实技术在外语教学中的应用需要紧密结合现实世界的语言使用环境。这意味着虚拟环境应该模拟真实世界中的社会文化背景、日常交流情景以及专业语境，从而为学生提供一个真实的语言学习和应用平台。通过这种方式，学生不仅能学习语言本身，还能了解和体验相关的文化，这对于外语学习是至关重要的。其次，外语教学中的虚拟现实内容必须基于现实的基本规律，确保提供的情境、对话和活动与现实生活中的语言使用习惯相符合。例如：通过模拟真实的旅游、购物、会议等场景，学生可以在真实感强烈的环境中练习和应用所学语言，从而更好地理解和掌握语言。此外，虚拟现实技术在教学中的应用必须遵循物质发展的客观规律。这意味着在设计虚拟语言学习环境时，要充分考虑语言发展和变化的规律，确保教学内容不仅是科学的，也是与时俱进的。例如：包含当代语言使用趋势和现代词汇的教学内容，可以帮助学生更好地了解和适应语言的发展和变化。

### （二）典型性原则

在高校外语教学中，遵循典型性原则意味着利用虚拟现实技术创建典型的教学情景，以便帮助学生更好地理解和掌握语言及其背后的文化和社会规律。在这种教学模式下，通过精心设计的虚拟环境和情境，学生可以体验外语在真实世界中的典型应用，从而加深对语言和文化的理解。

第一，创造典型的文化和社会情境。在外语教学中，典型性原则要求教师设计反映目标语言文化和社会特征的虚拟环境。例如：如果教学的目标语言是西班牙语，那么可以创建一个模拟西班牙或拉丁美洲的街景，让学生在与虚拟角色的互动中练习语言，并了解相关文化习俗。这种方式不仅加深了学生对语言的理解，也增加了他们对相关文化背景的认识。

第二，强调典型语言表达和词汇。这种方法专注于让学生学习和练习那些在真实语境中最常用和具有代表性的语言元素，从而提高他们在实际交流中的语言运用能力。在设计虚拟环境时，应首先确定目标语言中的高频词汇和常用表达。这包括日常对话中的基本词汇、常用短语和句型。例如：教师在教授英语时，可以聚焦于日常生活、工作或学术交流中常见的词汇和表达，如问候语、基本动词和常见的对话句型。

第三，体现语言使用的典型场景。在虚拟现实环境中模拟典型的语言使用场景，如餐馆点餐、商店购物、旅游咨询等，是高校外语教学中运用典型性原则的一个重要方面。如在餐馆点餐的虚拟场景中，学生可以学习如何使用目标语言来阅读菜单、询问推荐菜品、表达特定的饮食偏好和要求。在购物场景中，学生可以练习询问价格、描述所需商品、了解支付方式和退换货政策等内容。旅游咨询场景则能够帮助学生学习如何用目标语言询问景点信息、购买门票和安排旅行计划。创造接近现实的模拟环境，可以为学生提供一个独特的学习平台，使学生能够在实际语境中练习和应用外语。

## （三）整体性原则

在高校外语教学中，遵循整体性原则意味着在使用虚拟现实技术时，教师需要确保教学内容和方法能够反映和整合语言学习的各个方面。这种整体性原则不仅强调知识点的连贯性，还关注知识之间的互通和相互联系，从而提高教学效率和质量。首先，整体性原则要求教学内容覆盖外语的各个方面，包括语法、词汇、发音、听力、口语、阅读和写作。使用VR技术时，教师应将这些元素整合到一个连贯的教学框架中，而不是孤立地教授。例如：一个虚拟场景不仅可以用来练习口语交流，同时也可以包含阅读材料、完成写作任务或进行语法练习，确保学生的多方面能力都能得到提升。其次，外语教学中的整体性原则强调语言知识和文化知识的融合。语言不仅是沟通的工具，也是文化的载体。因此，在虚拟现实环境中，除了语言技能的训练，还应包括对目标语言文化的深入了解。例如：在学习西班牙语时，教师可以利用 VR 技术模拟西班牙的历史场所、节日庆典或日常生活场景，使学生在学习语言的同时，深入了解西班牙的文化和社会。

**（四）生动性原则**

在高校外语教学中，运用虚拟现实技术应遵循生动性原则，生动性原则强调教学过程需要创造一个既生动又具有吸引力的学习环境，以更有效地吸引学生的注意力，提高学生的学习兴趣和学习效率。遵循生动性原则的教学，将更加具体、形象地再现语言和文化，从而帮助学生更好地理解和掌握外语知识。

首先，虚拟现实技术的运用能够为学生提供一个多感官的学习体验。通过高度逼真的图像、声音和互动体验，学生能仿佛身临其境般地体验到目标语言国家的环境和文化。例如：通过虚拟现实技术，学生可以"走进"一个日语国家的街道，听到街上的对话，看到店铺的招牌，甚至感受到街道的氛围。这种生动的体验有助于学生更好地理解语言的实际应用环境，提高他们的学习兴趣和参与度。其次，生动性原则强调在教学中使用具体、形象的实例来阐释语言点。虚拟现实技术可以创造各种具体的场景和情境，如餐厅点餐、办理登机手续、超市购物等。在这些场景中，学生不仅可以学习特定的词汇和语法结构，还能通过实际情境来理解这些语言元素的使用方法和文化背景。例如：在虚拟的餐厅场景中，学生可以学习如何用目标语言点菜，同时也能了解该国的餐饮文化。最后，生动性原则要求教学方式灵活多变，以适应不同学生的学习需求和兴趣。在虚拟现实教学中，教师可以通过各种互动游戏、模拟练习和角色扮演来激发学生的学习动力。例如：教师可以设计一个虚拟的"宝藏猎人"游戏，要求学生使用目标语言解谜，以寻找虚拟环境中的宝藏。这样的游戏不仅使学习过程更加有趣，还能提高学生的语言实际运用能力。

## 二、虚拟现实技术在高校外语教学中的应用实践

### （一）依托虚拟现实技术创设情境，趣味互动

在现代教育活动中，虚拟现实技术通过集成多媒体计算机技术，构建了一个融合视觉、听觉和触觉的多元一体传感机制和沉浸式交互环境。特别是在外语教学中，虚拟现实技术的应用重点在于开发互动情境，将教学内容融入所开发的各种情境之中，从而促进学生更快、更有效地掌握外语知识。通过虚拟现实技术的应用，学生可以在一个互动、探究和积累知识的环境中学习，这不仅丰富了教师的教学方式，也提高了学生的语言学习素养，显著提升了教育活动的效果和质量。

在高校外语教学中利用虚拟现实技术创设情境，为学生提供独特而有效的语言学习平台，能够实现教学内容和交流活动的多元融合，深度发展学生的语言素养和外语学习能力，进而提升学生的语言应用技能。外语教师可以通过虚拟现实技术搭建极具真实感的交互情境，要求学生利用情境中的外语知识和语言资源来搜集并使用对话素材，锻炼学生的外语学习能力。学生会佩戴虚拟现实技术设备，然后被引入各种互动情境中，如"日常问候""初次见面""朋友分别"等互动情境。在这些互动情境中，教师还可以引入仿真对话机器人，使之与学生进行高度真实的互动，提供即时反馈，帮助学生更好地理解和应用所学语言。

在虚拟现实技术的支持下，高校外语教学可以创建一个沉浸式的学习环境，让学生通过补充对话和参与对话故事来进行外语交流活动。这种方法不仅锻炼了学生的语言加工和应用能力，而且提高了学生的交际技巧。在完成虚拟情境中的对话任务后，学生摘下虚拟现实设备，对学习过程中遇到的关键知识点和难题进行汇总和分析。这个过程不仅加深了学生对外语知识的理解，还促进了同学间的学习经验交流。通过这样的教学方法，学生能在实践中应用外语知识，并分享学习心得，从而有效推动了教

学活动的优化和学生外语能力的提升。

## （二）应用虚拟现实技术导入资源，高效授课

在高校外语教学活动的设计中，外语教学不能仅仅依赖于外语理论知识的传授，而应重视现代教育技术与教学方法之间的有效融合。虚拟现实技术的引入为外语教学提供了新的维度，其将抽象的语言知识融入具体的场景和环境中，从而增强了教学的有效性和互动性。通过这种方式，学生不仅能够掌握外语的表达特点，还能深入了解相关的文化背景。在虚拟现实技术的辅助下，外语教学能够以语言应用为核心，创造真实感强烈的学习环境。教师在这种环境中，不仅传授语言知识，而且提供丰富的文化情境，帮助学生在实践中学习和应用外语，并激发学生学习兴趣。

在虚拟现实技术的支持下，要建立互动、交流、应用多元联动的外语教学模式，依靠虚拟现实技术提高教师授课效率，培养高校学生的外语学习能力。以高校外语课程中的单词教学为例，单词作为学生必须掌握的基础语言素材，其学习效果对于外语知识的整体掌握至关重要。在传统教学中，单纯要求学生记忆单词往往效率不高。而虚拟现实技术的应用能够为学生创造一个更加生动、直观的学习环境。如对于英语单词"vehicle（交通工具）"的学习，教师可以利用虚拟现实技术创设具体的虚拟动画。这个动画不仅可以展示"vehicle"代表的各种交通工具，如汽车、自行车、火车等，还可以呈现交通工具的实际使用场景，如街道、铁路、高速公路等。这样的虚拟动画不仅使单词的含义更加形象化，而且通过场景的展示，学生可以更深入地理解单词在实际语境中的应用。

在高校外语教学中，利用虚拟现实技术教授外语句子和俗语，能够极大地提升学生的语言理解和翻译技能。以英语俗语"Life is not all roses"为例，这句话的字面意思是"生活并不全是玫瑰"。在虚拟现实技术中，可以创设一个展示生活中各个场景的情境。例如：展示一个人经历不同生活阶段的场景，如在学习中遇到挑战、在工作中面临困难、家庭生

活中的喜怒哀乐等场景。这些场景中不仅有欢乐的时光,也有受挫和失败的时刻。通过这种丰富多彩、真实感强烈的场景展示,学生不仅能理解"Life is not all roses"这一句子的字面意义,更能深入领会其寓意——人生并非尽如人意。

### (三)结合虚拟现实技术开展专项训练,提升技能

高校外语教学活动应该围绕听、说、读、写、译等要素展开。通过虚拟现实技术,教师可以在课堂上导入各种专项训练活动,促进学生各项技能的全面发展,使学生能够在更加全面和深入的环境中学习和掌握外语,从而为未来的实际应用做好准备。

#### 1. 听力训练

在虚拟环境中,学生可以接触到各种真实场景下的语言素材,如街头对话、商务会议或文化活动等。这些场景中的自然语流和环境声音为学生提供了丰富的听力练习材料。由此一来,学生不仅能够提高对不同语速和口音的人的语言的理解能力,还能在各种真实的语境中锻炼他们的听力技巧。

#### 2. 口语训练

虚拟现实技术使得学生可以在模拟的社交场合中进行语言实践。例如:学生可以在虚拟的餐厅、商店或旅游景点等场景中与虚拟角色进行互动。这种实际的对话练习不仅提高了学生语言发音的正确性和流利度,还增强了他们在真实交流中的自信心和应变能力。

#### 3. 阅读训练

在虚拟环境中,学生可以接触到各种文本材料,从简单的广告牌到复杂的报纸文章或小说。这些材料不仅丰富了学生的阅读内容,还通过视

觉元素增强了学生的阅读体验。此外，通过虚拟现实技术的互动性特征，学生可以对他们阅读的内容进行更深入的探究，如通过点击某个单词来获取其定义和使用示例。

4. 写作训练

在虚拟现实环境中，学生可以通过模拟的邮件撰写、报告编写或社交媒体互动等活动来练习写作。这些写作任务可以根据写作难度分等级设计，等级越高，难度越大。通过这种方式，学生不仅能够提升他们的语法和词汇运用能力，还能在写作中更好地表达自己的观点和想法。

5. 翻译训练

在虚拟现实技术的支持下，学生可以在不同的语境中进行翻译练习。例如：学生可以在模拟的国际会议中进行同声传译，或在虚拟的旅游景点中进行口头翻译。这些练习不仅加强了学生对语言的理解，还提高了他们的语言转换和应用能力。在高校外语教学中，教师可以利用虚拟现实技术开发多元互动平台，如"线上翻译库"和"虚拟交流库"开展教学，以增强教学互动性和实用性。

**（四）通过虚拟现实技术设计游戏，自主交流**

在基于虚拟现实技术的高校外语教学中，除了重视学生对基础语言知识的加工和整合，还要为学生创造丰富的互动机会，并引导学生在课堂上积极交流。为实现这一教学目标，教师应在虚拟现实技术中加入趣味性的游戏环节，使学习过程更加吸引人，提高学生的学习热情和参与度。

在高校外语教学中，利用虚拟现实技术导入多元化文化资源，如"童话故事""寓言故事""外语历史故事"，不仅创新了教学模式，还提供了一个互动和沉浸式的学习环境。以英语寓言故事《渔夫和小鱼儿》为例，在高校英语教学中，教师可以利用虚拟现实技术导入以该故事为背景的互动动画。在这个动画中，学生可以扮演渔夫，与动画中的小鱼儿进行互动。这种互动可以设计成一系列的对话练习，学生需要使用英语与小鱼儿沟通，如询问小鱼儿的愿望、讨论故事中的道德问题等。在这个过程中，学生不仅能够练习英语听说技能，还能深入了解英语文化和寓言故事背后的寓意。教师可以在教学过程中提出引导性问题，促使学生思考并用英语表达自己的观点，如"How do you think fishermen should handle their relationship with small fish？""What inspirations does this story bring to our lives？"随后，通过虚拟现实环境中的即时反馈和指导，学生能够更加深入地理解外语知识，提高语言应用能力。这种结合信息技术和语言交流的教学模式，实现了外语教学活动的深度优化，为学生提供了一个全新的、互动性强的学习平台。

**（五）利用虚拟现实技术进行课外拓展，实现深层互动**

虚拟现实技术在高校外语教学中的应用不仅可以拓宽课外活动的范围，还有助于提高课外活动的质量和效果。在以虚拟现实技术为支持的课外活动中，学生不仅能够在更加真实和互动的环境中学习外语，还能在享受学习乐趣的同时提升自己的外语能力，实现深层次互动。

虚拟现实技术在高校外语教学中的应用，尤其是在举办语言竞赛和挑战活动方面，为学生提供了一个创新和互动的学习平台。其不仅使外语学习更加有趣，而且有效地提升了学生的实际应用能力、动手能力和创新思维。以虚拟辩论赛为例，学生可以在虚拟环境中进行模拟辩论。假设辩题是"全球化对文化的影响"，学生需要使用英语就这一主题进行辩论。在这个虚拟环境中，学生不仅需要准备充分的论据来支撑自己的观点，还需要用流利的英语准确地表达出自己观点。除此之外，虚拟现实技术还可以用于设置一系列的语言挑战任务。例如：可以设计一个虚拟城市导航任务，要求学生用外语与虚拟角色交流，找到指定地点；或者设置一个模拟商务会议，学生需要用外语进行产品介绍和谈判。这些任务不仅需要学生运用外语进行交流，还要求他们应用相关的语言知识和文化背景知识来解决问题。通过参与这些虚拟活动，学生能够在一个安全的环境中尝试和练习外语，这种实践机会有助于学生更好地理解和掌握语言。

# 第七章 数智化时代高校外语教师信息素养的养成

## 第一节 教师信息素养的内涵与框架

### 一、教师信息素养的概念界定

#### (一)信息素养

信息素养是当今信息社会的一个重要概念,涉及个体如何高效、有效地处理和应用信息。桑新民教授认为,信息素养更重要的是在信息化新环境下应具备的独立自主的学习态度、学习方法、创新能力,以及强烈的社会参与意识。①李克东教授认为信息素养不仅是有效利用信息的能力,更是一种融入社会和对信息技术的理解、批判的态度。②从这些定义中可以看出,学者虽然在对信息素养的具体界定上存在差异,但都认同一个核心观点:信息素养是一种综合性的素养,不仅包括知识和能力,还涵盖情

---

① 桑新民:《步入信息时代的学习理论与实践》,中央广播电视大学出版社,2000,第24页。
② 李克东:《数字化学习(下)——信息技术与课程整合的核心》,《电化教育研究》2001年第9期。

感和态度等方面。

笔者认为，信息素养不仅是理解和利用信息的能力，更是在数智时代中每个公民所必需的基本素质。信息素养使个体能够判断何时需要信息，并知晓如何去获取和有效地运用这些信息。信息素养不只是一种技能，更是一种批判性思维的体现，能使个体在海量信息中辨别真伪，做出明智决策。此外，信息素养还体现了公民的道德意识和责任感。在数智化社会中，个体应当具备正确处理和传播信息的道德责任，这关系到信息环境的健康和社会的和谐。

### （二）教师信息素养

在信息时代，信息素养对每个人来说都是一种基本要求，尤其对于教师而言，其重要性更是不言而喻。教师的信息素养不仅仅是作为普通公民所应具备的基本素养，更是其职业角色在教学和教研环境中所必需的核心素质。教师的信息素养包括对信息技术的了解和应用能力，这使教师能够有效地利用现代技术进行教学和学习。在信息时代，教师需要不断更新自己的知识库，以适应快速变化的教育环境，这不只是一个技术问题，更是一个涉及教师职业理想、道德标准、自我提升和专业发展的综合问题。教师的信息素养体现在教师对时代背景、国家政策和信息化建设状况的理解上。因此，教师不仅要掌握信息技术，还要具备对信息的批判性思维能力，能够在教育的各个环节中合理运用信息技术，以促进教育的质量和效果。

根据《高等教育信息素养能力标准》，并结合现有相关文献研究，笔者认为，教师信息素养整体上包括能力和意识两个方面，涉及主动运用信息技术来搜寻、获取、加工和利用信息的能力和意识。教师信息素养不仅仅是对技术的掌握，更关键的是将这些技能应用于教育教学的各个方面，以此来提升和优化教育教学活动。教师信息素养强调对信息技术的应用，使教师能够更及时地发现和解决教育教学中的问题。在这个过程中，教师不仅是信息的接收者和传播者,更是信息的创造者。信息素养成为促进教师终身学习和专业发展的关键工具,帮助教师适应不断变化的教育需求和技术进步。因此,教师信息素养的培养对于提高教育质量,实现教育的现代化具有重要意义。

## 二、教师信息素养的时代特征

信息素养对于教师而言尤为重要,因为信息素养直接影响教学质量和学生的学习效果。教师信息素养主要具有以下几点时代特征,如图7-1所示。

图7-1 教师信息素养的时代特征

### (一)生活性

随着信息技术的迅速发展和智能设备的广泛普及,教师在生活中不断接触和使用各种信息技术,这不仅使教师的生活方式发生了变化,而且也影响着教师的思维和行为模式。教师信息素养的生活性特征主要体现在以下几方面：第一，教师通过各种智能设备和网络资源，可以更方便地获取和交流信息。例如：教师可以利用智能手机或电脑轻松访问互联网，浏览学术资料、参与在线论坛或社交媒体群组。这种即时的信息获取和交流方式，不仅提高了教师的信息处理能力，也拓宽了教师的知识视野。第二，信息技术的应用使教师的学习方式更加多元化和灵活。通过网络平台，教师可以参与在线课程、远程研讨会或网络研修，这些方式不受时间和地点的限制，使得教师的专业发展和终身学习变得更加便捷和高效。第三，信息技术影响着教师的思维方式。在处理海量的信息资源时，教师能够学习筛选、评估和整合信息的方法，这不仅提升了教师的批判性思维能力，也有助于增强教师对信息的敏感度和应用能力。

**（二）综合性**

在信息技术飞速发展的今天，拥有高度的信息素养对于每个个体而言都是必不可少的。信息素养是教师理解和适应这个复杂世界的关键，也是教师在职业和个人生活中取得成功的基石。信息素养作为一个多维度和跨学科的概念，不只是指对信息技术的掌握，更是一种包含人文、技术、经济和法律等多方面知识的综合能力。信息素养的核心在于对信息的理解、分析和有效利用，要求个体不仅要通晓信息技术，还要具备广泛的知识视野和批判性思维能力。首先，信息素养强调对信息内容的深入理解。在信息泛滥的时代，能够从大量信息中筛选出有价值的内容，对其进行深入分析和理解，是信息素养的关键。这不仅需要教师具有广博的知识储备，还需要对信息背后的意义和影响有敏锐的洞察力。其次，信息素养涉及信息的有效传播和评价。这不仅是一个技术问题，更是一个沟通和批判性思维的问题。有效地传播信息意味着教师能够清晰、准确地表达思想，并能够听取并吸收他人的观点。同时，批判性地评价信息意味着教师能够对信息的来源、准确性和相关性进行分析和判断。最后，信息素养涉及对信息的检索和利用。这不仅需要教师熟练掌握各种信息技术和工具，如搜索引擎、数据库等，还需要教师掌握科学的调查方法，通过鉴别和推理来获取和利用信息。这种能力对于教师的学术研究、决策制定乃至日常生活中的问题解决都至关重要。

### （三）信息素养的差异性

教师信息素养具有差异性特征，主要体现在以下几方面：

一是技术熟练度。教师对信息技术的掌握程度，通常受到诸多因素的影响，其中年龄、专业背景等是主要的影响因素。通常情况下，年轻教师由于从小就生活在较为发达的信息技术环境中，因此更加熟悉和适应各种新兴的信息技术和教学工具。他们在使用现代化的教学辅助工具和平台方面，如在线教育资源、互动学习软件等，往往表现得更为得心应手。拥有更多教学经验的年长的教师可能在使用传统教学方法和技术方面更加娴熟。有科技、工程或计算机科学等背景的教师，可能对信息技术有更深的了解和更强的适应能力。而有人文或社会科学背景的教师，可能在传统的教学方法上有更多的经验。

二是信息处理能力。信息处理能力包括对信息的检索、分析、整合以及应用等，这些能力在不同的教师身上表现出显著的差异。这种差异性不仅源于个人的技术技能，还与教师的认知风格、思维习惯以及教学经验紧密相关。一方面，部分教师在创新性问题的解决上更为突出。这类教师善于从多角度审视信息，能够识别和评估信息的可靠性、相关性和价值。他们通常能够在海量信息中迅速找到关键点，并提出独到见解或创新的解决方案。这种能力使得他们在处理复杂问题和创新教学设计时表现出色。另一方面，部分教师擅长对信息的系统整合和应用，在组织和结构化信息方面具有较强的能力。他们可能更注重信息的实用性和应用性，能够将理论知识与实际教学相结合，为学生提供丰富而系统的学习材料。

三是对信息技术的应用理解程度。部分教师可能认为信息技术是增强课堂互动、提高学生参与度的有效工具，倾向于使用多媒体教学、在线协作平台等技术手段来激发学生的学习兴趣。部分教师可能更重视信息技术在提高教学效率、支持个性化学习方面的作用，可能会利用教育软件、在线资源等工具来提供针对性的教学内容和练习。教师的不同看法和做法，反映了教师对信息技术在教育中所起作用的多元理解，也展示了教育技术应用的复杂性和多样性。教师对信息技术的这种多样化认识，既是信息时代教育多元化的体现，也是教师信息素养的直观体现。

### （四）实践性

信息素养的实践性强调，教师必须将理论知识转化为实际行动，将信息技术和信息资源应用于教育实践中。这不仅提升了教学质量和学习效果，也为教师自身的专业发展提供了动力和方向。

一方面，信息素养的实践性体现在教师的日常教学活动中。在课堂上，教师需要运用多种信息技术，如数字媒体、互联网资源、在线平台等，来设计和实施教学活动。这不仅使教学内容更加丰富多彩，也有助于提高学生的参与度和学习兴趣。例如：通过利用互动软件，教师可以创建更具互动性和参与性的学习环境。另一方面，信息素养的实践性还体现在教师如何将信息技术融入学生的学习过程中。教师需要指导学生掌握有效地使用信息技术进行学习的技能，如进行在线研究、使用学习管理系统、参与在线讨论等。这不仅有助于提高学生的信息技术应用能力，也促进了学生的批判性思维和创新能力的发展。

## 三、教师信息素养的发展阶段

教师信息素养的发展呈现出阶段性的特征。高校教师信息素养的发展阶段需要建立在技术发展的基础之上。从教师与技术之间的关系出发，可以将教师信息素养的发展划分为三个阶段，如图7-2所示，即认可与认知阶段、学习与应用阶段、适应与创造阶段。

认可与认知阶段　　　　　　　　适应与创造阶段

1　　　2　　　3

学习与应用阶段

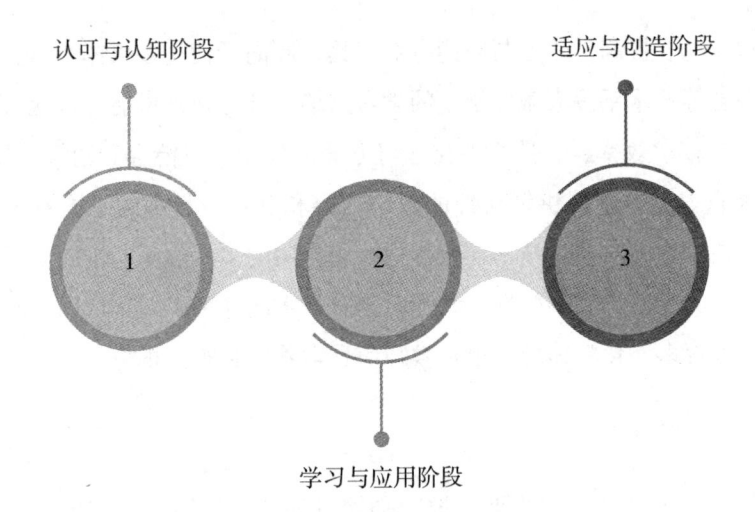

图 7-2　教师信息素养的发展阶段

## （一）认可与认知阶段

认可与认知阶段是教师信息素养发展的起始阶段，体现着教师对新兴信息技术在教育领域应用价值的初步认识。认可与认知阶段可以进一步细分为两个层面，一是认可技术所发挥的作用。这一时期，教师开始意识到信息技术不仅仅是一种辅助工具，而是能够从根本上改变教学方式和学习方法的关键因素。例如：教师认识到在线平台、互动软件等工具能够提升教学互动性和学生参与度，数字资源能够丰富教学内容。这种认识是教师信息素养提升的基础，促使教师对传统教育模式进行重新思考。二是更新自身的技术认知。这个时期，教师开始探索和学习如何有效利用这些新技术，包括学习基本的计算机操作、网络资源搜索、数字工具的使用等。在这个过程中，教师不仅扩展了自己的技术知识，也打破了原有的技术认知，为更深入地理解和运用信息技术奠定了基础。在认可与认知阶段，教师的态度从最初的观望、犹豫，逐渐转变为接受和探索。通过对新兴技术的认可与认知，教师为自己在信息时代的教育实践做好了准备，为后续的学习与应用、适应与创造阶段奠定了坚实的基础。

## （二）学习与应用阶段

学习与应用阶段主要是实现从理论知识到实践技能的转化，以及从个体学习到群体共享的转变。在这个阶段，教师不仅要加深对技术的理解，而且要将这些知识转化为实际应用的能力。学习与应用阶段主要分为以下两个时期：

一是个体蜕变时期。教师在掌握基本的技术知识之后，开始更深入地学习和探索信息技术的高级功能和应用。这包括对特定教育软件的深入使用、数据分析技能的学习，以及如何将技术融入课程设计和教学策略的研究。通过个人努力，教师逐步提升自己的信息技术操作能力，将理论知识转化为实际教学中的应用技能。二是群体质变时期。在这一阶段，教师信息素养的发展开始超越个体层面，转向更广泛的社群学习和共享。在这个时期，教师通过参加研讨会，与同行分享经验和策略，从而实现知识和技能的群体扩散。这不仅促进了教师间的协作与学习，也有助于教师形成共同的教育技术实践和理念。

学习与应用阶段的最终目标是实现技术知识的内隐化，即教师能够自如地运用信息技术，将其深度融入教育活动中，使之成为提高教学质量和效率的一部分。通过个体和群体两个层面的学习与实践，教师的信息素养得以全面提升，进而能够有效应对信息时代的教育挑战。

## （三）适应与创造阶段

在适应与创造阶段，教师主要是在学习和应用新技术的基础上，发展出更深层次的技术思维，并运用这种思维进行创新和探索。本阶段分为两个时期。一是适应时期，二是创造时期。在适应时期，教师通过不断的学习和实践，逐渐熟悉和适应了信息技术带来的教育环境的变化。这一时期的关键在于教师能够灵活运用各种技术工具，将其融入日常教学中，从而提高教学效率和质量。在创造时期，教师开始超越对技术的单纯应用，形成了独立的技术思维。这种思维使教师能够打破传统的思维定式，从而在教学和研究中发挥技术的新功能，进行创造性的尝试。教师不仅仅是技术的使用者，更是技术创新的推动者。他们需要开发新的教学方法，利用技术进行跨学科的合作，或者创造新的学习资源和平台，为学生提供更加丰富多彩的学习体验。

### 四、教师信息素养的框架

根据我国高校外语教学的实际，高校外语教师的信息素养主要包括以下四个维度：

#### （一）信息意识

信息意识是指人对信息敏锐的感受力、判断能力和洞察力。对于高校外语教学而言，良好的信息意识主要体现在以下几方面：第一，高校外语教师需要在思想上充分认识信息素养在现代教育中的重要地位，不仅要理解信息技术的重要性，还要认识有效地将这些技术融入外语教学中的必要性。第二，高校外语教师应树立现代语言教学的信息观，包括愿意积极地获取和利用信息资源，以及维持终身学习的态度，不断更新自己的信息知识和技术能力。第三，高校外语教师需要提升自身对信息素养的内在需求。在应用信息技术解决教学问题的过程中，教师应能自觉地认识并弥补自己在信息知识和技能方面的不足，从而激发自身的内在学习动力。

#### （二）信息知识

信息知识是与信息相关的理论和认知。对于高校外语教学而言，拥有良好的信息知识基础主要体现在以下几方面：第一，教师需掌握信息的基本概念及其传播特征，包括了解信息的类型、特性以及如何在不同环境中有效传播信息。第二，教师应熟悉信息技术的基本原理，包括软硬件的基本知识。特别是那些与教学和科研紧密相关的信息技术，如教学软件、在线学习平台、数据分析工具等。掌握这些技术不仅能提升教学效率，还能促进科研工作的深入开展。第三，教师应了解信息技术的发展历程和应用现状，以便更好地预测和适应未来教育的发展方向。第四，教师应了解信息技术对社会和人类的影响，以及信息安全和信息产权的基础知识。这不仅有助于培养教师批判性地、合理地使用信息技术的能力，也有助于提升教师的信息伦理素养。

### （三）信息能力

信息能力是信息素养的核心，是指理解、获取、利用信息及利用信息技术的能力。根据高校外语教学科研实践，信息能力可以分为五部分内容，即信息获取、评价、加工、管理和交流的能力。

1. 获取信息的能力

获取信息的能力指通过多种渠道搜寻并得到所需信息的能力。对于高校外语教师而言，获取信息的能力尤其重要。首先，高校外语教师需要不断更新教学内容和方法，以适应快速变化的语言和文化环境。有效地获取和整合最新的教学资源、科研成果和文化信息，能够丰富教学内容，提高教学质量。其次，拥有获取信息的能力，高校外语教师就能够接触和筛选各种教学材料，如原版文献、影视作品、新闻报道等，这些材料可以使课堂更加生动、有趣，进而提高学生的学习兴趣和学习效果。

2. 评价信息的能力

信息评价能力是指对所获信息的价值、真伪、可靠性等做出合理判断和综合分析的能力。对于高校外语教师而言，评价信息的能力具有重要意义，具体体现在以下几个方面：第一，外语教师需要确保其所教授的语言和文化内容是准确和与时俱进的。评价信息的能力使教师能够鉴别各种教材和资源的质量和可靠性，确保学生能接收到正确的信息。第二，评价信息的能力帮助教师从海量的教学资源中挑选出最适合学生需求和教学目标的材料，如选择最具代表性和教育价值的文学作品、电影、新闻报道等。

3. 加工信息的能力

信息加工能力指的是调集自身认知资源对所获取信息进行精准操作和快速处理的能力。在日常教学中，外语教师需不断创新教学内容和方法。拥有加工信息的能力，外语教师就能够将收集到的多种信息资源综合起来，设计出符合学生需要和学习水平的教学计划和活动。就内容而言，在保留语料真实性的同时，高校外语教师要对其进行教学加工。通过利用各种工具，如词典、文字处理软件、音视频和图像编辑器，对原始教学内容进行加工。与此同时，外语教师可以在内容和形式上创新，如自行编写网络课程脚本、拍摄和编辑视频，以创造出独特且针对性强的教学材料，满足学生的实际需求，增强教学材料的个性化和互动性，使学生的学习体验更加丰富。

在数智化时代，高校外语教师加工信息的能力还涉及对学习数据的深入挖掘和分析，以提供智力支持和优化教学策略。慕课平台和各类自主学习平台如 U 校园、We Learn（随行课堂）等，已成为现代教育体系中不可或缺的组成部分，这些在线学习平台记录了丰富的学生学习过程的数据。高校外语教师需要利用这些数据来分析学生的学习情况，包括学习特点、策略和进步情况。通过对这些大数据的分析，教师可以更深入地理解学生的学习需求和难点，从而更有效地调整和优化教学设计。此外，这些数据也为学生的个性化教学和学习评价提供了重要依据，有助于教师建立更加全面和准确的学生档案。同时，作为科研工作者的外语教师还应掌握使用定量和定性数据分析软件的技能，如 SPSS（社会科学统计软件包）、EXCEL、Nvivo（质性分析软件）等。这些软件工具对于处理教学和研究中的各类数据，如问卷调查、访谈记录、反思日志等，都是非常有效的。

4. 管理信息的能力

管理信息的能力主要指有效地组织、存储、检索和维护信息的能力。面对庞杂的已获教学资源，外语教师需要根据教学的具体需求，分门别类地组织这些资源，建立一个个性化的教学资源库。为了实现快速而准确的资源调取，教师应熟练掌握各种保存工具的使用方法，如 U 盘、移动硬盘、网盘、公共邮箱和网络收藏夹，以便有效地保存和分类教学资料，确保在需要时能迅速找到所需的信息。

5. 交流信息的能力

交流信息的能力是指有效地传达、解释和共享信息的能力。高校外语教师交流信息的能力不仅涉及与学生的日常互动和教学沟通，还包括与国内外同行进行教研探讨的能力。为了实现有效的交流和互动，外语教师应熟练运用各种社交工具，如社交媒体、专业学术平台等。例如：利用 blackboard（数位教学平台）、雨课堂等网络教学互动平台，教师可以促进与学生之间的即时沟通和互动，有效地支持教学活动。同时，通过参与 ResearchGate（研究之门）、小木虫等学术科研社交平台，教师能够与国内外同行分享研究成果，探讨教学经验和方法，从而不断提升自己的专业能力和教研水平。

### （四）信息伦理

信息伦理指的是涉及信息开发、信息传播、信息的管理和利用等方面的伦理要求、伦理准则、伦理规约，以及在此基础上形成的新型的伦理关系。在信息安全方面，外语教师需谨慎处理学生隐私，包括学生的成绩、个人信息等，以防信息泄露。外语教师应过滤有害信息，防范计算机病毒和预防计算机犯罪，确保教学环境的网络安全。在维护信息道德方面，外语教师应尊重知识产权，合法使用他人的信息资源，在使用网络资料、文献或教学资源时，必须获取原作者的同意或正确引用信息来源。同时，教师也应注意保护自己的原创教学材料和作品的版权，维护自身的合法权益。特别是在在线课程和教材的制作过程中，对版权问题的敏感性尤为关键。此外，高校外语教师还应引导学生树立正确的信息伦理观念，如诚信使用网络资源，反对学术不端行为等。通过这些措施，教师不仅可以为学生营造一个安全、健康的教学环境，还能够为学生树立正确的信息使用和网络行为的榜样。

## 第二节　高校外语教师信息素养对教师成长的促进

### 一、终身学习

#### （一）终身学习的要义

终身学习是指社会中的每个成员为适应社会发展和实现个体发展的需要，贯穿人的一生的、持续的学习过程。终身学习覆盖了多种形式和内容，包括道德观念、思维方式、生存技能、情感态度和个性培养等各个方面。这些方面的学习都是社会成员后天通过不断的教育和实践获得的。古老的故事，如伏羲教民渔猎、神农教民耕作，以及"活到老，学到老"的人生格言，都强调了教育和学习在人类生命中的重要性。在成长过程中，个体不仅为了适应社会的变迁和生存的需要而学习，更是为了个人的全面发展和成长而学习。终身学习的理念呼吁人们要充分认识到学习不是一段时间的活动，而是伴随一生的过程；鼓励人们在不同阶段、不同环境中持续学习和成长，无论是在职业技能、知识更新，还是在个人兴趣、生活技能方面。终身学习的态度和意识对于个人适应不断变化的现代社会，实现个人潜能和生活质量的提升至关重要。

## （二）终身学习的教师职责

在未来教育中，教师作为终身学习者的角色愈发凸显。在知识经济和数智时代背景下，知识更新与变化的速度前所未有。作为知识的传递者和教育的引导者，教师若不与时俱进，不断更新自己的知识和技能，将难以胜任教育和培养下一代的重要使命。在这样的背景下，教师的学习不再局限于传统的学校教育阶段，而是扩展到了终身学习的范畴。终身学习已成为21世纪的生存理念，对教师而言，这一点尤为重要。教师需要不断学习新的教育理念、教学方法和科学技术，以适应快速变化的教育需求和社会发展。通过终身学习，教师能够提升自己的专业素养，更好地引领和激励学生，为学生树立积极向上的榜样。

21世纪的教师已不是就时间意义而言的教师，更多的是就教师身上所体现的21世纪人的素质而言的教师，教育者不可能始终居于对教育的垄断性地位，他本身需要终身学习，才能够以引导者的身份教育学习者，才能够实现教育者和学习者的平等性合作。从"做事"的角度而言，只有具有创新精神和创新意识的教师，才能培养学生的创新能力；只有教师自身具备不断学习提高的能力，才能教会学生如何学习。

在21世纪，教师的角色和定位已经发生了根本性的变化，教师不再只是传统意义上的知识传授者，而是成为具备21世纪人所需素质的引导者和合作伙伴。这种转变强调了教师在终身学习、创新精神和合作能力方面的重要性。首先，终身学习已成为教师职业发展的核心。在知识和技术不断更新的背景下，教师只有不断学习和适应，才能更好地担任引导者的角色，与学生建立平等、合作的关系。这种终身学习的姿态不仅是教师个人发展的需要，也是教育发展的必然要求。其次，创新精神和创新意识对于21世纪的教师来说至关重要。教师不仅要引导学生学习知识，更重要的是激发和培养他们的创新能力。这要求教师自身要不断探索和尝试新的教学方法和技术，创造性地进行教育实践。最后，教师的角色转变也意味着他们需要教会学生如何学习。这不仅是传授知识的过程，更是培养学生自主学习能力、批判性思维和解决问题的能力的过程。教师自身的学习和发展成为学生学习的范例和动力源泉。

从"做人"的角度而言，教师的终身学习同样显得尤为重要。教师的职业特性不仅仅体现在教学技能上，更在于其人格魅力和人格修养的示范作用。人格修养的提升是一个复杂而艰难的过程，需要持续的努力和自我完善。教师通过终身学习不断丰富自己的精神世界，从而形成完整的人格。这种持续的自我修炼和提升不仅是教师个人成长的需要，也是对学生产生深远影响的关键。一个具有高尚品德和丰富内涵的教师，能够激励和引导学生形成正确的世界观、人生观和价值观，实现自我超越。因此，教师的终身学习不仅限于知识和技能的提升，更包括对个人品质和人格的不断完善。

从"角色"的角度而言，教师角色由传统的知识传授者转变为积极的教育教学研究者。教师不仅要传授知识，更要深入探究教育教学的各个方面，包括学生的学习方式、心理发展和学习动力等。教师作为研究者，其研究重点并非纯学术性的理论探讨，而是着眼于教育教学的实践和实际问题。教师需要对自己的教学实践进行深刻的反思和分析，应将自己的教学活动视为研究对象，通过观察、实验和调整来提升教学方法和效果。这种实践性的研究方法使得教师能够更好地理解学生的需求，发现并解决教学过程中的实际问题。教师作为研究者的角色需要终身学习，不断更新教育知识，掌握新的教育理念和技术，通过将理论知识与教学实践相结合，更有效地促进学生的学习和发展。除此之外，通过持续的观察、反思和实践，教师可以更深入地理解教学过程，并做出恰当的教学决策来解决教育教学中遇到的各种实际问题。例如：教师可以根据不同的教学内容选择合适的教学方法，或采用不同的激励策略来提高具有不同个性特征学生的学习动力。

学校教育要完成从应试教育向素质教育的全面转变，学生的角色必须由被动的信息接收者、苦学者、竞争者、失败者向知识的主动建构者、学习活动的积极参与者，向愉快的、成功的、合作的学习者转化。而要完成这一过程，教师必须由传统单一的知识的灌输者向学生学习的促进者、协作者，心理健康的维护者以及终身学习者和研究者转化。

## 二、电子学习

电子学习是一种自主学习方式，指的是学习者借助通信网络，并利用多媒体、数据库等现代信息技术以及软件资源与环境进行学习。电子学习让学习者可以在任何时间、任何地点，从任意章节开始学习自己所选择的课程，学习者可以根据自己的节奏和兴趣来安排学习计划，极大地促进了学习者的主动性。此外，电子学习非常适合实现现代教育的基本要求，即促进终身教育和自我发展。电子学习为人们提供了一个灵活的学习平台，使得人们在职业生涯中能够持续学习，不断更新知识和技能。

电子学习具有以下特点，如图 7-3 所示：一是大众化。电子学习打破了传统教育的时间和空间限制，使得学习资源和机会能够广泛地传递给每个人。通过网络，无论身处何地，人们都可以接触到丰富的学习材料和课程。这种普及性使得教育变得更加开放和包容，无论是学生、职业人士还是对终身学习感兴趣的个体，都能从中受益。二是个性化。学习者可以根据自己的学习进度、能力和兴趣选择适合的课程和学习内容，进行自主学习。这种个性化的学习方式极大地提高了学习的效率和效果，使学习者能够根据自己的实际情况来调整学习计划，更好地掌握知识。三是快速性。通过互联网和多媒体技术，最新的教育资源和信息可以迅速传递到学习者手中，无需等待传统印刷或分发的时间。学习者可以立即访问各类在线课程、教学视频、电子书籍等，实时获取最新的学习材料和知识。四是一致性。不同于传统课堂环境中教学内容可能因教师个人风格或地区差异而有所不同，电子学习提供了标准化的学习材料。无论学习者身处何地，其所接触到的在线课程的内容和质量都是一致的，这不仅确保了教育质量，也为学习者提供了平等的学习机会。五是高效率。电子学习利用网络和多媒体技术，使学习资源可以快速、便捷地传递给学习者。六是低成本。相比传统的面授课程，电子学习节省了大量的物理空间和教学资源。学习者无需前往特定的学习场所，也不需要购买昂贵的教材和资料。教育机构和教师可以通过网络平台向广大学习者提供教学服务，降低了教育的整体成本。

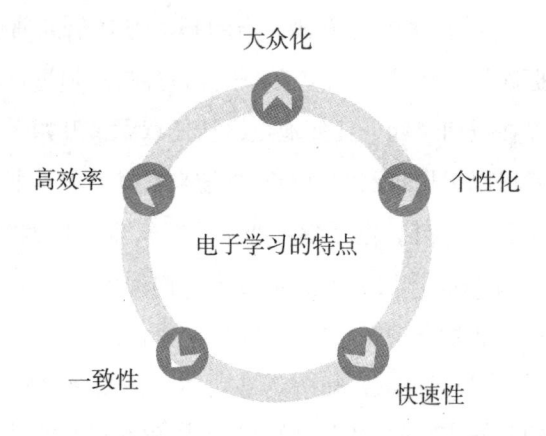

图 7-3 电子学习的特点

相比于传统的面授培训模式，电子学习模式具有以下优势：

1. 双向互动、实时全交互

在电子学习环境中，借助互联网技术，信息源与用户之间，以及用户之间的互动变得更加活跃和灵活。学习者不仅能够实时接收来自教师的信息，还能主动参与学习过程，通过论坛、聊天室、视频会议等多种交互工具，与教师及其他学习者进行实时的沟通和讨论。这种双向互动和实时交流的特性，为网络教育带来了独特的优势。因此，电子学习模式在实现教师与学生、学生与学生之间的双向互动和实时全交互方面，展现出了其独有的优势。这种互动性和灵活性使得电子学习成为一种高效、动态且参与度高的远程学习方式，为现代教育带来了新的可能性。

## 2. 多种多样的多媒体表现形式

计算机网络的多媒体特性为网络教学提供了巨大的优势。通过结合文字、声音、图表、视频、动画等多种媒体形式，网络教学能够创建一个丰富多彩、生动活泼的学习环境，这不仅增加了信息的容量，还提高了资料更新和传递的速度。例如：视频和动画可以使抽象的概念具象化，增强学习者的理解和记忆；音频元素则能增加学习内容的趣味性和吸引力。此外，计算机网络对这些多媒体信息的处理，如制作、存储、自动管理和远程传输等，进一步拓展了网络教学的可能性。模拟功能的加强，可以为学习者提供更加生动、直观的学习体验。

## 3. 个性化的教学方法

计算机网络在教育领域的应用，尤其是在实现个性化教学方面，展现出巨大的潜力。计算机网络独特的信息数据库管理技术和双向交互功能，使得教育系统能够自主地对每个学习者的个人资料、学习过程和阶段情况进行详细的跟踪记录和存储。这种精准的信息收集和分析为实施个性化教学提供了坚实的基础。此外，基于这些数据，教学和学习服务系统能够为每个学习者提供定制化的学习建议和辅导。系统可以根据学习者的学习习惯、能力水平和兴趣点，推荐适合学习者的学习资源和策略，从而使教学更加贴合个人的需求。这种个性化的教学方法不仅提高了学习者学习的效率和兴趣，还有助于促进学习者的全面发展。

## 4. 自动化的远程管理模式

通过网络的自动信息管理和远程互动处理功能，学习者能够便捷地完成报名、缴费、选课、查询等一系列教育活动，不仅提升了学习管理的效率，也丰富了学习者的教育体验。另外，智能化网络管理还降低了教师在知识传递过程中出现偏差的概率。因此，基于计算机网络的电子学习，不仅是一种高效全面的现代化远程学习方法,也是 21 世纪教师专业发展的重要方式。

## 第三节　数智化时代高校外语教师信息素养的影响因素

### 一、技术支持

从古至今,技术进步对教育的影响十分深远。从造纸术、印刷术到现代的视听技术、网络技术及智能技术,每一项技术的革新都极大地改变了教育方式和教学方法。对教师而言,适应并掌握这些技术不仅是信息素养生成的过程,也是其职业发展的必经之路。教师需要不断学习新技术,实现自我超越,保持教育工作的先进性和有效性。当然,教师也面临着其主体性被技术剥夺的潜在风险。在技术不断发展的今天,教师需要在利用技术的便利性的同时,保持教育的人文关怀和教育主体的主动性。通过不断提升个人信息素养和技术应用能力,教师不仅能更好地适应教育技术的发展,还能在技术支持下更有效地进行教育教学工作,实现教育的现代化和信息化。

技术的发展与教师信息素养之间在时间上存在着先后的逻辑关系,技术革新首先出现,随后推动教师发展相应的信息素养,使教师适应并充分利用这些技术。例如:电脑和投影仪的结合使用促使教师形成了与传统教学不同的信息化教学方式。随着人工智能、混合课程模式、学习分析等新兴技术和实践的推广,教师的信息素养面临着重塑和更新的需求。这些技术不仅改变了教学方式,也提出了新的教育挑战和机遇,迫使教师进行再适应,寻求与技术和谐共处的新平衡。因此,教师的信息素养不是静态不变的,而是在不断地技术革新中持续演进,以满足时代和教育发展的需要。

## 二、个人意识

在数智化时代，高校外语教师信息素养的发展受到个人意识这一因素的影响。个人意识不仅决定了教师对信息技术的吸收程度，也影响着这些技术在教学实践中的应用效果。第一，教师对信息技术的认知态度对其接受和使用这些技术起着决定性作用。如果教师认为某项技术对教学有帮助（有用性），并且相对容易掌握和应用（易用性），则更有可能采用该技术。相反，如果教师对信息技术缺乏兴趣或认为其难以使用，他们可能会抗拒采用新技术。第二，个人意识影响着教师对信息技术的学习和掌握程度。具有积极学习态度和持续自我提升意愿的教师，更可能投入时间和精力去学习新的信息技术，进而提高自己的信息素养。而那些对技术学习持消极态度的教师，则可能在技术应用上落后。第三，教师个人意识决定着教师如何将信息技术融入教学实践。教师的创新意识、对学生学习需求的敏感度以及对教育理念的理解，都会影响教师利用信息技术进行教学设计的方式。因此，在数智化时代，提升高校外语教师的信息素养不仅需要提供必要的技术资源和培训机会，还需要培养教师积极、开放的个人意识。

## 三、信息化教学环境

信息化教学环境为教师信息素养提供了实践和表达的平台，深刻影响着教师的教学行为和模式。在这种环境中，教学情境、结构、媒介和评价方式都发生了显著变化，促使教师开发和采用多种与之相适应的教学模式。信息化教学环境下使用频率比较高的教学模式主要包括：基于交互式电子白板的教学模式、基于网络课程的教学模式、基于翻转课堂的教学模式、面向协同学习的教学模式、基于移动教学的教学模式和基于人工智能的教学模式等。信息化教学环境的构建和完善，不仅为教师信息素养的应用提供了场景，也推动了教师教学方式的创新和发展。教师可以在这些多元化的教学环境中,充分发挥自己的信息素养,利用各种技术工具提高教学质量和效率。因此,信息化教学环境的建设对于提升教师信息素养具有重要意义。

### 四、培训活动

信息技术培训活动对教师信息素养的提升具有重要影响。通过成立专门的培训组织结构,如培训领导小组和工作组,可以针对性地开展教育云平台、信息化设备、教育教学应用软件等方面的培训,这对于教师快速提升信息能力至关重要。信息技术培训活动通常涉及程序性知识的传授,为教师提供基础的技术操作能力和使用经验。而面对真实的教学情境,教师需要将这些程序性知识加以改造和适应,以满足具体的教学目标、内容和对象。这意味着,虽然培训能够提供基本的技术操作技能和一些教学案例,但教师仍需在实际教学中不断实践、探索和创新,以将这些技术应用到具体的教学活动中。信息技术培训活动虽然解决了"怎么做"的问题,但"怎么做得好"的问题仍需要教师在实践中自行探索和解决。这要求教师在培训后持续地自我学习和创新,结合自己的教学风格和学生需求,不断优化技术在教学中的应用。这就是所谓的"师傅领进门,修行在个人"。

### 五、政策制度

政策和制度在宏观层面为教师信息素养的提升提供了关键性支撑。在我国,一系列发展教育的政策文件都强调了提升教师信息素养的重要性。例如:《国家教育事业发展"十三五"规划》中提出了将"信息技术与教育教学深度融合",鼓励教师积极利用信息技术进行教学;《新一代人工智能发展规划》明确提出:"全面提升师生信息素养"。这些政策展现了国家对教师信息素养提升的高度重视。国家层面的政策支持为教师信息素养的提升构建了宏观的支持系统,为教师在信息技术应用方面的学习和发展提供了良好的环境,不仅指导着教育行政部门和学校的行动,也鼓励教师积极参与信息技术的学习和应用，促进了教育教学方式的现代化。因此，政策和制度在促进教师信息素养的提升方面起着不可或缺的作用，是推动教育现代化的重要力量。

## 六、教学需求

教学需求在很大程度上决定了信息技术在教学中的应用及其效果。从教师个人层面来看，教师的教学意识和对技术的需求直接影响他们对信息技术的选择和使用。教师会根据自己的教学设计和目标，选择最适合的信息技术工具和资源。例如：一位注重学生互动的外语教师可能更倾向于使用交互式电子白板或在线讨论平台。从教学内容的角度来看，教学内容与技术的契合度在客观层面上影响教师信息素养的表现。如果某种技术与教学内容高度契合，它在教学过程中的应用就更有可能被教师采纳和实施。例如：对于涉及大量视听材料的外语教学，视频和音频处理软件就显得尤为重要。从学生层面考虑，学生对信息技术的接受度也影响着教师信息素养的提升。教师在考虑使用某种信息技术时，需要考虑学生的接受程度和反应，确保技术的应用能有效促进学生的学习。在数智化时代，教师信息素养的提升不仅是技术能力的提高，更是对教学需求综合判断和应对能力的增强。

## 七、教研探究

在数智化时代，教研探究对于提升高校外语教师的信息素养具有深远的影响。通过教研探究活动，教师的信息素养不再只是局限于外部知识和技能的吸收，而是转化为一种主动创造和深入理解的过程。

首先，教研探究使教师能够主动钻研如何将信息技术融入教学实践。在这一过程中，教师不只是学习和应用信息技术，更重要的是探索如何将这些技术有效地与教育教学相结合。这包括寻找技术与教学内容的最佳契合点，以及考虑如何运用技术来增强学生的学习体验和提高教学效果。其次，教研探究促使教师从对技术的表面理解转向深层次的应用和创新。教师通过对具体教学内容、教学问题和学生感受的深入研究，能够更好地理解技术在教育中的真正价值，而不仅仅是为了使用该技术。这种深入的探究和研究有助于教师发现和解决实际教学中的问题，实现信息技术的有效整合和应用。最后，教研探究有助于教师整合思维、知识和行动，实现信息化教学的系统化和有效性。通过这一过程，教师能够将信息技术、教学理念和实践经验相融合，创造出更加丰富和高效的教学模式。

### 八、案例观摩

通过观摩优秀的信息化教学案例，教师不仅能够提升自身的信息化教学思维，还能够促进对自身教学方法的深度反思，从而显著提高教学效果。这种案例观摩活动在教师信息素养的提升过程中扮演着重要角色。第一，观摩优秀案例能够帮助教师理解如何有效地将信息技术融入教学中。优秀案例展示了技术在教学中的应用不仅不会阻碍师生交往，反而能成为促进教学的有力工具。通过案例，教师能看到教师、学生和技术在教学中的和谐融合，以及整个教学过程呈现出的便捷、高效和有意义的特点。第二，在观摩教学案例的过程中，教师能够反思自身在信息化教学方面的不足。通过比较自己的教学实践与案例中的优秀实践，教师可以发现自己在教学设计、技术应用和教学方法上的差距和改进空间。第三，优秀案例的观摩也能够拓宽教师的教学思维。教师在观摩中不仅能学习到如何使用信息技术，更重要的是能够理解信息技术赋能教学的深层次价值和可能性。这种深入理解促使教师在未来的教学实践中更加主动地探索和创新，尝试将信息技术更有效地融入教学中。最后，观摩和思考的整个过程实际上是提升教师信息意识的过程。在具备一定信息技术能力的基础上，信息意识的提升意味着教师将探索更多将信息技术赋能于教育教学的可能性。这不仅提升了教学的质量和效率，还能为学生创造更加丰富和有意义的学习体验。因此，在数智化时代，通过观摩优秀的信息化教学案例，教师不仅能提升自己的信息技术应用能力，更能在思维和意识层面实现质的飞跃，为创造高效、创新的课堂教学提供坚实基础。

### 九、学生信息能力

学生的信息能力对教师信息素养的提升起着重要作用。教师在了解学生的信息能力后，不仅能够从中获得学习和提升自己信息素养的动力，还能够通过学习和适应学生常用的信息技术，来提高教学效果和质量。

一方面，学生的信息能力可以激发和提升教师的信息意识。在与学生的互动过程中，教师能够直观地感受到学生对信息技术的掌握和应用水平。当学生展现出对新兴技术的熟练运用能力时，教师可能会意识到自己在这方面的不足，从而产生学习和提升自己信息能力的动力。这种自我意识的提高对于教师持续学习和适应新技术环境是至关重要的。另一方面，学生在生活和学习中所使用的信息技术，如社交媒体工具、在线学习平台和各种应用程序，为教师提供了学习和提升信息知识的机会。通过了解学生的信息使用习惯和偏好，教师不仅能够提升自己的信息知识，还能够更好地设计符合学生兴趣和习惯的教学活动。例如：了解学生喜欢使用的社交媒体工具，教师可以通过这些平台发布与课程相关的信息，或者利用这些工具来促进课堂外的学生互动和学习。另外，教师对学生信息能力的了解和应对，有助于优化教学策略和方法。教师可以根据学生的信息能力水平调整教学内容和方式，如对于信息技术能力较强的学生群体，教师可以设计更多基于技术的互动活动和项目，以提高他们的学习兴趣和参与度。

### 十、专家指导

当教师在信息技术应用方面遇到难题或发展瓶颈时，专家的介入能够为教师的信息技术应用提供专业的咨询和支持。信息技术领域的专家能够为教师提供深入、全面的技术解答和咨询，不仅能够帮助教师解决具体的技术问题，还能够提供关于如何将信息技术更有效地融入教学的建议。

这对于教师深化信息技术应用、实现信息素养的提升具有重要作用。专家还能够帮助教师探索信息化教学的新的可能性。在教师提出具体的教学技术需求时，专家可以提供相关的解决方案，帮助教师探索更加创新的教学方法。这不仅促进了教学方法的创新，也为教学质量的提升提供了新途径。需要强调的是，专家的指导主要集中在技术层面。在教学实践方面，教师仍需自行探索和实践。作为课堂的主导者，教师需要根据自己的教学理念和学生的实际情况，将专家的技术建议与具体的教学活动相结合。教师在理解和应用专家建议时，需要进行深入思考，判断其在实际教学中的适用性和有效性。

### 十一、信息文化

信息文化作为一种以信息、信息资源和信息技术为核心的文化形态，不仅改变着教师的行为模式和生活方式，而且对教师信息素养的形成和提升具有深刻影响。首先，教师群体对信息技术的观念和态度是信息文化的重要组成部分。这种观念和态度影响着教师对信息技术的接受程度和使用意愿。一个积极、开放的信息文化环境能够鼓励教师更主动地学习和应用信息技术，从而提升其信息素养。其次，区域和学校的信息化环境为教师提供了实践信息技术的物质基础。设备的先进性和易用性能显著影响教师利用这些工具进行教学的效率。信息化环境的优越性能激发教师探索和利用这些技术的兴趣，进而促进信息素养的提升。最后，社会群体的信息化行为是信息文化的重要方面。教师在日常生活和工作中与其他社会群体的互动，会受到他们信息化行为的影响。这些行为模式，如在线沟通、信息检索、数字资源的利用等，能够间接促使教师提升自身的信息技术应用能力。

## 第四节　数智化时代高校外语教师信息素养的养成路径

### 一、政府层面

#### （一）全面推进资源服务信息化支撑平台的建设

构建资源服务信息化支撑平台并形成信息化中枢，能够让各地政府和部门共享信息化知识、实践方案和解决对策，加强话语沟通和交流，从而有效提高高等教育信息化基础能力。在资源服务信息化支撑平台建设的过程中，政府部门扮演着关键角色，需要积极引导，并在相关标准的引领下，分步实施建设工程。为了适应"互联网+"和"人工智能+"的现代教学环境要求，政府需要加快对高等院校信息化建设的专项资金投入，包括为高校购买必要的信息化设备、相关软件及教学资源，打造具有职业教育特色的网络信息化平台等。资源服务信息化支撑平台的建设，将直接惠及高校教师和学生。特别是对于高校外语教师来说，他们能够有效地利用学校的信息化资源和设备，将这些资源与课程内容结合起来。这不仅为学生提供了优质的信息化学习资源，同时也提升了外语教师自身的信息素养水平，加快了教师队伍建设的步伐。

1. 做好高校基础设施建设的帮扶工作

在推进高职院校基础设施建设的过程中，政府部门要做好帮扶工作，需要特别关注中西部地区的教育信息化情况，将信息化建设积极融入中西部地区高等教育的协作帮扶中。通过实施送教上门、资源共享和教师结对等多种帮扶手段，有效提升中西部地区的信息化教育水平。在这一过程中，关键步骤是根据地方的教育特色和职业教育的特点，打造适合高等教育的信息化资源服务平台，目的在于整合各级各类的高等教育资源，推动资源共享和信息融合。这不仅有助于克服现有数字化高等教育资源的参差不齐问题，而且还能通过全学科多视角的信息化引导，将碎片化的教育资源进行有效整合，并连接成一个有机的关联网络体系。采用"平台＋教育"的模式，能够充分优化数字教育资源的配置，不仅提高了信息化资源的使用效率，还有助于实现信息化资源价值的最大化，确保所有地区的高等教育机构都能充分利用信息化资源，从而提高教育质量，缩小地区间的教育差距，为促进教育公平和提高教育水平贡献力量。

### 2. 加快完善高校信息化硬件设施

在构建资源服务信息化支撑平台的基础上，政府部门需加快完善高等院校的信息化硬件设施，如智慧课堂和多媒体数字化教室，从而提升高等教育信息化水平。先进硬件设施支撑下的现代化教育环境，有助于激发学生的学习兴趣，提高学生的学习效果。除了硬件设施的建设，政府部门还需要关注信息化资源、教育数据、网络资源的有效整合和利用，包括优秀教师的知识和经验分享，以及信息红利的传递。构建一个全面的信息化教育环境，可以确保教育资源的高效共享和利用，从而实现教育资源的最大化价值。

### 3. 做好资源共享平台的开发和完善工作

政府有关部门借助互联网媒体全面推进资源共享平台的开发和完善工作，加快信息化资源共享平台的完善并开放，提升共享平台的智能化水平和交互能力，不断完善平台智能问答、精准推荐和语义理解等信息互动功能，实现从学生被动寻找信息到信息主动寻找学生的转变，大大提高信息共享的效率和效果。政府部门应积极推动全国高校之间优质教学资源的共享，不仅涉及资源的共享，还包括鼓励各地高校根据自身特色建立专属的高职教育信息化教学资源库，在增强教育资源多样性的同时，也有助于提升教学质量和效率。

（二）调动多方参与，加快高校信息化建设的发展步伐

为了健全信息化体制机制，并为教师信息素养培训提供坚实的制度和物质保障，首先，国家和政府有关部门要优化高等教育经费的支出和来源结构，加强经费的监管机制，确保资金的有效和透明使用；建立信息化经费投入的长效保障机制，保障教育信息化的基础运营经费，以及后续维修经费的建设；根据实际需要进行滚动式建设，对于那些硬件基础设施建设薄弱的高校，政府将加大资金扶持力度，保障高等教育信息化建设的质量和环境，加快高校信息化建设的发展步伐。

其次，做好信息化建设的有效统筹和顶层设计，国家和政府应投入专项资金用于构建安全、高速、绿色的校园网络，这是提高教育信息化水平的基础。为此，可考虑采纳先进的网络技术和环保材料，确保网络高效运行的同时，降低对环境的影响。为了让教师方便地接触和利用优质网络学习资源，政府应开发和推广易于访问的在线学习平台。这些平台应包含丰富的教学资源，并与信息素养培训相结合，以促进教师的专业发展。

最后，为推进高校信息化建设，政府有关部门需设立专项经费，确保财政对此项工作的充分支持。这涉及对预算的合理分配，确保资金能够覆盖信息化基础设施的建设、维护及升级。同时，政府有关部门应加强师资队伍的专业化培养，通过定期的培训和研讨会，提升教师在信息技术应用方面的能力。为了持续更新教育资源，政府应鼓励社会各界、企业和学校提供并优化职业教育资源，包括更新高等教育平台的旧资源和方法，完善和创新学科知识体系。定期举行信息化建设创新交流会议，可以为各方提供一个分享经验、探讨新技术的平台。政府有关部门还要鼓励教师参与企业的信息化实践活动，这不仅有助于提高教师的专业技能，也为其信息素养的提升提供了实践基础和创新平台。

## （三）组织教育信息化领导力培训，强化管理者信息化意识

高等院校教师信息素养的提升在很大程度上取决于学校领导和管理部门的重视与支持。学校管理层的信息化领导力对于推动学校信息化发展起着至关重要的作用，对教师是否能够积极地将信息技术应用于教学中有着直接影响。因此，增强教育部门和学校管理层对信息素养的认识和意识是重中之重。为此，首先，政府有关部门可以采取多元化的策略来培养管理层的信息素养意识，包括举办研讨会、工作坊和培训课程，以便管理层能更好地理解信息化教育对于学校乃至整个职业教育未来发展的重要性。

其次，政府需特别重视教育部门负责人的信息化教育，加强教育行政部门和高校管理人员信息化意识，同时增强管理者在规划、实施和评估信息化项目方面的能力。政府可以通过组织专门的研讨会、工作坊和培训课程，来实现这一目标。具体来说，政府应当确保高等院校信息化建设得到合理规划和有效管理：合理规划高等院校信息化建设，制定科学合理的教师信息素养培训方案，组织多样化的教育和培训活动，加强对教师信息化培养，提高高校信息化建设管理规划和执行力度。

最后，政府在推动高等院校信息化建设方面，应重视加强学校领导体制的建设。第一，建立学校信息化领导小组至关重要，该小组应由教学管理、信息技术和财务部门组成，形成一体化的教师团队，确保信息化建设的各个方面都得到妥善处理。第二，政府需要帮助学校制定配套的方案和规章制度，加强组织部门之间的协同工作，以确保国家的政策得到有效落实。这包括根据高职教育信息化建设与发展的需求，结合高校的专业发展特征，强化对其教育工作的指导。第三，为了整合高校信息教育系统资源和力量，政府应支持校长牵头，主动响应国家政策，积极落实加强教育信息化建设的举措。同时，明确高校教师的培养目标和组织计划，提升高等院校教师信息素养培训的效率和效果。

## （四）建立健全信息素养评价体系，形成激励考评制度

政府建立一个完善的信息素养评估体系，对教师的信息素养进行科学、客观的测评，从而帮助教师准确了解自身在信息技术应用和信息处理方面的水平。通过信息素养评估，教师能够根据自己的实际情况设定清晰的提升目标，并积极参与相关的培训和教学活动。同时，政府应引导和鼓励学校根据教师的评估结果制订个性化的信息素养培养计划，包括设定阶段性目标和评价方案，以确保教师信息素养的持续提升。为此，教育部门需要构建健全的评价体系，创新评价方法和手段，使评价过程更为科学、全面和高效。此外，政府应在评估体系的基础上建立相应的激励和考评制度，鼓励教师提升自身的信息素养，激发教师的积极性和主动性，从而为教育质量的整体性提升创造有利条件。

1. 建立明确科学的评价指标

考虑到信息技术的快速发展和时代变迁，信息素养评价指标应在信息化时代背景、国家国情以及教育方针政策的基础上构建。特别是对于不同年龄、不同层次的高校教师，应制定符合教师特点的信息素养评价标准和指标，确保评价的合理性和科学性。

2. 创新评价方法

传统的评估方式，如依赖统计学影响因子建立的模型，虽然有其价值，但在信息化时代显得不够全面和灵活。因此，教育主管部门和研究团队应考虑利用计算机、大数据数理分析等现代信息化评价手段，更加科学、全面地分析教师的信息素养水平，从多个维度对教师信息素养进行综合评估。

3. 采取多元化评价手段

政府在推动教师信息素养评价体系的建立时，应重视评价手段的多

元化，不仅需要考量教师在信息技术应用行为和理论知识方面的外在表现，更要关注他们的信息态度、道德观念和信息安全意识等内在素质。这种全面评价需要综合运用多种手段，如结合过程评价和结果评价，以及线上评价和线下评价，更全面、深入地理解和评估教师的信息素养，确保评价的科学性和有效性。

4. 构建科学的激励考评制度

首先，教育部门需要设定明确的评价标准，对教师的信息技术应用、信息素养水平进行全面评估。对于评分高的教师，应进行公开表彰和给予奖励，以此作为激励其他教师的示范；对于评分相对较低的教师，教育部门应提供针对性的专项培训，并寻找其信息素养不足的深层次原因，鼓励并督促他们主动学习和提升信息技术知识。其次，政府应特别鼓励和支持那些愿意投身于在线教学资源建设、开展在线课程教学、积极学习信息技术知识以及在教学中创新利用信息化手段的教师。这些教师应获得政策倾斜和奖励，以此激发更多教师积极参与信息化教育实践。最后，政府可以通过定期举办教师信息化技术大赛，为教师提供展示自己技能的平台。在职称评定和进修培训机会上，对表现优秀的教师给予适当的倾斜，以此激励他们持续提升自身水平。同时，鼓励高校与企业部门联合组织信息化教学实践学习活动和教学软件创新开发竞赛，促进校企合作，加强理论与实践的结合。

## 二、学校层面

### （一）完善信息化硬件基础建设，改善信息化教学环境

信息化教学环境是影响高校外语教师信息素养的重要因素，而信息化教学环境的优化依赖于良好的硬件基础设施。

首先，在《高等学校数字校园建设规范》的指引下，各级高校要积

极贯彻"政府主导、标准引领、项目示范、分步实施"的理念，通过分步骤、系统化的实施方法，更快、更有效地实现数字化校园的建设。由此一来，不仅能优化校园的信息化环境，也为教育质量和教学效果的提升打下了坚实基础。

其次，为了打造优质的信息化教学和学习环境，高校需要在政府的支持下，投入专项资金构建高速、稳定且安全的校园网络。校园网络应支持有线和无线双认证，为学生提供一个高效的互联网环境。学校应进一步完善智慧教室、数字媒体制作室和数字教室等教学信息化硬件设施，进而提高教学效率，丰富学生的学习方式。另外，高校应增强数字资源的建设，如提供专业期刊数据库、电子图书和特色数据库等，从而为学生提供全面、多元的学习资源。

再次，高校在教育部门的支持下，应着力建设信息化服务平台，有效整合校内资源，如图书馆、网络课程中心、信息技术教育中心等，进一步拓展并丰富教师信息素养培训服务，包括课程建设融合服务、智慧研修服务、信息技术培训服务、微课在线教学培训服务等，为教师提供多元化的学习资源和培训渠道，以提升其信息素养水平和信息技术应用能力。同时，学校在引进信息技术设备和软件时，必须优先考虑其实用性和操作的简便性。复杂和耗时的软件可能会降低其在教师日常教学中的使用频率，进而导致设备资源的闲置。因此，选用易于操作和有效支持教学的技术设备和软件至关重要。

最后，高校需完善教师申请课程资源的经费保障制度，为购买优质教学资源的教师提供必要的经费支持。高校应根据具体情况，对教师信息化设备的购置费用进行报销和处理，确保教师在教学过程中的信息化需求得到满足。学校在满足教师信息化需求方面应尽最大努力，为教师提供坚实的物质支持。这不仅包括教学资源和设备的购置，还应包括对教师进行信息化学习和培训的支持。

## （二）组织开展信息化教学大赛，提升教师信息素养整体水平

高校组织开展信息化教学大赛是提升外语教师信息素养整体水平的有效途径。通过参加信息化教学大赛，教师能够得到实际操作信息技术的机会，这对于提升他们的信息技术实操能力至关重要。信息化教学大赛还能够激发教师对教育技术的兴趣和探索精神。在竞赛中，教师会接触到各种创新的教学理念和技术应用，这些新鲜的元素能够刺激教师思考其如何将这些新技术融入自己的教学中，从而不断提高教学的吸引力和有效性。

举办高校信息化教学大赛是一个复杂而富有挑战性的任务，涉及多方面的考量和筹划。高校在策划和实施这样的比赛时，需要从多个角度出发，确保比赛能够有效地达到提升教师信息素养、促进信息化教育发展的目的。

首先，高校需要明确信息化教学大赛的目标和意义。信息化教学大赛旨在鼓励教师运用信息技术改进教学方法，提高教学效果。因此，大赛的设计需要围绕如何激发教师的信息化教学兴趣、如何提升教师信息技术的应用能力、如何借助信息化手段提高教学质量等核心问题展开。明确了大赛的目标和意义之后，高校就可以围绕这些目标来设计大赛的具体内容和形式。其次，高校需要制订详细的大赛计划。这包括确定比赛的形式（如线上、线下或混合形式）、参赛对象（全体教师或特定学科教师）、评审标准（如信息技术的创新性和实用性、教学内容的丰富性和吸引力等）、奖励机制（如奖金、荣誉证书、进修机会等）。在制定规则时，高校要确保规则既能激发教师的参与热情，又能确保比赛的公正性和严肃性。再次，高校需要组织专门的筹备团队来负责大赛的具体执行工作。这个团队需要负责大赛的宣传推广、参赛报名、赛程安排、评审组织、奖项发放等各项工作。在宣传推广方面，可以通过校园网站、社交媒体、教师会议等多种渠道来提高大赛的知名度和参与度。在评审方

面，可以邀请校内外的信息技术和教学专家担任评委，确保评审的专业性和公正性。最后，在大赛结束后，高校还应设置总结和反馈环节，具体可以通过举办分享会、发布比赛成果集、开展后续研讨活动等形式进行，让更多教师了解和学习优秀的信息化教学实践，为未来的信息化教学提供宝贵的经验和启示。

### （三）加强虚拟仿真实训教学环境建设，服务教师信息化教学

为有效落实《关于开展职业教育示范性虚拟仿真实训基地建设工作的通知》《职业教育示范性虚拟仿真实训基地建设指南》精神，高校需要积极推进现代信息技术与教学的深度融合，全面创新实践教学模式。随着信息技术的飞速发展，虚拟现实技术、人工智能技术等新兴技术在高校教学中的应用越来越广泛。特别是在外语教学领域，这些技术的引入为提升教师的信息化实践能力提供了新的可能性。通过建立信息化虚拟仿真实训基地和加强虚拟仿真实训教学环境的建设，高校能够为外语教师提供一个更为丰富和真实的教学实践平台，不仅能够帮助教师掌握最新的信息技术，还能促使教师将这些技术有效地融入外语教学中，从而全面提升外语教师的信息化实训水平。

首先，高校要将自身的虚拟实训资源与企业的先进技术进行有效融合，一方面带来最新的行业动态和技术应用，另一方面确保教学内容的前沿性和实用性。同时，高校还要定期更新和维护虚拟模拟平台的教学资源，保持教学内容的时效性和吸引力。其次，高校要加强虚拟实训教学的师资队伍建设。外语教师作为外语教学的直接执行者，其专业知识更新、对虚拟实训技术的掌握以及教学方法的创新对于教学质量的提升至关重要。因此，学校应推动实训教师与时俱进，不仅更新专业知识，还要培养教师对虚拟实训基地建设的独到见解和实践能力。同时，激励教师带领并指导学生积极参与虚拟实训，这不仅有助于学生能力的提升，也是教师自身教学能力提升的重要途径。

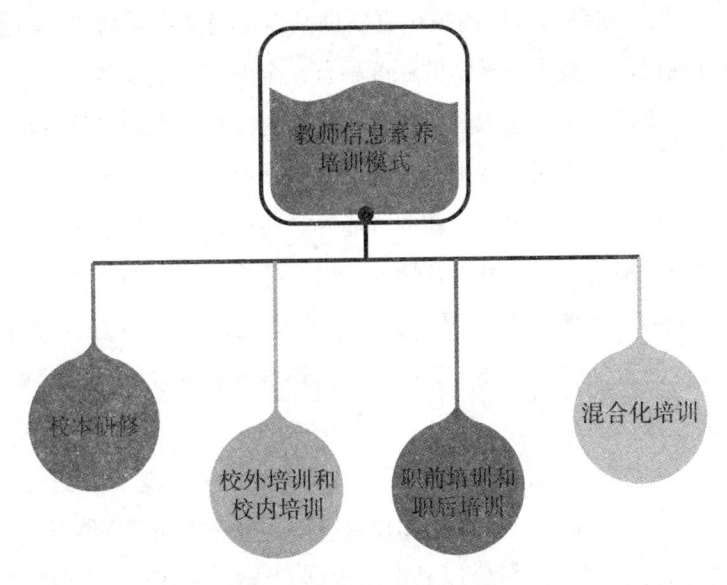

## （四）创新培训模式，分层分类构建教师信息素养培训体系

信息素养培训是提高外语教师信息素养的必要手段。高校要重视外语教师信息素养的培训，创新培训模式，根据外语教师工作时间制订合适的培训计划。高校可以根据外语教师的具体发展方向和专业类型，设计差异化的培训内容，分层分类构建教师信息素养培训体系，确保培训既有针对性又具实用性。教师信息素养培训模式主要包括以下几种，如图 7-4 所示。

图 7-4　教师信息素养培训模式

### 1. 校本研修

在高校层面，提高外语教师信息素养的有效途径之一是校本研修。校本研修不仅关注教师的专业发展，也强调信息技术在教学中的应用。校本研修能够为教师信息素养的提升提供一个专门的平台。在这个平台上，教师可以学习最新的信息技术，如虚拟现实、云计算、大数据分析等，并探索如何将这些技术应用于外语教学中。这种专业化的研修既能提升教师的技术能力，也能鼓励他们在教学实践中进行创新。校本研修应注重实用性和针对性。高校可以通过调研教师的具体需求，设计符合教师实际情况的培训内容。例如：为初级信息技术使用者提供基础操作培训，而对于已具备一定基础的教师，则为其提供更高级的技术应用课程。为了保证校本研修的效果，高校还应建立一个有效的评估和反馈机制，对培训效果进行定期评估，收集参与教师的反馈，以便不断调整和改进培训内容和形式。通过这种循环反馈的过程，确保培训活动始终符合教师的需求，有效提升其信息素养。

2. 校外培训和校内培训

在提升外语教师的信息素养的过程中，校外培训和校内培训的有机结合，可以更全面地提升外语教师在信息技术应用、教学方法创新以及学生学习引导等方面的能力。校外培训为教师提供了更多走出校园、接触新理念和技术的机会。校外培训通常由教育部门、专业机构或行业领先企业举办，涵盖的内容更广泛，不仅限于信息技术的操作和应用，还包括教育技术的最新发展趋势、先进的教学理念等。参与校外培训，外语教师不仅能够学习到最新的信息技术和教学方法，还能够拓宽视野，与来自不同高校的同行进行交流和学习，从而获得新的启发和灵感。校内培训更侧重于教师的日常教学实践。高校可以根据教师的具体需求和教学特点，设计符合实际情况的培训计划。例如：针对外语教学的特点，开展关于如何利用信息技术进行语言教学、如何创建互动丰富的在线课堂等培训活动。校内培训通常更加灵活，可以根据教师的反馈及时调整培训内容和方法。

3. 职前培训和职后培训

职前培训和职后培训相结合的培训方式，可以针对教师所处的不同的职业阶段，为其提供相应的技能提升和知识更新策略，以确保教师能够有效地应对信息化时代的教学挑战。

职前培训是指在外语教师正式进入教学岗位之前所接受的培训。这一阶段的培训对于奠定教师的信息技术基础和教学方法论具有重要意义。在职前培训中，教师不仅需要学习基础的计算机操作技能、网络应用等信息技术知识，还应掌握如何将信息技术融入外语教学的技巧。例如：可以通过模拟教学环境，让预备教师使用多媒体教学工具、在线学习平台、虚拟现实等技术进行教学。此外，职前培训还应包括对教育技术发展趋势的介绍，使预备教师能够对未来的教育技术变革有所准备。职后培训则是指外语教师在进入教学岗位后所接受的持续性专业发展培训。随着信息技术的不断发展和教学方法的不断创新，职后培训成为教师不断更新知识、提升技能的重要方式。在职后培训中，教师可以学习最新的信息技术应用、探索创新的外语教学方法、参与教学设计和课程开发等活动。例如：教师可以通过参加在线研讨会、工作坊、短期课程等形式，了解和学习最新的教育技术工具和应用。

4. 混合化培训

混合化培训模式将线上培训的灵活性与线下培训的实践性相结合，不仅增加了培训的可达性和参与度，还提高了培训的有效性和实效性。例如：一个混合化培训计划可能包括在线自学阶段和线下研讨会阶段。在线自学阶段，教师可以根据自己的进度学习信息技术的基础知识和外语教学法的理论；在线下研讨会阶段，教师可以通过实际操作和同行交流，将所学知识应用于实际教学中，并获得即时反馈。

线上培训提供了时间和空间上的灵活性。外语教师可以根据自己的时间安排选择合适的在线课程进行学习，这种自主性大大提升了学习的便利性和可及性。线上平台能够提供丰富的教学资源，如视频讲座、互动教程、模拟测试等，教师可以通过这些资源获取信息技术的基础知识，学习先进的教学理念和方法。此外，线上社区和论坛也为教师提供了与同行交流和分享经验的平台，有利于构建教师间的学习共同体。线上培训也存在一定的局限性，如缺乏面对面交流和实践操作的机会。因此，线下培训的重要性不容忽视。线下培训通常以特定的形式进行，如研讨会、工作坊或者教学观摩等形式。这些活动不仅为教师提供了实际操作的机会，还能够加强教师之间的互动和交流。在线下培训中，教师可以直接与培训师或同行进行讨论，面对面解决在信息化教学中遇到的具体问题。此外，线下培训还能为教师提供更为个性化的指导和反馈，帮助教师更好地理解和应用所学知识。

实施混合化培训时，高校需要考虑几个关键因素。一是确定合适的线上和线下培训内容和形式，确保二者能够有效结合，互为补充。二是提供必要的技术和教学支持，确保教师能够顺利进行线上学习，并在线下培训中获得充分的实践机会。

### 三、教师层面

#### （一）提升意识，充分认识信息化教学的价值

教师具备正确的信息意识是提升信息素养的第一步，也是极其重要的一步。在 21 世纪的教育环境中，信息素养已经成为教师专业发展的核心组成部分。特别是在高等院校，教师的信息素养不仅关系到教学质量，更是影响学生未来竞争力的关键因素。因此，高校外语教师要提升意识，充分认识信息化教学的重要性和价值。

首先，外语教师应从理念层面深刻认识信息化教学的价值，更新传统的教学观念，认识信息技术在现代教育中的重要性。信息化教学不仅仅是信息技术，更是一种教学方式的转变，要求教师在传授知识的同时，能灵活运用信息技术和设备，提升教学互动性和学生参与度。对于年纪较大的教师来说，这一转变尤为重要。他们需要从传统的讲授式教学模式中跳出来，树立正确的信息化教学理念。这涉及学习和掌握新的信息技术，并将其融入日常的课堂教学中。例如：多媒体教学、在线互动平台的使用，

都可以极大地丰富教学内容，提高学生的学习兴趣。

其次，外语教师应当树立自我学习和主动建构的意识，适应教育信息化的趋势，提升自身的教学质量和学生的学习效果。基于建构主义理论的指导，外语教师应通过学习来建构新的信息知识和信息应用技能，将这些新知识与已掌握的知识和技能相结合，以及与所教授学科的专业特点相融合，从而构建出适合自己的教学方法。在信息应用能力的提升上，外语教师不能仅依赖于学校提供的信息技术培训活动和讲座，还需要从教学实际出发，发挥自己的创新能力，大胆尝试和应用新技术。这包括利用现代信息技术手段进行教学内容的更新和教学方法的改进，如利用多媒体教学工具、在线交流平台等，使教学活动更加生动、有效和具有时代感。同时，高校外语教师也应有意识地学习一些信息知识，增加自己的知识储备。这包括了解和学习关于提升教师信息素养、适应教育信息化发展的政策文本内容，以及通过网络媒体和信息化设备及时了解职业教育发展的最新动态。这不仅有助于教师自身的专业发展，也能为学生提供与就业相关的最新信息，帮助他们更好地规划未来。

最后，在信息化教学中，外语教师应把重点放在将信息技术手段和教学内容的有效融合上，丰富课堂内容，为创新教学方法提供支持。为此，教师需要树立信息技术教学意识，并加强学科整合与信息技术应用的学习能力。教师自主学习信息技术的意识对于提高教学质量至关重要。当教师能够自发地掌握并运用信息技术，就能更有效地设计和实施教学活动，从而提高课堂效率和质量。例如：利用多媒体演示、在线互动平台和虚拟教室等工具，可以使教学内容更加生动、互动性更强，也能适应不同学习风格的学生需求。因此，外语教师要树立自主学习信息技术的意识，不断提升自身的创新能力与信息化创新教学能力，致力于教学质量的提升。

（二）自主学习，不断提高信息化教学能力

随着信息技术的迅猛发展，高等教育信息化的不断深化正在改变着教育教学的理念和方式。这一变化不仅对学生的自主性学习提出了更高要求，也对高校外语教师的综合素质提出了新的挑战。在这样的背景下，外语教师必须主动适应变化，转变观念，树立终身学习的理念，不断提升自身的信息化教学能力。

首先，外语教师需加强对基本专业信息知识的学习，包括计算机基本操作知识、维护知识、常用软件安装常识以及多媒体信息化设备的操作知识。掌握这些基础信息知识是开展信息化教学活动的基石。只有熟练掌握信息化设备和软件的操作技巧，教师才能在教学过程中灵活运用这些工具，有效提升教学效果和教学质量。在日常教学之余，外语教师还要加强与信息相关的法律法规和伦理知识的了解。同时，教师应及时关注我国职业教育信息化建设的相关规定和发展指导，从而从政策和法规层面加强自身信息知识结构的丰富性和深度。

其次，外语教师在追求信息技术学习进步的过程中，选择多样化的学习途径至关重要。学习途径不仅包括自学、同行之间的互助、小组合作学习，以及参加集体培训等多种形式，还包括网络搜索、查阅纸质资料、观看教学视频等。这些学习途径不仅拓宽了教师掌握信息技术的渠道，还提高了学习的灵活性。面对专业化的信息技术难题时，外语教师要积极寻求信息技术专业教师的帮助。通过教师之间的互助学习和沟通交流，不仅可以快速解决问题，还能提升外语教师在信息技术方面的学习效率和质量。此外，教师之间的互动也促进了教师间的合作和知识共享，有助于其形成一个积极向上的教学共同体。因此，教师在日常工作和学习中，应积极探索多样化的信息技术学习方法，以不断提升自身的信息技术水平，更好地适应教育信息化的发展趋势。

最后，在数智化时代背景下，外语教师需要积极灵活地运用所学的信息技术知识和技能，不断在实践中提升自身的信息化教学能力。在教学过程中，外语教师可以利用信息技术制作高质量的课件，并在课堂上开展信息化教学实践。这包括运用多媒体教学工具，制作互动性强、内容丰富的电子课件，以提升学生的学习兴趣和参与度。在教学之外，外语教师可以根据个人兴趣和实际情况，选择合适的自学方法，关注与外语教学相关的微信公众号，阅读有关信息化建设的优秀文章，了解最新的教育信息化趋势和技术。教师还可以搜集和练习信息技术应用的技巧，通过学习教育信息化的最新政策，及时总结和改进自己的教学方法和教学形式。

## （三）团队协作，建立信息化教学的学习共同体

团队协作是信息化教学成功的关键。在高校外语教学中，教师团队的协作意味着资源共享、经验交流和共同进步。通过团队合作，教师可以共同探讨和解决在信息化教学中遇到的问题，共同开发和利用教学资源，以及分享最佳的教学实践方法，形成信息化教学的学习共同体。团队协作不仅有助于提高外语教师的信息素养和信息化教学能力，还能够促进教师教学方法的创新和教学内容的丰富。

在信息化教学学习共同体的构建过程中，组建团队是关键的一步，具体包括以下三个步骤，如图7-5所示。一是选择团队成员。在选择团队成员时，应考虑到成员的专业技能和背景的多样性。一个多元化的团队可以集合不同的技能和经验，为复杂问题的解决提供多种视角。团队成员应当能够覆盖不同的团队角色，如领导者、执行者、创意者等，确保团队在决策、执行和创新等方面的平衡。团队成员应该拥有共同的目标和价值观，这有助于建立团队成员间的信任，确保团队在面对挑战时能够保持观点的一致。二是分配角色。首先，基于能力和兴趣分配角色。在分配角色时，应考虑成员的个人能力和兴趣。这不仅可以提升工作效率，还能增强成员的工作动力和满足感。其次，明确角色职责。每个团队成员的职责应当明确。这有助于防止职责重叠或遗漏，确保团队工作的高效性。最后，灵活调整角色。随着项目的进展和团队的发展变化，角色分配应保持一定的灵活性。这样可以更好地适应团队和项目的需要。三是进行沟通与协作。首先，建立有效的沟通机制。建立沟通渠道和定期召开会议是非常重

要的。这样可以保证信息的及时传递和团队成员之间的有效沟通。其次，利用协作工具。现代技术提供了各种协作工具，如项目管理软件、在线协作平台等。合理利用这些工具可以提高团队的协作效率。最后，解决内部冲突。在团队中，团队成员之间不可避免会出现冲突和意见不一致的情况。重要的是如何有效地解决这些问题，保持团队的和谐与统一。

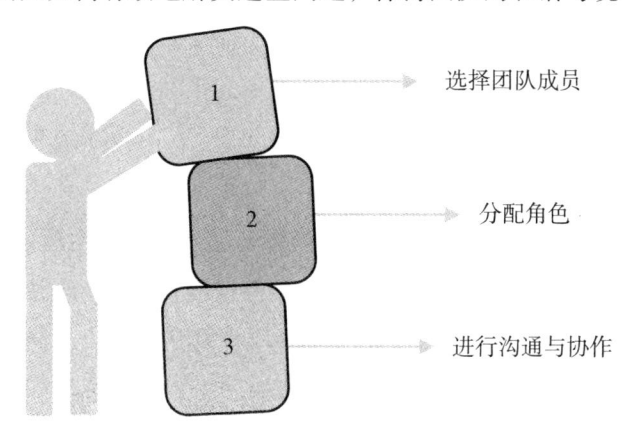

图 7-5　信息化教学学习共同体的团队组建步骤

## （四）规范行为，增强信息安全和信息风险防范能力

在信息技术飞速发展的今天，高校外语教师在利用网络资源进行工作和学习时，面临着诸多挑战。网络上的教学资源如教学课件、备课材料和学术论文等，虽然为教师提供了丰富的信息来源，但同时也潜藏着不健康、危险甚至违法的信息。这要求教师在使用这些资源时，必须具备较高的辨识能力和审慎态度。教师需要在资源平台上对信息进行精准搜索、筛选、整合、加工和利用，从海量的电子资源中挑选出对学生教学真正有用的材料。在这一过程中，教师需要发挥自身专业知识和判断力，以确保所选资源的质量和适用性。教师在应用这些网络资源时，还应严格尊重知识产权，正确引用并标注所引用的内容。这不仅是学术诚信的体现，也是维护线上教学健康发展的重要环节。

网络虚假信息的存在,不仅会误导学生,还可能破坏校园的文明和谐氛围。因此,教师在利用网络学习资源时,首先,必须树立信息安全意识和信息伦理道德意识。教师需要提高自己的信息辨别能力,认真分析信息的真伪,确保为学生提供的是科学、准确、有用的信息资源。这不仅包括从官方或其他可靠渠道获取资料,还包括对网络信息进行批判性思考,避免虚假或夸张信息的传播。教师在日常工作中要恪守法律法规,不参与任何违法犯罪活动,以身作则,引导学生树立正确的信息伦理意识和信息安全意识。教师还要指导学生尊重他人的知识产权和学术成果,鼓励学生科学合理地学习和借鉴他人的研究内容。对于网络中违法和违反社会基本公共道德的资源,教师应及时揭露和举报,防止其对学生产生不良影响。通过这样的实践,教师不仅在教学中起到模范引领作用,还帮助学生建立起正确的信息伦理和安全意识。这对于提升学生的信息安全防范能力、培养其成为负责任的数字公民至关重要。

其次,在数智化时代背景下,高校外语教师应加强对信息伦理和安全知识的学习,以提升对网络不良信息的鉴别和识别能力,从而为学生提供安全、可靠的学习资源。这包括对网络教学资源进行严格的甄别和筛选,以确保资源的质量和适用性。教师需要在同事的监督和协助下共同进步,通过团队合作提高网络安全意识和信息伦理知识。这不仅涉及识别虚假信息和避免使用违反社会伦理道德的网络资源,还包括增强信息安全和防御能力,以有效应对潜在的网络威胁,如计算机病毒和黑客攻击。同时,高校外语教师在面临网络安全威胁时,应具备基本的应急处理能力。在遇到黑客攻击和病毒侵扰时,除了及时向信息技术专家寻求帮助,教师还应学会应对紧急情况的必备处理办法。这样做的目的是保护好公共信息资源和珍贵的课程资源,尽可能减少学习和教学资源的损失。通过不断强化信息化安全意识和信息伦理素养,教师能够在数字时代中更好地履行教育者的职责,为学生创造一个安全、健康的学习环境,同时也能够保护自己和学校的信息资源免受损害。

最后，在数智化时代，高校外语教师在进行学术科研活动时必须自觉遵守学术规范，尊重和保护他人的学术成果，在使用信息资源时注意保护个人和他人的隐私信息。这不仅体现了学术诚信，也是维护学术环境的基本要求。中青年教师在参与学术活动和科研竞赛时，更需提高知识产权和学术成果保护的意识。面对学术不端行为，如抄袭、剽窃等，应坚决反对，并采取必要措施，如劝说、揭发或举报。高校外语教师在日常工作中应以身作则，展现高尚的信息道德修养。他们不仅是知识的传播者，更是学生信息素养的引领者。通过提供优质的信息化学习资源和创造良好的信息化环境，外语教师能够促进学生的全面发展，同时推动高校信息化建设的进步。

# 参考文献

[1] 方静，王瑞琪，冯凌云.外语教学与模式研究[M].长春：吉林人民出版社，2021.

[2] 张治海.外语教学与课程设计[M].哈尔滨：哈尔滨出版社，2022.

[3] 梁乐乐.话语分析与外语教学[M].长春：吉林人民出版社，2021.

[4] 孙有中，廖鸿婧，郑萱，等.跨文化外语教学研究[M].北京：外语教学与研究出版社，2021.

[5] 索佳丽，韩威.外语教学与文化研究[M].南昌：江西科学技术出版社，2020.

[6] 骆洪.外语教学与语言研究[M].重庆：重庆大学出版社，2021.

[7] 郭鸿雁，周震.新时代外语教学改革：理论与实践探索[M].银川：宁夏人民教育出版社，2020.

[8] 李培东.外语教学原理与实践研究[M].银川：宁夏人民出版社，2019.

[9] 江利华.语言文化与外语教学研究[M].沈阳：辽宁大学出版社，2020.

[10] 李利芳，郭小华.信息时代高校外语教学理论与实践创新[M].北京：北京工业大学出版社，2020.

[11] 王佳.新思维下外语教学方法与策略研究分析[M].长春：吉林大学出版社，2020.

[12] 孟凡飞.高职教育与外语教学问题研究[M].长春：吉林科学技术出版社，2020.

[13] 李慧，张敏.信息化时代外语教师职业与技能发展研究[M].北京：中国

纺织出版社，2017.

[14] 卢加伟.翻转学习的理念与外语教学的定制化体验[M].北京：冶金工业出版社，2019.

[15] 王寰.我国复合型外语人才培养改革的政策演进研究[D].上海：上海外国语大学，2021.

[16] 王倩.沉浸式外语教学在大学英语教学中的应用研究[D].长春：吉林大学，2019.

[17] 王静.我国高校外语教育信息化政策发展研究[D].上海：上海外国语大学，2018.

[18] 王思佳.外语慕课中口语交际能力培养探究：以"新公共法语初级"慕课为例[D].上海：上海外国语大学，2023.

[19] 吕倩.外语微课的多模态话语符际间性研究[D].长沙：湖南农业大学，2019.

[20] 郁文静.外语类慕课学习者的学习动机和学习策略调查：以"中国大学慕课"平台为例[D].武汉：华中师范大学，2019.

[21] 轩雅莉.外语慕课教学视频中教师影像的多模态话语分析[D].重庆：四川外国语大学，2019.

[22] 何静静.优秀外语微课特征研究[D].重庆：四川外国语大学，2018.

[23] 张晶.慕课环境下翻转课堂与大学生外语自主学习能力培养研究[D].哈尔滨：黑龙江大学，2018.

[24] 张玥.基于慕课（MOOCS）的高职外语教学模式研究[D].哈尔滨：黑龙江大学，2017.

[25] 范盛栋.外语文化类慕课设计研究：以中国某语言大学《跨文化交际》慕课为例[D].上海：上海外国语大学，2017.

[26] 郝小斐.系统功能语言学视角下外语慕课课程的多模态话语分析[D].上海：上海外国语大学，2017.

[27] 苗亚楠.山东省高职院校教师信息素养现状及提升策略研究[D].济南：山东师范大学，2023.

[28] 何永欢.信息化视域下四川省高校青年体育教师信息素养提升策略研究[D].成都：四川师范大学，2022.

[29] 化涵静.教育生态学视阈下大学英语教师信息素养研究[D].武汉：武汉科技大学，2022.

[30] 王茹.高校教师信息素养提升策略研究[D].太原：山西师范大学，2021.

[31] 陈磊.河南红色文化在高校外语教学中的应用研究[J].传播与版权，2023（21）：106-108.

[32] 曹玲.新文科背景下甘肃高校外语教师国际传播教学能力现状调查与需求分析[J].兰州文理学院学报（社会科学版），2023，39（6）：120-123.

[33] 林青霞，陈文镰.高校在线教学运行应急管理：以外语教学为例[J].内江科技，2023，44（10）：7-8.

[34] 王小勤.高校外语教师信息技术教学能力素养建构路径[J].现代职业教育，2023（30）：21-24.

[35] 黄林林，黄杉杉.人工智能技术在外语教学中的应用探究：评《人工智能技术驱动的初中英语课堂教学实践》[J].中国教育学刊，2023（10）：145.

[36] 王雯鹤."三全育人"视域下人工智能在高校外语教学中的应用与发展研究[J].黑龙江教育（高教研究与评估），2023（10）：17-21.

[37] 祁丽娜.高校外语教学的信息化改革与实践：评《信息技术背景下的外语教学研究》[J].中国高校科技，2023（9）：105.

[38] 连慧.新一代人工智能对高校外语教学的机遇、挑战和应对措施：以ChatGPT为例[J].传播与版权，2023（17）：100-102.

[39] 张利.红色文化融入大学外语教学的路径探究[J].河南工学院学报，2023，31（5）：56-59.

[40] 吴慧华.跨文化交际视域下高职外语教学实践的探索[J].中国多媒体与网络教学学报（中旬刊），2023（9）：65-68.

[41] 金艳红.新文科背景下外语教学中中国文化的融入与呈现研究[J].文化

创新比较研究，2023，7（26）：153-157.

[42] 李佳."互联网+"背景下大学外语教学的新挑战和应对策略[J].互联网周刊，2023（17）：83-85.

[43] 陈延潼.深度学习视域下SPOC外语教学模式应用研究[J].外语界，2023（4）：91-96.

[44] 杨港，顾世民.人工智能时代外语教学模式变革的风险及其规避[J].语言教育，2023，11（3）：20-29.

[45] 林晓玲，陈政雄，吴小贞，等."AI+教育"视域下外语教师专业发展研究[J].湖北成人教育学院学报，2023，29（4）：29-34.

[46] 贾巍.智慧学习环境下外语数字化学习资源的优化进路[J].中国教育技术装备，2023（14）：65-68.

[47] 荆姗姗.高校外语多平台线上教学路径探索与实践[J].哈尔滨职业技术学院学报，2023（4）：148-150.

[48] 张思雯.数字信息化赋能高校外语教育教学改革[J].继续教育研究，2023（7）：120-125.

[49] 王嘉镕.大数据在外语课程教学中的应用[J].电子技术，2023，52（6）：226-227.

[50] 徐艳艳，刘春富.新时代人工智能背景下外语学科全过程教学体系探索与实践[J].黑龙江工业学院学报（综合版），2023，23（5）：46-51.

[51] 李炜炜.人工智能赋能外语教育改革：理念创新与行动逻辑[J].中国高等教育，2023（9）：49-52.

[52] 汪萍，丁妍西.高校外语教学数字化转型探索研究[J].广州广播电视大学学报，2023，23（2）：29-33，108.

[53] 胡婉娇，黄芳.从大数据促进精准教学谈新时代外语教师转型[J].大学，2022（增刊1）：191-193.

[54] 鲁巧巧.高校外语教育信息化转型的现实困境与优化策略探究[J].山西经济管理干部学院学报，2022，30（4）：72-76.

[55] 胡燕，黄颖思.基于大数据的高校外语精准化教学实践思路及设计流程

[J].绥化学院学报，2022，42（12）：128-130.

[56] 程佳雪.虚拟仿真技术在国内高校外语教学中的应用：以英语视听说课程为例[J].中国多媒体与网络教学学报（上旬刊），2022，（12）：14-17.

[57] 胡婷.虚拟现实与外语教育：优势、挑战与路径[J].吉林省教育学院学报，2022，38（7）：102-105.

[58] 刘春富，徐艳艳.人工智能环境下高校外语生态教学体系建设探究[J].黑龙江教育（理论与实践），2022（6）：50-52.

[59] 李晓芸.大数据时代高校外语教学特征与方法研究[J].产业与科技论坛，2022，21（7）：190-191.

[60] 刘宇.大数据背景下高校外语信息化教学模式的构建[J].大学，2021（35）：73-75.

[61] 李楠楠.人工智能时代高校外语教师专业发展研究[J].成都师范学院学报，2021，37（7）：20-26.

[62] 许丽莎.探索人工智能时代高职外语教师的信息素养发展路径[J].创新创业理论研究与实践，2021，4（13）：109-111.

[63] 刘治.人工智能在外语教学中的应用及研究热点[J].财富时代，2020（12）：201-202.

[64] 李颖.虚拟现实（VR）与外语教学模态再建研究[J].外语电化教学，2020（1）：24-30，4.